파리

　　스무 개의 자치구. 200만이 조금 넘는 인구. 파리는 도시 자체 규모만 놓고 보면 작은 도시이지만, (응당 그래야 하지만) 일 드 프랑스 권역*까지 포함한다면 유럽에서 두 번째로 큰 도시다. 수도와 외곽의 방리외**가 이렇게 분리되어 있는 상황은 수세기 동안 이어진 중앙집권주의로 인한 것으로, 수도와 나머지 지역 간의 격차가 더욱 커졌음을 반영한다. 수도가 지닌 중력의 힘은 프랑스 전체 GDP의 3분의 1과 일자리의 4분의 1을 파리에 집중시키지만, 동시에 지리적으로나 사회적으로 낙후된 방리외 거주민들과 도심에 거주하지만 파리 시민들에게 이방인 혹은 지방인으로 여겨지는 사람들을 변방으로 밀어내기도 한다. 빛의 도시 파리가 뿜어내는 광채는 관광객들의 눈을 멀게 할 수도 있다. 하지만 영화나 책에 묘사된 파리 이미지와는 너무도 다른 현실을 마주한 일부 관광객은 파리 신드롬이라고 불리는 일종의 문화 충격을 받는다. 바타클랑 극장 테러, 노란 조끼 시위, 빈민가의 불안, 불길에 휩싸인 노트르담, 기록적인 폭염, 감당할 수 없는 주택 가격, 코로나19 팬데믹 등 파리를 에워싼 어두운 그림자도 점점 길어지고 있다. 이는 단순히 불행한 사건의 연속이 아니라 인구 과밀에서 기후 위기, 이민, 세계화와 지정학적 변화까지 아우르는, 전 세계 모든 주요 도시가 직면한 현실이다. 하지만 여러 위협에도 현재 파리에 팽배한 분위기는 패배주의보다는 쇄신을 향한 희망에 가깝다. 환경주의를 비롯해 새로운 접근 방식 (여러 개의 작은 중심지로 구성된 도시는 궁극적으로 서로 연결될 수 있다는 믿음)을 주장하는 도시 계획가, 미슐랭 가이드의 '계급 시스템'에 맞서 싸우는 젊은 요리사, 프랑스인으로 인정받을 권리를 위해 거리에서 시위하는 이민자 자녀, 패션계가 만든 고정관념을 벗어던지는 여성에게서 이러한 희망을 볼 수 있다. 과연 이들은 파리 시민들에게 반란을 일으킬 방법을 알려줄 수 있을까?

---

* 프랑스의 레지옹(지방 행정구역 단위) 중 하나이며, 프랑스 중북부에 위치해 있다. 프랑스 왕국 시절에 존재했던 같은 이름의 도에서 유래했다. '일 드 프랑스'라는 이름은 '프랑스의 섬'이라는 뜻으로, 센강을 포함한 여러 강이 이 지역을 둘러싸고 있고, 그 강들이 이 지역의 대략적인 경계선이 되기 때문에 붙은 이름이다. 파리주를 중심으로 7개의 주(데파르트망)가 둘러싸고 있는 형태이다.

** 대도시의 교외를 뜻하는 말로, 단일 행정 단위와 반드시 일치하는 개념은 아니나 1970년대 이후 소외된 저소득 지역이라는 특정 의미를 지니게 되었다. 많은 이민자 인구가 거주하는 저소득 주택 프로젝트를 특징으로 하는, 경제적으로 어려움을 겪는 교외 지역을 뜻한다.

일러두기

▶ 책 제목은 《 》로, 잡지와 신문 등의 매체 이름과 시와 에세이 등의 단편 글의 제목은 〈 〉로, 영화와 영상물의 제목은 『 』로, 그 외 음악이나 그림 등의 작품명은 「 」로 묶었다.

▶ 본문에 있는 주석은 모두 옮긴이의 것이다.

목차

이 책에 실린 사진은 포토저널리스트이자 다큐멘터리 사진가 겸 비디오 제작자인 차 곤잘레스Cha Gonzalez가 촬영했다. 그녀는 파리에서 태어나 베이루트에서 10대 시절을 보냈고, 이후 파리로 돌아와 국립고등예술학교에서 사진과 비디오 제작을 공부했다. 테크노 파티를 친밀감, 아름다움, 자기 상실 능력에 대한 극명하고 부드러운 분위기가 가득한 공간으로 표현한 작품이 인상적이다. 2019년 파리의 아랍문화연구소에서 열린 「이것이 베이루트다C'est Beyrouth」, 2020년 클레르몽페랑 비엔날레의 「니세포르Nicéphore」 등 다양한 단체전에 참여하였고, 레바논 건국 100주년을 기념하는 책 《레바논의 100년》에 사진 작품이 수록되었다. 〈월스트리트 저널The Wall Street Journal〉, 〈엘르Elle〉, 〈리베라시옹Libération〉, 〈르몽드Le Monde〉, 〈코제트Causette〉 등 여러 매체와도 꾸준히 작업하고 있다.

숫자로 보는 파리

인스타그래머빌리티

인스타그램 게시 가능성이 가장 높은 도시

#해시태그(백만)

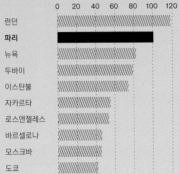

	0	20	40	60	80	100	120
런던							
파리							
뉴욕							
두바이							
이스탄불							
자카르타							
로스앤젤레스							
바르셀로나							
모스크바							
도쿄							

출처: HOPPA/ASIA ONE

불평등

일 드 프랑스 권역 내 빈곤선 이하(월 소득 1,026유로 미만 또는 중위 소득의 60% 이하)의 인구 비율

	9	12	15	18	21	24	27
파리							
오드센							
이블린							
에손							
센에마른							
발드마른							
발두아즈							
센생드니							

출처: INSEE

미슐랭 등재 식당

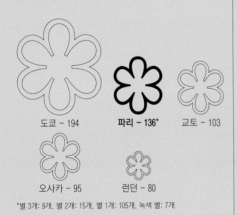

도쿄 – 194 파리 – 136* 교토 – 103

오사카 – 95 런던 – 80

*별 3개: 9개, 별 2개: 15개, 별 1개: 105개, 녹색 별: 7개

출처: 2024년 미슐랭 가이드

영화광

영화관 개수

파리
312

싱가포르
235

선전
188

런던
163

청도
136

출처: 세계 도시 문화 보고서

통근

유럽에서 가장 붐비는 기차역

이용자수(연간 백만 명)

파리 북역
244.7

함부르크 중앙역
196

프랑크푸르트 중앙역
179.9

런던 워털루역
177.1

런던 빅토리아
160.2

취리히역
154.6

뮌헨 중앙역
150.7

파리 리옹역
150.2

로마 테르미니역
150

런던 리버풀 스트리트역
136.7

런던 브리지역
135.6

출처: WIKIPEDIA

일 드 프랑스

유럽에서 가장 인기
있는 지역

 1
이스탄불
15,067,724

 2
일 드 프랑스
12,244,807

 3
롬바르디아
10,060,574

 4
그레이터 런던
8,982,256

 5
안달루시아
8,427,405

출처: EUROSTAT

루브르

8,9M

전 세계 미술관 중
최다 연간 관람객 수(2023년)

출처: 기네스 세계기록

가로지르기

2h15

북쪽 끝(Porte de la Chapelle)에서
남쪽 끝(Porte d'Orléans)까지
도시를 가로질러 걷는 시간

패션 산업

€150

판매액 (기준 : 1억 달러)

1M

일자리 수

2.7%

프랑스 GDP 중

출처 : FASHION KEY
FIGURES (2016), IFM

소득

유럽 내에서
GDP가 가장 높은 지역

단위 : 백만 유로

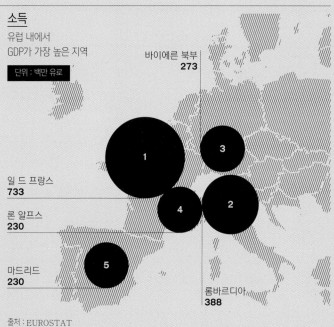

바이에른 북부
273

일 드 프랑스
733

론 알프스
230

마드리드
230

롬바르디아
388

출처 : EUROSTAT

보부르 효과

티보 드 루이터
Thibaut de Ruyter

프랑스 대통령들이 주도했던 주요 건축 프로젝트의 결과물들은 파리 전역에 흩어져 있다. 이러한 국가 개입은 퐁피두 센터의 개관과 더불어 시작돼 50년간 이어져왔다. 하지만 최근 들어 이러한 시도는 추진력을 잃었고, 주요 명품 브랜드와 연계된 민간 재단이 그 바통을 이어받았는데, 그 결과 예술의 질이 떨어지고 있다는 비판이 제기되었다. 파리의 랜드마크와 정치권력의 관계에 대한 냉소적인 시선을 담은 이 글은 역설적으로 보부르 프로젝트에 대한 헌사이기도 하다.

퐁피두 센터의 동쪽 파사드

9

도시는 정확히 무엇으로 정의할 수 있을까? 역사적 기념물이나 일상적 구조물 같은 건물? 도시민과 그들이 먹고 입는 방식? 포장도로의 길이와 표면, 나무나 가로등, 광고판, 셔터 색상, 발코니 스타일? 아니면 신비롭게 느껴지는 언어가 쓰인 네온사인?(미셸 공드리Michel Gondry가 촬영한 장 프랑수아 코언Jean-François Coen의 「피사의 탑La Tour de Pise」 뮤직비디오 영상을 통해 파리 거리 간판 글씨들의 매력을 느껴보라.) 도시마다 미묘하게 다른 지하철 냄새(그을린 고무나 뜨거운 기름 혹은 세제 같은)는 어떤가? 우리는 특정 도시를 이야기할 때 다양한 각도에서 접근할 수 있다. 그리고 도시에 대해 애정을 드러낼 수도, 혐오감을 표현할 수도 있다. 보들레르Baudelaire가 당대의 파리에 대해 했던 "도시 형태는 안타깝게도 인간의 심장보다 더 빨리 변한다"는 말은 여전히 유효하다. 도시는 복잡한 유기체로서 살아 숨 쉬며 진화한다. 파리도 예외는 아니다. 파리를 잠시 떠났다 돌아왔을 때, 변화를 바로 알아챌 정도다. 지하철 냄새는 그대로지만 말이다.

새로운 도시를 처음 방문할 때 우리는 관광객이 되어 친구들에게 보여줄 기념사진을 찍는데, 사진은 실제로 여행을 증명하는 역할을 한다. 수전 손택Susan Sontag은 《사진에 관하여On Photography》에 실린 에세이 〈플라톤의 동굴에서〉에서 다음과 같이 말했다. "사진은 섹스와 춤만큼이나 널리 행해지는 오락이 되었다. 이는 사람들 대부분이 모든 대중 예술 형식과 마찬가지로 사진을 예술로 받아들이지 않음을 의미한다. 사진은 주로 사회적 의례이자 불안에 대한 방어 수단이며 권력의 도구이다." 파리에는 사크레 쾨르, 에펠탑, 노트르담(화재 전, 화재 중, 화재 후), 개선문 등 모두에게 친숙한 유명 건축물이 많다. 그만큼 셀카를 찍을 곳도 많다. 특히 지난 50여 년간 눈에 띄는 대표적인 건축물들이 지어졌는데, 대개 장 뤽 고다르Jean-Luc Godard의 영화를 설명하는 방식으로 소개할 수 있는 스타 건축가들의 작품이다. 이 건축물들은 상징적 가치가 큰 '문화 시설'로, 도시의 영토를 재정의하는 동시에 정치적 시대를 표현한다. 건축물을 통해 자신의 업적을 남기고, 떠오르는 지역의 경제적 가치를 높이고자 한 권력자들이 건축 프로젝트를 주도했다. 이는 수십 년 사이 보편화되었고, 이제는 '대통령의 위대한 계획'이라 불리는 새로운 전통이 되었다.

티보 드 루이터Thibaut de Ruyter는 2001년부터 베를린에 거주하며 활동하는 프랑스계 독일인 건축가이자 큐레이터, 미술 평론가다. 그는 〈오늘날의 건축L'Architecture d'aujourd'hui〉, 〈아트 프레스Artpress〉, 〈건축 저널Il Giornale dell'architettura〉, 〈아키텍처Architectuul〉, 〈프리즈Frieze〉 등의 잡지에 글을 기고한다. 2017년 런던 빅토리아 앤 앨버트 박물관에서 열린 「유럽을 위한 노래A Song for Europe」를 비롯한 수많은 국제 전시를 기획했으며, 《도시 이미지Stadt / bild》(2015)를 비롯한 다수의 건축 관련 서적을 편집했다.

파리에서 가장 인기 있는 관광 명소

단위 : 천 명(2022년 통계)

루브르 박물관	7,726
에펠탑	5,849
오르세 미술관	3,270
퐁피두 센터	3,010
국립 자연사 박물관	2,389
과학산업관	1,993
개선문	1,755
루이 비통 재단	1,399
생트 샤펠	1,202
프티 팔레(파리 시립 미술관)	1,083

출처 : 파리 관광청

*

권력과 건축물의 관계는 조금도 새롭지 않다. 왕과 황제는 궁전과 성을, 가톨릭교회는 고딕 양식의 성당을, 프랑스 공화국은 시청과 학교 등 공공건물을 지었다. (이집트의 피라미드나 애플 같은 오늘날의 거대 글로벌 기업의 상징적인 본사 건물도 간과할 수 없다. 공상과학 영화에서나 볼 법한 미니멀하고 혁신적인 애플 본사 건물은 고대 이집트 건축물의 기하학적 구조를 닮았다.) 다시 프랑스와 정치 이야기로 돌아가보자. 1970년대 중반, 전임자들보다 조금 괴팍했던 한 대통령이 문화 시설인 박물관을 짓기로 결정한다. 조르주 퐁피두Georges Pompidou는 남다른 정치가였다. 독립성과 아방가르드에 대한 애정 등 여러 면에서 기성 정치인들과 달랐다. 그는 (미군에게 경의를 표하기 위해) 말보로를 피웠지만, 지탄 마이스*를 피워대던 프랑스 농민과 노동자처럼 담배를 입에 물고 다녔다. 시골 저택에서 이뤄진 한 TV 인터뷰에서는

자랑스럽게 핀볼 머신을 보여주며 실력을 뽐내기도 했다. 아방가르드 예술을 사랑했고, 그러한 행동이 자신을 권좌에 올려놓은 부르주아적 이미지를 훼손하더라도 개의치 않았다. 그는 1969년 엘리제궁으로 이사하면서 피에르 폴랭Pierre Paulin에게 가구 디자인을 맡겼고, 현대 미술 작품(로베르 들로네Robert Delaunay, 한스 아르프Hans Arp, 니콜라 드 스탈Nicolas de Staël)을 주문했으며, 야코프 아감Yaacov Agam에게 엘리제궁의 홀 한 곳의 장식을 의뢰했다. 아감은 빨강, 초록, 노랑, 파랑 등 다양한 색조의 옵아트로 화려한 궁전의 금박 장식을 갱스터 영화에 나오는 나이트클럽에나 어울릴 법한 장식으로 바꿔놓았다. 벽은 여러 색상의 입체 패널로 덮었고, 바닥에는 두꺼운 카펫이 깔렸으며, 방 중앙에는 방 전체를 반사하는 금속 조각품이 놓였다. 이 전설적인 홀은 현재 퐁피두 센터에 전시되어 있다. 퐁피두 센터는 퐁피두 대통령이 의뢰한 건물로, 오늘날에도 눈에 띄는 그의 유산이다.

조르주 퐁피두는 1960년부터 '박물관'이라

---

* 프랑스를 대표하는 담배로, 필터 없이 피워야 제맛이라고 일컬어질 만큼 독하다.

지속적인 개조 공사에도 불구하고 퐁피두 센터 서쪽 광장에는
젊은이들이 계속해서 모이고 있다.

"놀랍게도 파리 사람들은 이곳에 이탈리아식 별명인 '피아자 보부르'라는 이름을 붙였다. 이는 렌조 피아노의 국적에 대한 경의라기보다는 이 공간이 주는 개방감과 자유로움에 대한 반응일 것이다."

는 시대착오적인 용어를 거부하고, 무용, 산업 디자인, 그래픽 디자인, 건축, 영화는 물론, 무료 이용이 가능한 공공 도서관이 어우러지는 다기능적 장소를 추구하며 파리 중심부에 '창작 센터' 설립을 구상해왔다. 퐁피두 센터는 단순히 형태, 스타일, 기술의 혁신이 아니라 프로그램의 혁명이었다. 공모에 명시된 대로, 퐁피두 센터는 예술 작품을 흰 벽에 걸 수 있는 단순한 공간이 아니었다. 이상하게 들릴지 모르지만 건축물은 실제로 존재하기 전부터 그 자체로 하나의 프로그램이다. 사회주택을 짓기 위한 공모전이 열린다 해도, 그곳에 입주하게 될 사람들은 행복하지 않다고 느낄 것이다. 엄격한 건축 규율에 따라 건축가들이 진부한 해결책만 내놓을 것이 뻔하기 때문이다. 그런데 퐁피두 센터는 공모에서 아무런 제약이 없었다. 실험적인 프로그램, 건축가의 자유, 상당한 예산이라는 세 요소가 결합되어, 이 건물은 머릿돌을 놓기도 전에 건축 역사상 매우 드문 건물이 되었다.

모든 것이, 절대적으로 모든 것이 전설의 재료였다. 1971년 설계 공모전에서 무명의 30대 건축가 렌조 피아노Renzo Piano와 리처드 로저스Richard Rogers가 당선됐다. 선정 이유는 크게 두 가지였을 것이다. 첫째, 건축가 장 프루베Jean Prouvé가 심사위원장이었는데, 오랫동안 건축과 금속을 이용한 건축의 산업화를 옹호해온 그로서는 그들의 초안에 반응하지 않을 수 없었을 것이다. 둘째, 입지 활용이 중요한 성공 요인이었다. 퐁피두 센터 건축에 사용된 부지는 보부르 고원이라는 정사각형 공간이다. 피아노와 로저스는 이 땅 전체가 아닌 절반만 사용하여 건물을 짓고 한가운데에 보행자 전용 광장을 만들었다. (여기서 중요한 것은 건물이 아니라 건물이 공간, 즉 도시 환경에 가져다주는 신선한 공기의 숨결이다.) 오늘날 조르주 퐁피두 광장을 지나는 사람들을 대상으로 한 설문조사를 보면, 이 건물에 대한 감정이 다 같다고 볼 수는 없다. 사람들은 화려한 공장에 비유되는 건물 자체만 보고, 건축가가 '도시의 일부'를 창조했음을 깨닫지 못하기도 한다. 놀랍게도 파리 사람들은 이곳에 이탈리아식 별명인 '피아자 보부르'라는 이름을 붙였다. 이는 렌조 피아노의 국적에 대한 경의라기보다는 이 공간이 주는 개방감과 자유로움에 대한 반응일 것이다. 심사위원들은 개인적 취향과 건축물의 색채 외에도 도심에 새로운 광장을 조성한다는 아이디어에 열광했고, 이를 선정 근거로 삼았다. 기술적 독창성, 건축물의 유연성에 대한 열망, 엔지니어의 재능, 전시와 서비스 및 유통 공간 간의 급진적 분리에 대해서는 몇 페이지에 걸쳐 쓸 수 있다. 물론 건축 역사에 관한 모든 좋은 책을 통해 알 수 있겠지만 말이다.

파리 시민이나 수도를 방문한 프랑스인에게

퐁피두 센터에 대한 일화를 종종 듣는다. 이를 통해 퐁피두 센터가 단순히 도시나 건축적 위업이 아니라, 거리 간판의 타이포그래피나 지하철의 미묘한 냄새처럼 도시와 주민들 삶의 일부임을 알 수 있다. 이야기는 광장에서 시간을 보내며 수다를 떨던 기억이거나, 랑뷔토 거리와 생마르탱 거리 모퉁이에서 매일같이 비둘기에게 먹이를 주는 남자에 대한 것일 수도 있다. 그 남자는 곡물 자루를 들고 다니며 사람과 비둘기가 하나가 될 정도로 많은 비둘기를 끌어들이는데, 이는 초현실주의자들이 열광할 만한 풍경이다.

내 이야기는 1990년대 초로 거슬러 올라간다. 당시 나는 지방 도시에서 건축학을 공부하고 있었지만 파리에서 최대한 많은 시간을 보내며 파리의 문화적 혜택을 누리고 새로운 것을 발견하고 배우려고 노력했다. 물론 퐁피두 센터는 꼭 가봐야 할 명소였는데, 당시의 퐁피두 센터는 지금과는 다른 건물이라 할 수 있다. 퐁피두 센터를 구상할 때 건축가들은 방문객 수가 적을 것으로 예상했기 때문에 거의 모든 전시 공간에 카펫을 깔았다. 카펫이 깔린 미술관을 상상할 수 있는가? 무엇보다 가장 큰 차이는 보부르 거리로 향하는 수많은 문이 개방되어 있어 원하는 사람은 누구나 표를 사지 않고도 퐁피두 센터 홀을 지나갈 수 있었다는 점이다. 9. 11 테러 이후 보안 규정이 바뀌었고, 이제는 비가 오나 눈이 오나 방문객들은 금속 탐지기를 통과한 후 한 명씩 입장하기 위해 긴 줄을 서야 한다. 그날 나는 여자 친구와 어느 문을 통해 현대 미술 섹션으로 들어가야 할지 몰라 헤매고 있었다. 다소 육중한 체격에 수염이

덥수룩하게 나 꽤 존재감이 느껴지던 방문객 하나가 카펫 위에 맨발로 서서 옆의 젊은이에게 조심스럽게 그림을 설명하고 있었다. 수염을 기른 남자는 파블로 피카소Pablo Picasso, 베르나르 뷔페Bernard Buffet, 프랜시스 베이컨Francis Bacon의 작품에 대해 서정적으로 이야기하면서, 동행의 바지 속으로 손을 넣어 엉덩이를 쓰다듬었다. 사람들이 동성 결혼에 대해 이야기하지 않던 시절이라 이 장면은 몹시 충격적이었지만, 그곳에서는 모든 것이 다 자연스러워 보였다. 재미있다는 생각을 하며 발걸음을 옮기다 그 신사의 얼굴을 보기 위해 뒤돌아봤을 때 그가 앨런 긴즈버그Allen Ginsberg라는 것을 알아챘고, 나의 영웅 중 한 명과의 우연한 만남에 미소가 지어졌다. 수줍어서 그에게 다가가 말을 걸지는 못했지만 말이다.

*

이제 1977년에 장 보드리야르Jean Baudrillard가 쓴 〈보부르 효과〉라는 약 5천 단어(지금 읽고 있는 글과 거의 같은 길이)짜리 글로 넘어가보자. 저명한 철학자가 에세이 전체를 개관 직후의 한 미술관에 바쳤다는 사실은 퐁피두 센터로서는 충분히 자부심을 가질 만한 일이었다. 하지만 보드리야르는 비판적이었다. 그는 원자력 발전소, 공항, 슈퍼마켓, 즉 사람과 상품 또는 에너지의 흐름을 관리하는 장소와 닮은 이 건축물과 운영 방식을 공격했다. 그는 통제할 수 없는 이 기계가 재앙이 일어날 줄도 모르고 기꺼이 동참하는 대중에게 '문화적 오락'을 제공한다고 생각했다. 퐁피두 센터의 철골 구조물이 너무 많은 방문객으로 인해 무너지는 최후

의 재앙을 언급하기도 했다. 보드리야르의 건축 비평에 동의하거나 동의하지 않을 순 있지만, 그가 오늘날의 거의 모든 박물관에 영향을 미치는 현실에 대해 이야기하고 있음은 인정해야 한다. 우리는 이제 관람객 수, 입구에 늘어선 줄 길이, 아트숍 매출 등으로 전시회의 성공 여부를 판단한다. 박물관은 원자력 발전소, 공항, 슈퍼마켓처럼 정량화된 수익을 창출하는 사업장이 되었다. 이것이 바로 보부르 효과이며, 많은 문화 기관이 처한 현실이다. 1997년부터 2000년까지 렌조 피아노는 대중 접근성을 높이기 위해 이 건물을 크게 변화시키면서, 1층을 차지하던 큰 구덩이를 일부 메우고 입구 공간 중앙에 거대한 안내 데스크를 설치했다. 퐁피두 센터는 외관은 크게 변하지 않았지만, 더 이상 보드리야르가 비판하고 긴즈버그가 애정하던 1970년대의 다소 기발하고 괴상한 건물이 아니다. 흐름을 완벽하게 관리하는 기계지만, 시대에 뒤떨어진 시적 감각을 지닌 건축물이다.

퐁피두 센터는 파리의 다른 건물들과 달리 국민적 합의를 구하지 않고 정치인의 의지로 인해 세워졌다. 언론과 여론 조사의 영향력이 적었고, 정치인들이 대중의 취향을 거스르는 걸 두려워하지 않던 시대의 산물이다. (퐁피두 대통령은 공모전 결과를 보고 직원들에게 "사람들이 비명을 지를 거야"라고 말했다고 한다.) 잘못된 지역주의, 진부함의 출현, 용기 부족, 일반적인 포퓰리즘적 형식주의에 대한 변명거리가 되어준 포스트모던 혁명 이전의 것이다. (알도 로시Aldo Rossi, 오스발트 마티아스 웅거스Oswald Mathias Ungers, 존 헤이덕John Hejduk 등 몇몇 희귀한 건축가들이 여전히 흥미로운 아이디어를 내놓았지만, 안타깝게도 이들은 파리에서 작업한 적이 없다.)

퐁피두 센터는 팝아트, 기술, 기능, 허구가 혼합된 1970년대의 유토피아로, 1960년대 초 세드릭 프라이스Cedric Price의 펀 팰리스 프로젝트에서 영감을 받았다.

*

그렇다면 문화적 건물들로 도시를 설명할 수 있을까? 이 건물들은 분명 우리의 새로운 사원이자 교회이며, 사회적·지적 경험을 위해 모이는 장소다. 보부르 효과는 훗날 빌바오 효과로 이어졌다. 1997년 구겐하임Guggenheim은 쇠락해 가는 스페인 도시에 새로운 미술관을 열었다. 실업률은 치솟고, 산업은 죽어가고, 사람들은 도시를 떠나고 있었다. 구겐하임 미술관이 들어서자 관광객이 몰려들기 시작했고, 호텔과 레스토랑이 문을 열었으며, 낡은 산업 항구였던 도시는 관광 산업의 중심지로 거듭났다. 건물 하나로 도시 전체를 변화시킬 수 있었고, 이 사례는 다른 여러 도시가 각자의 빌바오 효과를 추구할 수 있는 길을 열어주었다(프랑스 랑스의 루브르 박물관이나 메츠의 퐁피두 센터를 떠올릴 수 있지만, 빌바오 구겐하임은 20여 년 전의 일이며 무엇보다 파리는 빌바오가 아니다). 파리는 현재 2024년 하계 올림픽을 앞두고 있는데, 파리 도심과 교외를 순환도로로 이어 무엇보다 인구 1,200만 명이 넘는 거대 도시의 흐름을 잘 관리하는 것이 관건이 되었다. 파리의 미래는 더 이상 한 건물에 있지 않다. 사실 파리의 미래는 더 이상 파리에 있지 않다. 2024 파리 올림픽을 계기로 지하철 노선과 역(그랑 파리 익스프레스라는 새로운 연결망 프로젝트), 주택, 시설 등 도시 개발 계획이 시작되었으며, 이는 지리적으로나 사회적으로 분열된 영토를 통합하는 데 도움이 될 것이다.

사람들은 파리와 뉴욕이 세계 예술의 수도 지위를 놓고 경쟁하던 시기에 파리가 비트 제너레이션의 중심지 중 하나였다는 사실을 종종 잊곤 한다. 퐁피두 센터에서 센강을 건너 15분만 걸어가면 도착하는 지트 르 쾨르Gite le Coeur 길 9번지에는 한때 비트 호텔이었던 건물이 있다. 1957년 앨런 긴즈버그와 피터 올로프스키Peter Orlovsky는 이곳으로 이사했고, 유명한 소설 《네이키드 런치Naked Lunch》를 완성하기 위해 1959년 탕헤르에서 올라온 윌리엄 버로스William Burroughs도 이곳에 합류했다. 이 호텔에서 버로스는 브리온 기신Brion Gysin을 만났고, 긴즈버그는 그의 가장 유명한 시 중 하나인 〈카디쉬Kaddish〉를 썼다. 하지만 지금은 그 흔적조차 남아 있지 않다. 이 호텔은 현재 르 를레* 뒤 비유 파리Le Relais du Vieux Paris로 바뀌었고, 역사적으로 꾸며진 다소 키치한 장식의 방에서 묵으려면 하룻밤에 200유로(235달러) 이상을 지불해야 한다. (당시 미국 작가들은 하나의 욕실을 공동으로 사용했고, 운이 좋으면 한 달에 한 번 침구를 교체할 수 있었다.) 도시는 그 어느 때보다 깨끗해졌고, '옛 파리 여관'이라는 호텔 이름은 샤를 보들레르Charles Baudelaire의 시구**를 떠올리게 한다.

지트 르 쾨르(비트 제너레이션), 캄파뉴―프리미에르(이브 클라인Yves Klein, 외젠 아제Eugène Atget, 니콜라 드 스탈Nicolas de Staël, 만 레이Man Ray, 아르튀르 랭보Arthur Rimbaud 등), 베르뇌이(세르주 갱스부르Serge

---

* 교대소, 중계소를 뜻하는 단어로, 품격 있는 고성 등 전통적인 모습을 지닌 고급 호텔을 의미한다.
** 〈백조〉에 "옛 파리는 더 이상 없다"라는 문구가 있다. 지나간 시대에 대한 시인의 향수를 엿볼 수 있는 부분이다.

파리 2024

모든 것이 순조롭게 진행되면 파리는 런던에 이어 하계 올림픽을 세 번(1900년, 1924년 그리고 2024년) 개최하는 두 번째 도시가 된다. 2008년과 2012년에 고배를 마신 파리는 다른 세 후보지가 철수하면서 유치권을 따냈다. 파리가 유리한 고지를 점할 수 있었던 건 전체 경기의 95%를 기존 시설이나 임시 구조물에서 개최할 수 있어 런던이나 도쿄보다 훨씬 적은 68억 유로(80억 달러)의 예산으로 대회를 치를 수 있다는 점 때문이었다. 에펠탑은 비치발리볼 토너먼트와 센강에서 열리는 오픈워터 및 트라이애슬론 경기의 배경이 될 것이다. 기수들은 베르사유 궁전에서 말을 탈 것이고, 스케이트 선수들은 튈르리 정원에서 경쟁을 펼칠 것이다. 사이클 경기는 샹젤리제 거리에서 열리며, 롤랑 가로스 테니스 경기장의 일부 코트는 복싱과 핸드볼 경기를 위해 개조될 것이다. 가장 많은 예산이 투입되는 곳은 올림픽 선수촌과 수영장으로, 두 곳 모두 스타드 드 프랑스 근처에 지어질 예정이다. 축구 경기장은 1998년 월드컵을 위해 지어진 하얀 코끼리* 같은 경기장으로, 이 건축물은 주변 방리외를 재생하는 임무를 부분적으로 수행한 바 있다. 이번 올림픽은 대규모 교통 프로젝트인 그랑 파리 엑스프레스와 함께 두 번째 기회를 제공할 것이다. 전체 선수의 85%가 숙소에서 30분 이내에 경기장에 도착할 수 있게 하겠다는 약속은 점점 가중되고 있는 교통 체증에도 불구하고 지켜질 것이다.

---

* 하얀 코끼리란 겉은 화려하나 쓸모가 없는 무용지물을 의미하는 단어다. 올림픽 등 대형 행사를 치르기 위해 지어졌지만, 이후에는 쓸모가 없어 애물단지가 되어버린 시설에 대한 비유로 쓰인다.

퐁피두 센터 동쪽 면의 리프트

퐁피두 센터 건설 당시의 모습

프랑수아 미테랑 도서관

Gainsbourg, 줄리엣 그레코Juliette Gréco, 미셸 피콜리Michel Piccoli), 생베누(마그리트 뒤라스Marguerite Duras) 등 한때 이곳에 살았던 유명인을 중심으로 전설을 만들어낸 파리의 거리는 많다. 진정한 파리 지앵들은 그런 유명인이 '바로 이 모퉁이'에 살았다는 사실을 자랑스럽게 이야기할 것이다. 시인, 예술가, 작곡가 들은 평범한 건물에 붙인 명판만으로도 존재감이 충분히 전달되지만, 정치인들은 자신의 신화를 관광객들이 사진을 찍을 수 있는 건물과 연결 짓는 웅장한 프로젝트를 진행할 필요가 있다.

풍피두 센터를 필두로, 이후 모든 프랑스 대통령은 풍피두의 뒤를 이어 다양한 성공을 거두었다. 발레리 지스카르 데스탱Valéry Giscard d'Estaing은 오르세 미술관(ACT 건축사무소 및 가에 아울렌티Gae Aulenti 설계, 1979~1986년) 공모를 시작했는데, 1986년 미술관 개관 당시에는 퇴임한 후였다. 프랑수아 미테랑François Mitterrand은 루브르 피라미드(이오 밍 페이Ieoh Ming Pei, 1983~1989년), 시테 드 라 뮈지크(크리스티앙 드 포르잠파르크 Christian de Portzamparc, 1984~1990년), 오페라 바스티유(카를로스 오Carlos Ott, 1983~1989년), 아랍 세계 연구소(장 누벨Jean Nouvel, 1981~1987년), 프랑스 국립 도서관(도미니크 페로Dominique Perrault, 1989~1996년) 등 문화 프로젝트만 남기고 1995년에 엘리제궁을 떠났다! 자크 시라크Jacques Chirac는 파리시에 자신의 이름을 딴 케 브랑리 박물관을 남겼고, 니콜라 사르코지Nicolas Sarkozy는 집권 5년 동안 문화의 중요성을 과소평가했다는 사실을 깨닫고 선거 몇 주 전에 팔레 드 도쿄를 확장했지만, 실제 건축 공사가 포함되지 않은 급조된 작업은 이전에 사용하지 않았던 공간에 일

반 대중이 접근할 수 있는 문을 추가한 정도로 요약할 수 있다. 마지막으로 프랑수아 올랑드François Hollande는 2015년에 필하모니 드 파리를 개관했는데, 개인적으로 그다지 관심을 가진 프로젝트는 아니었지만 외곽 순환도로에 위치한 필하모니는 파리의 미래가 파리에 국한되지 않고 교외와 함께한다는 것을 상징하는 곳이 되었다. 에마뉘엘 마크롱Emmanuel Macron은 2017년 취임 이후 아직 자신의 이름을 딴 건물을 짓는 프로젝트를 시작하지 않았다. 예산 삭감을 요구하는 긴축 재정을 운영하면서 기념비적인 건축물을 지을 돈을 마련할 수는 없기 때문이다. 현재 그는 도시 계획과 그랑 파리 설계, 즉 도시와 광활한 교외 지역 사이의 격차를 없애기 위한 합리적인 도시 계획에 중점을 두고 있다. 2020년, 프랑스 정부는 1년간의 논쟁과 여러 아이디어 검토 끝에 노트르담 대성당의 지붕과 첨탑을 2019년 불타기 전과 동일한 방식으로 재건하기로 결정했다고 발표했다(원래의 골조는 복제할 수 없을 테니 외관을 재건하는 것이겠지만). 이는 마크롱 대통령 임기 중 가장 큰 건축적 결정이 될 것이다. 드레스덴, 포츠담, 베를린은 2차 대전 중 폭격당한 교회와 성을 역사적 모방과 현대 기술 요구를 결합하는 방식으로 재건했다. 정치인들은 더 이상 혁신에 도전하지 않는다. 소심함과 평범함이라는 단어가 선동과 성공의 대명사가 되었다. 오늘날 파리도 마찬가지다. 확실히 2021년은 1971년이 아니다.

*

파리에서는 도로명 만큼이나 건물 이름도 쉽게 바뀐다. 대통령들은 가장 권위 있는 주소를

> "파리에서는 도로명 만큼이나 건물 이름도 쉽게 바뀐다. 대통령들은 가장 권위 있는 주소를 선점한다."

선점한다. 그래서 파리에는 프랑수아 미테랑 도서관, 자크 시라크 박물관, 조르주 퐁피두 센터가 있다. (독일에는 베를린 미테에 그림 형제 도서관이 있긴 하지만, 헬무트 콜 박물관이나 빌리 브란트 콘서트홀은 없다). 이는 프랑스가 여전히 수도와 지방의 분열에 갇힌 불건전한 중앙집권적 국가이며, 선출직 대통령이 군주와 크게 다르지 않은 권한을 가졌다는 사실을 보여준다. 그런데 왜 모든 남성(프랑스는 아직까지 여성 대통령이 없다)은 이런 방식으로 자신의 흔적을 남기고 싶어 할까? 마키아벨리의 《군주론The Prince》에 나오는 이상을 구현한 것으로 묘사되는 미테랑은 사후에도 사람들의 기억 속에 남고 싶은 다소 과대망상적인 욕구가 있었다. 다른 경우에는 선거에서 몇 표를 더 확보하는 것이 더 중요한 문제였다. 히틀러와 무솔리니도 기념비를 세우는 것을 좋아했고, 중앙아시아의 독재자들도 기꺼이 이 전통을 이어가고 있다. 하지만 프랑스는 민주주의 국가이며, 대통령은 동료 시민과 동등해야 한다.

과학산업관, 바스티유 오페라 극장, 시테 드 라 뮈지크 모두 언급해야겠지만, 안타깝게도 이 건축물들은 건축학적으로 가치가 있지는 않다. 대통령의 프로젝트라는 라벨이 건축 품질을 보장하지는 않는다. 한 가지 확실한 것은 여기서 가장 돋보이는 인물은 건축가 장 누벨이라는 점이다. 그는 1980년대에는 아랍 세계 연구소, 1990년대에는 카르티에 재단, 2000년대에는 케 브랑리 박물관, 2010년대에는 필하모니 드 파리를 설계했다. 미테랑, 시라크, 사르코지, 올랑드 대통령 밑에서 일한 셈이다. 파리에 있는 모든 그의 건축물은 그 맥락과 형태에서 지성을 보여주며, 아랍 세계 연구소에 설계한 예쁜 광장은 그를 정치적 기회주의자로 분류하는 것을 주저하게 한다. 그는 파사드* 전성시대에 카르티에 재단 건물을 통해 거세된 도그마의 투명하고 개념적인 사례를 만들었다. 케 브랑리 박물관과 필하모니 드 파리는 이전 건물보다 다소 눈에 띄지만, 수십 년 동안 역사적 유산을 지키는 데 심혈을 기울여온 파리에 걸맞는 현대적 건축물이다.

오늘날 장 누벨의 퐁다시옹 카르티에(1994)부터 프랭크 게리Frank Gehry의 퐁다시옹 루이비통, 렘 콜하스Rem Koolhaas와 메트로폴리탄 건축사무소의 라파예트 앙티시파시옹 같은 민간 재단의 기세가 무섭다. 대통령들이 여론과 대중의 취향을 거스를 준비가 되어 있던 전후 퐁피두 시대의 영광스러운 시절은 이미 과거가 되었다. 거대 기업이 운영하는 재단이 어떻게 그 바통을 이어받게 되었을까? 진정한 건축, 경제, 문화의 힘은 다른 곳에 있고, 아방가르드가 더 이상 우위를 점하지 않는다. 메가 컬렉션은 미술 시장의 정점에 있는, 돈에 의한 그리고 돈을 위한 대중의 지배를 반영하는 기계다. 전시회가 열릴 때마다 정치인들은 카메라를 향해 포

---

* 건물의 출입구로 이용되는 정면 외벽 부분을 가리키는 말로, 종종 장식적으로 사용되는 것이 보통이다.

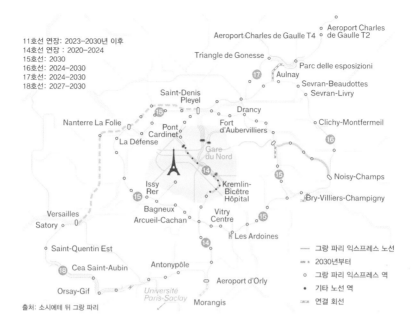

출처: 소시에테 뒤 그랑 파리

지도 범례:
— 그랑 파리 익스프레스 노선
--▸ 2030년부터
○ 그랑 파리 익스프레스 역
• 기타 노선 역
⇶ 연결 회선

11호선 연장: 2023-2030년 이후
14호선 연장 : 2020-2024
15호선: 2030
16호선: 2024-2030
17호선: 2024-2030
18호선: 2027-2030

위대한 디자인

4개의 지하철 노선 신설과 2개의 기존 지하철 노선 연장으로 68개 교외 역이 추가되고, 각 역은 인근에 새로운 주택을 건설할 부지를 확보했다. 도시 주변의 경제 클러스터, 그중에서도 베르사유 남쪽의 과학 및 기술 허브인 파리 사클레이는 파리 중심과 공항뿐만 아니라 각각의 지역을 촘촘하게 연결한다. 그랑 파리 프로젝트는 파리시와 인접한 130개 지자체를 하나로 묶는 새로운 제도적 구조를 만드는 것으로, 2008년 사르코지 대통령이 처음 추진한 야심 찬 프로젝트다. 그 기원은 미테랑 대통령 재임 시절까지 거슬러 올라가는데, 사르코지 정부는 역대 정부가 수립한 원래 계획의 일부를 변경하고 제거하면서 프로젝트를 진전시켰다. 이는 서유럽에서 가장 큰 도시 인프라 구축 계획으로, 오래된 도시를 21세기형 대도시로 탈바꿈하여 주민의 삶의 질을 개선하고 지리적 격차를 해소하며 지속 가능한 도시를 건설하는 것을 목표로 한다. 가장 분명한 목표는 악명 높고 혼잡한 외부 순환도로로 둘러싸인 도심의 220만 주민과 외곽 지역의 천만 주민 사이의 역사적 격차를 줄이는 것이다. 그랑 파리 엑스프레스 철도망은 교외 지역을 연결하여 여러 중심지를 만들고, 도시 내 비싼 임대료와 외곽의 교통 체증이라는 이중 문제를 해결할 것을 목표로 한다. 이러한 야심 찬 프로그램은 천문학적 비용(초기 계획과 2018년 수정안 사이에 이미 두 배로 증가했다)은 물론, 주택 공급에 있어 민간 자본이 차지하는 지배적인 역할 등에서 비판받을 수밖에 없다. 새로운 지하철 노선의 첫 번째 구간인 무인 자동화 노선은 2024년에 개통될 예정이며, 전체 프로젝트는 2030년에 완공될 것이다. 파리는 늘 파리를 정의해왔던 생각, 즉 파리가 세계의 중심이라는 신념을 버리면서 미래를 준비하고 있다.

이오 밍 페이가 설계한 루브르 박물관 앞 유리 피라미드

즈를 취하며 영광을 되찾으려 노력하지만, 게리는 게리가 해오던 일을 하고 있고, OMA가 설계한 빌딩은 그다지 화려하지 않다(이 회사는 원래 보르도의 한 주택을 위해 구상했던 1990년대의 아이디어를 재활용했다). 그들은 도시가 아닌 브랜드 이미지를 위한 건축물을 만든다. 그들이 관여한 (끔찍한 단어인) 마케팅과 브랜딩은 후원과 관대함을 대체한다. 루이비통이 프랭크 게리에게 의지했다는 사실은 흥미롭다. 게리의 작품을 통해 빌바오 효과가 탄생했고, 게리가 전 세계 권위 있는 문화 프로그램에 관여하고 있는 만큼 특별히 독창적인 것은 없다. 피아노와 로저스가 퐁피두 센터를 설계했을 때는 마흔이 채 되지 않은 나이였고, 장 누벨이 아랍 세계 연구소 공모전에서 우승했을 때도 서른다섯이었다. 반면 루이비통 재단은 85세의 노인이 만든 작품이다. 게리는 1993년 파리 베르시 지역의 아메리칸 센터 역시 설계했는데, 시네마테크 프랑세즈는 몇 년 동안 프랑스 내 미국 문화의 중심지 역할을 한 이 건물을 매입했다. 물론 예쁜 건물이고 방문할 가치가 있지만 당시 게리는 모든 트릭과 묘기를 완전히 연마한 상태가 아니었기에, 이 건축물은 오늘날 게리의 작품에서 보이는 단순한 형태의 유희를 주지 못한다.

*

앨런 긴즈버그에게 퐁피두 센터에 대해 어떻게 생각하는지 물어보지 못한 것이 후회스럽지만, 그도 나와 마찬가지로 퐁피두 센터를 독특하고 마법 같은 장소로 보았을 것이라고 생각한다. 공장을 은유적으로 표현한 이 건축물(파리지앵들은 종종 '정유소'라는 별명으로 부른다)은 할리

노트르담 대성당 재건

2019년 4월 15일 노트르담 대성당 화재가 발생한 지 하루 만에 마크롱 대통령은 대성당을 '이전보다 더 아름답게' 재건할 것이라고 발표했다. 그 후 이어진 논쟁은 '복원할 것인가, 혁신할 것인가'에 초점이 맞춰졌다. 마크롱은 '전통과 현대'를 결합한 계획을 위한 국제 공모를 발표하면서 혁신가 진영 편에 섰다. 그러나 예상대로 우파 야당의 지원을 받는 대다수 여론은 보다 보수적인 해결책을 선호하는 것으로 나타났고, 역사기념물 유지 관리를 책임지는 수석 건축가 필립 빌뇌브Philippe Villeneuve가 사임의 뜻을 밝히면서 마크롱은 한발 물러섰다. 아이러니한 사실은 화재가 발생하기 이전 해에 약 1,200만 명의 관광객을 맞이했던 노트르담 대성당의 '원래 모습'이 거의 남아 있지 않았다는 것이다. 가고일부터 네오고딕 양식의 첨탑인 플레쉬에 이르기까지 가장 눈에 띄는 건축물과 장식물은 19세기 노트르담 복원을 담당한 천재 건축가이자 논란의 중심에 선 외젠 비올레 르 뒥Eugène Viollet-le-Duc의 작품이다. 현재 복원 계획에는 시 당국이 관할하는 파사드 앞 광장의 전면적인 개축도 포함되어 있는데, 어쩌면 루브르 피라미드의 사례에 따라 중세 첨탑에 현대적인 '건축적 제스처'를 더할 수 있는 기회를 마크롱에게 제공해줄지도 모른다.

방문객이 퐁피두 센터 꼭대기에서 경치를 감상하고 있다.

우드 영화 같은 막대한 예산이 투입되는 문화 산업뿐만 아니라 사람들이 몇 시간씩 줄을 서는 경쟁적인 전시 같은 새로운 세계의 도래를 알린다. 보드리야르가 '보부르 효과'라고 불렀던 이 현상은 이제 널리 퍼진 질병이 되었다. 하지만 앤디 워홀Andy Warhol과 요나스 메카스Jonas Mekas의 친구였던 긴즈버그 같은 아방가르드 시인은 센강 건너편의 지트 르 쾨르 거리에서 한동안 살았으니, 아마도 이 건축물을 좋아했을 것이다. 당시 퐁피두 센터는 프랜시스 베이컨Francis Bacon의 캔버스를 감상하며 친구의 바지 속으로 손을 집어넣고 맨발로 카펫 위를 걸을 수 있는 곳이었다. 파리의 모든 곳이 그렇듯, 퐁피두 센터도 그 이후로 병들었다. 지나치게 많은 사람이 방문하는 것에 지쳤고, 방문객 수를 통해 자신의 존재를 정당화하고 성공을 수치화해야 하는 것에 지쳤으며, 테러의 위협으로 전 세계에 부과된 보안 조치에 지쳤다. 다양한 작업으로 건축물이 변형되면서 동선의 자연스러운 흐름은 끊기고 방문객은 통제되었다. 카펫과 함께 편안함도 사라졌다. 넓은 보행자 전용 광장 모퉁이에는 비둘기에게 모이를 주러 오는 한 남자와 현대 건축의 아이콘이라는 이미지만 남아 있다.

오랫동안 소중히 간직해온 다소 비밀스러운 장소, 조르주 앙리 팡귀송Georges-Henri Pingusson이 지은 강제추방 희생자 기념관으로 이 투어를 마무리하려 한다. 조르주 퐁피두 센터에서 고작 500미터 떨어진 곳이지만, 여기서는 팔꿈치로 다른 관광객을 밀칠 필요가 없다. 1962년 샤를 드골이 직접 개관식을 주관했는데, 이곳은 한 사람이 아닌, 2차 대전 당시 비시정부*에 의해 강제수용소로 추방된 수십만 명을 기리기 위한 곳이다. 1950년대 초 팡귀송은 다른 세 명과 함께 노트르담 바로 뒤 시테 섬 동쪽 끝에 기념관을 짓는 계약을 체결했다. 대성당과 어떻게 경쟁할 수 있을지 고민하던 팡귀송은 기발하고 극적인 해결책을 찾아낸다. 가능한 한 눈에 띄지 않고 최대한 낮게 지으라는 지시에 따라 그는 기념관을 땅 밑에 완전히 묻어버리고, 보부르 프로젝트의 도심 광장 같은 넓은 일 드 프랑스 광장을 지상에 조성했다. 기념관이 지하에 있기 때문에 이곳에 '진입'하려면 콘크리트 구조물이 만든 두 개의 거친 '단층선'을 따라 계단을 내려가야 한다. 깨끗한 흰색 건축물이지만 계단을 내려가다 보면 지옥으로 내려가는 듯한 느낌이 든다. 작은 삼각형 안뜰을 지나면 현대식 지하실 같은 공간으로 들어서게 된다. 아름답고, 우아하고, 놀랍고, 무엇보다도 신중하다. 이것이 퐁피두 센터와 대비되는 점이다. 미래와 혁신의 상징인 이 활기찬 건물, 퐁피두 센터는 결코 자신을 숨기려 하지 않았다. 그 뒤를 이은 케 브랑리 박물관, 트레 그랑드 비블리오테크, 퐁다시옹 루이비통 등도 요란스러운 주목을 요구한다. 아마도 이것이 보부르 효과일 것이다. 건축물들은 관광객들의 사진 촬영을 기대하며 자신들의 상품성을 과시하고 있다. ◆

---

* 1940년 6월 나치 독일과 정전협정을 맺은 뒤 오베르뉴의 온천도시 비시에 세워진 프랑스의 친독일 정부.

반란의 거리

루디바인 반티니
Ludivine Bantigny

파리 한복판 시위 군중 사이에서 연막탄이 터졌다.

2018년 11월, 수천 명이 연료 가격 인상과 높은 생활비에 반대하는 시위를 벌이기 위해 파리에 모였다. 이들은 눈에 잘 띄는 노란 조끼를 입고 프랑스 혁명과 1968년 5월 시민 소요 사태에서 영감을 받은 구호를 외치며 공화국의 권력과 프랑스 사회의 불평등을 상징하는 '세계에서 가장 아름다운 거리' 샹젤리제로 나왔다. 몇 달 동안 그들은 혼란을 일으켰는데, 이것이 자신들의 목소리를 전달할 수 있는 유일한 방법이었다.

27

"이런 광경은 본 적이 없다." 2019년 3월 16일자 〈르몽드Le Monde〉지 기사에 실린 경찰관의 말이다. 아연실색한 경찰관들은 이 말만 되풀이했다. 기념비적인 거리이자 국가의 상징인 샹젤리제를 겨냥한 대중의 반란은 정말 놀라운 일이었다. 예상치 못한, 전례 없는, 전대미문의 '노란 조끼' 운동은 문자 그대로 장관이었다. 독창성, 갑작스러움, 결단력, 강렬함이 합쳐져 역사적 힘을 발휘했다. 바리케이드에 불이 붙고, 프랑스 공화국의 상징인 마리안느 복장을 한 시위대가 경찰과 대치하고, 일부 시위대는 크레인을 탈취하고, 다른 시위대는 식당에서 안락의자를 끌고 나와 도로 한가운데 자리를 잡고, 상점 유리창이 깨지는 등 온갖 기이한 장면이 펼쳐졌다.

이들의 목표는 정부와 그 성소라고 할 수 있는 대통령궁이었다. 몇 달 전, 엘리제궁의 주인은 대수롭지 않게 "나를 만나러 오라!"고 말했다. 노란 조끼 시위대는 그 말을 곧이곧대로 받아들였고, 이제 국가 최고위층은 공포에 사로잡혔다. 샹젤리제는 전쟁터로 변했다. 대치 상황을 담은 영상은 기괴하면서도 매혹적인데, 어떤 이들에게는 '마법 같은' 장면으로, 어떤 이들에게는 끔찍한 장면으로 다가온다. 그리고 이 시위가 더 이상 무대 위에서 관리되는 수준

이 아니며, 권력의 상징을 눈앞에 두고 있다는 소문이 퍼지기 시작했다.

낯설면서도 익숙한 장소에서 동요가 일어났다. 잃어버린 권리를 찾기 위해 나선 이들이 그림엽서 같은 거리에 분란을 일으킨다. 샹젤리제 거리는 매우 정치적인 장소이지만, 역설적이게도 관광과 쇼핑의 중심이 되면서 정치는 뒷전으로 밀려났다. 그런데 범접하기 어려운 분위기의 명품숍들이 즐비한 샹젤리제 거리가 정치화되면서, 샹젤리제 거리의 진짜 모습이 드러나고 있는 것이다. 기존의 장소에 새로운 빛을 비추고, 장소를 변형시켜 그간의 의미를 바꾸는 것은 봉기의 본질이다. 로터리는 점령되는 순간, 영혼이 없던 장소에서 공동의 공간으로 변모한다. 반란은 보이지 않는 사람들, 미디어가 잊어버린 사람들을 가시화한다. 샹젤리제 점령으로 사회 질서의 평화로움을 뒷받침하는 모든 폭력이 폭로되고, 폭동의 주인공들이 드러났다. 이는 그들의 목소리가 전해질 기회이기도 하다. 그것이 바로 폭력성과 쾌감이 공존하는 폭동의 힘이다. 예상치 못한 장소에 있다는 흥분과 충격이 뒤섞인 폭동. 그렇게 "우리가 여기 있다"는 노란 조끼 시위대의 외침은 아무도 예상하지 못했던 곳에서 울려 퍼졌다.

루디바인 반티니Ludivine Bantigny는 루앙 대학교 교수로 사회 운동과 정치 투쟁의 역사, 특히 1968년 5월 혁명을 전문으로 연구하고 있다. 《1968: 위대한 저녁에서 소박한 아침으로 1968: De grands soirs en petits matins》, 《세계화 시대의 프랑스: 1981년부터 오늘날까지La France à l'heure du monde: De 1981 à nos jours》, 《혁명Révolution》을 비롯한 많은 책을 썼다. 이 글은 그녀의 최근 저서 《세상에서 가장 아름다운 거리: 샹젤리제 거리의 정치와 사회사La plus belle avenue du monde: Une histoire sociale et politique des Champs-Élysées》에서 발췌한 것이다.

"도로 한가운데서 트럭이 불타고, 은행이 불탔다. 소용돌이치는 연기로 거리는 종말론적인 느낌을 풍겼고, 전 구역이 봉쇄되는 등 이 지역은 본래 모습을 알아볼 수 없을 정도로 변했다."

분노의 시간!

1막. 2018년 11월 17일, 수만 명의 노란 조끼 시위대가 로터리를 점거하고 톨게이트를 막고 도로와 고속도로를 점거한다. 다른 사람들은 샹젤리제 거리로 가서 시위를 벌이기로 결심한다. 정오가 되자 개선문을 중심으로 한 레투알 광장에 수천 명이 모였다. 처음에는 횡단보도를 가로질러 행진하여 교통 흐름을 막는 것이 계획이었다. 하지만 곧 군중이 도로를 점거한다. 프랑스 국기를 흔드는 시위대는 「마르세예즈」를 목청껏 부르며 진압 경찰에게 합류할 것을 촉구한다. 하지만 경찰은 수류탄으로 대응하고, 시위대를 쫓고, 몰아내고, 추격한다. 평범하게 시작한 시위는 매우 빠르게 다른 종류의 시위로 변모한다. 다양한 연령대의 사람들로 구성된 시위대는 세금, 물가 그리고 자신들을 존중하지 않는 국가에 대해 이야기한다. '마크롱 퇴진'은 이 운동을 하나로 묶는 문구다. 한 플래카드에는 '일어나, 분노할 시간이다!'라고 적혀 있다. 오토바이 엔진 소리가 울려 퍼지는 가운데 바리케이드가 세워졌다. 아름다운 거리는 전쟁터가 되었다.

일주일이 지나고, 노란 조끼 시위대가 샹젤리제 거리로 돌아왔다. 파리 시장 안 이달고Anne Hidalgo는 트위터에 '샹젤리제 거리의 환상적인 크리스마스 조명을 감상하러 오세요'라는 글을 올렸다. 상황을 전혀 인지하지 못한 듯하다.

시장의 고문역인 마티유 라마르Matthieu Lamarre는 잘못을 재빠르게 시인했다. 모든 것이 전복되고, 다른 의미로 변형되었다. 조 다생Joe Dassin의 노래 「샹젤리제」의 가사 "Je m'baladais sur l'avenue, le cœur ouvert à l'inconnu(나는 길을 걷고 있었고, 내 마음은 새로운 모든 것에 열려 있었다)"는 "J'manifestais sur l'avenue, mais mon gilet leur a pas plu(나는 길에서 시위를 하고 있었지만 조끼가 진짜 큰일을 일으켰다)"로 바뀌었다. 시위대는 엘리제궁 백 미터 앞까지 다가갔다. 도로 한가운데서 트럭이 불타고, 은행이 불탔다. 소용돌이치는 연기로 거리는 종말론적인 느낌을 풍겼고, 전 구역이 봉쇄되는 등 이 지역은 본래 모습을 알아볼 수 없을 정도로 변했다. 이 사진은 전 세계로 방송되었다. 이탈리아 신문 〈라 레푸블리카La Repubblica〉는 게릴라전에 대해 언급했고, 다음날 BFM TV 뉴스 채널의 한 기자는 생방송에서 노란 조끼 시위대가 수백 미터에 이르는 도로의 자갈을 뜯어냈다고 보도했다. 사실 확인 결과 이 구간은 수리 중이었으며, 조약돌이 사라진 것에 시위대의 책임이 없다는 것이 확인되었다. 이러한 허위 사실은 극적인 상황을 부추겼다. 3일 후, 프랑스 언론이 이 시대의 장발장으로 지목한 에릭 드루에Éric Drouet와 프리실리아 루도스키Priscillia Ludosky(2018년 5월 '소매 연료 가격 인하를 위한 청원'을 시작하여 현재 100만 명이 넘는 서명을 받은 기업가)는 프랑수아 드 루기François de Rugy

파리 대학살

파리 정치 시위 역사상 가장 어두운 사건 중 하나는 1961년 10월 17일에 일어났다. 이날 알제리 민족주의 민족해방전선(FLN)에 의해 집결된 3만 명의 알제리 군중은 저녁 8시 30분 이후 무슬림 외출을 금지하는 인종차별적 통행금지령에 반대하는 시위를 벌였다. 프랑스는 1954년부터 1962년까지 지속된 피비린내 나는 알제리 전쟁의 막바지에 있었고, 양측의 게릴라 작전은 나날이 격화되고 있었다. 1961년 8월 말과 10월 초 사이에만 FLN은 파리에서 11명의 경찰을 살해했다. 반세기 후 올랑드 대통령은 공식 사과를 통해 경찰에 의한 사망자 숫자는 40명이라고 밝혔으나, 일부 역사가들에 따르면 모리스 파퐁Maurice Papon 파리 경찰청장의 명령에 따라 경찰이 사살한 사람은 300여 명에 이른다고 말한다. 그들은 맞아 죽었을 뿐만 아니라 센강에 던져졌고, 일부는 산 채로 자루에 묶여 죽임을 당했다. 파퐁이 유죄 판결을 받기까지는 수년이 걸렸는데, 그마저도 이 학살 사건 때문이 아닌 비시정부 시절에 관여한 유대인 추방에 대해 받은 유죄 판결이었다. 독립 이후 FLN은 1962년 오랑에서 수백 명의 희생자를 낸 학살 사건으로 자국의 명성을 더럽혔고, 당시 알제리에서 약 100만 명의 공동체를 형성하고 있던 피에 누아르[*], 프랑스인, 다른 나라 출신의 유럽인 및 유대인들과의 앙금을 해결해야 했다. 1960년대 말이 되자 이들 중 알제리에 남은 사람은 5만 명에 불과하게 되었다. 대부분 '고국'으로의 귀향을 선택했는데, 1970년대 새로 독립한 포르투갈 식민지로부터 귀환한 유럽인들과 마찬가지로 고국을 처음 방문하는 경우가 많았다.

---

[*] 프랑스어로 '검은 발'이라는 뜻으로, 프랑스 식민 지배기에 알제리에 정착하여 살던 유럽계 백인들을 일컫는 말이다.

생태전환부 장관과의 면담을 마친 후, 다가오는 토요일을 포함해 매주 토요일마다 샹젤리제 거리에서 시위를 벌일 것을 촉구했다.

3막. 12월 1일이 되자 거대한 운동이 시작될 조짐이 보였다. 철도 노동자, 인종차별 반대 단체, 학생, 노동자 계급의 젊은이 그리고 다양한 정치적 성향을 가진 사람들이 시위에 가담했다. SUD 철도 노조는 사람들에게 "시위 열차에 올라타자"고 호소했고, 아다마 위원회(2016년 7월 19일 페르산에서 구금 중 스물네 살의 나이로 사망한 아다마 트라오레Adama Traoré의 정의와 진실을 위한 캠페인을 벌이는 단체)는 연대의 필요성을 강조하며 "노동 계급 출신인 우리 역시 일반적으로 가장 불안정한 일을 하면서도 비참한 임금을 받고 있다"고 외쳤다. 이들의 호소는 빈민가와 고립된 농촌 지역을 연결했다. "청소부나 경비원도 몇 시간씩 운전해서 공장과 창고로 일하러 가야 한다. 우리 중 많은 사람이 실직 상태이며, 어떤 지역에서는 40%가 실직 상태다." 그렇게 '평등한 동맹을 맺자'는 결론에 이르렀다. 철학자이자 경제학자인 프레데릭 로르동Frédéric Lordon도 시민들에게 "들끓는 분노를 가마솥에 붓자"고 호소했다.

경찰은 신속하게 움직여 시위대를 몇 시간 동안 개선문 주변에 가두었다. 이 기념물은 아이러니하고 복수심에 찬 낙서로 훼손되었다. '노란 조끼가 승리할 것이다.' 칠레에서 차용한 슬로건도 새겨졌다. '단결된 국민은 결코 분열되지 않는다', '우리는 반란을 일으킬 권리가 있다.' 한 무리의 시위대가 콘크리트 벤치와 금속 볼라드로 철제문을 부수고 개선문 안으로 들어간다. 누군가의 공격으로 프랑수아 뤼드

François Rude의 석고상은 한쪽 눈을 잃었다. 시위대는 무명용사의 불꽃을 그대로 두고 계속 지켜보았다. 개선문을 침입한 노란 조끼 시위대는 공화국은 물론 애국적 가치 역시 수호한다. 바로 여기에 장소와 순간의 애매성*이 있다. 가장 먼저 개선문에 침입한 알리Ali는 나중에 자신을 파시스트로 취급하는 것에 분노했다. 그는 개선문 꼭대기에 프랑스 삼색기를 꽂는 것이 주요 목표였다고 말한다. 개선문은 이제 전략적 요충지가 되었다. 로터리와 도로가 만나는 곳에 바리케이드가 설치되어 충돌이 발생했다. 사태의 진행 속도에 당황한 진압 경찰은 수만 발의 수류탄을 발사했고, 물 대포와 헬리콥터까지 동원해 무력으로 시위를 진압했다. 한 경찰 간부는 "도시가 포위당한 것처럼 보이기 때문에 신고하기를 꺼렸다"고 털어놓았다.

파리 경찰청장 미셸 델퓌에Michel Delpuech는 이들의 '목표물은 부동산, 스마트 카, 은행, 부촌 지역'이라고 말한다. 노란 조끼 시위대에게 파리는 권력과 부를 상징한다. 실제로 일부 고급 자동차는 차체만 남기고 불탔다. 결연한 시위대는 진압 경찰 1개 중대를 후퇴하게 만들었다. 경찰 간부는 이제 이것을 반란이라고 인정한다.

12월 8일, 전쟁 이후 퍼레이드 때만 볼 수 있던 헌병과 장갑차가 레투알 광장을 에워쌌다. 파리 경찰 본부는 상점 주인들에게 문을 잠그고, 창문을 닫으라고 지시한다. 샹젤리제 상인 연합회장 장 노엘 라인하르트Jean-Noël Reinhardt는 이 상황을 재앙이라고 표현했다. 샹젤리제 거리

---

* 윌리엄 엠프슨William Empson에 의하여 시적 특질로 규명된 시적 장치로, 둘 또는 그 이상의 거리가 먼 지시 내용을 의미하거나 또는 둘이나 그 이상의 서로 다른 태도나 감정을 나타내는 단어나 표현을 이르는 말이다.

의 상점 중 절반이 이날 문을 열지 않았다. 시위는 그칠 줄 몰랐다.

12월 15일, 공화국을 의인화한 마리안느 복장을 한 다섯 명의 여성과 샹젤리제 거리에 배치된 진압 경찰 사이에 인상적인 대치 상황이 벌어진다. 여성들은 온몸으로 정치적 성명을 발표하며 그곳에 서 있었다. 멀지 않은 곳에서 시위대는 자갈밭에 무릎을 꿇고 있는데, 이는 3일 전 파리에서 서쪽으로 50킬로미터 떨어진 망트 라 졸리에서 경찰이 청소년 수십 명을 인질처럼 대하며 머리에 손을 얹고 무릎을 꿇도록 강요했던 사건을 상기시키는 행동이었다. 노동자 계급이 모여 사는 동네에서, 아랍인이나 흑인이 대부분이었던 이들 청소년을 두고 "드디어 예의 바른 학생들이 모였다"고 한 경찰관의 발언은 사건 이후 널리 보도되었다. 시위대들의 강렬한 행동은 샹젤리제 거리와 망트 라 졸리라는 전혀 다른 두 장소 사이에 유대감을 형성했고, 우리가 상상할 수 있는 가장 특권적인 장소인 이 호화로운 거리는 민중의 거리가 된 것처럼 사회적 격차를 무력화시키는 연대의 물결로 수놓였다.

일주일 뒤, 행렬은 수류탄 우박을 맞는다. 오토바이를 타고 빠르게 철수하는 경찰을 공격하던 시위대 중 한 명이 총을 꺼내 군중을 향해 겨눴다. 다행히 비극은 피할 수 있었다. 12월 29일, 프리기아 모자*와 금빛 망토를 입은 한 시위자가 정의의 칼과 저울을 높이 들었다. 이 여성은 "반란은 국민의 의무"라고 외치며 진압

* 프리기아 모자는 고대 아나톨리아 중부(오늘날의 터키)의 프리기아에서 유래한 모자이다. 별칭으로는 자유의 모자라고도 한다. 고대 로마에서 노예가 해방되어 자유민의 신분을 얻게 되면 이 모자를 썼기 때문에 자유의 상징으로 쓰이게 되었다. 프랑스 혁명 당시 시민군의 아이콘으로 널리 쓰였다. 프랑스 공화국을 상징하는 가공의 여성인 마리안느 역시 이 모자를 쓴 모습으로 재현된다.

을 위해 모인 경찰을 향해 1793년판 인간과 시민의 권리 선언의 문구(정부가 국민의 권리를 침해할 때, 반란은 국민의 가장 신성한 권리이자 가장 필수 불가결한 의무이다)를 되뇌었다. 현재는 과거에 스며들기도 하고, 역사의 바람에 종종 휩쓸리는 길 위로 과거를 생생하게 되살리기도 한다. 프랑스 혁명의 레퍼런스에 집착하는 노란 조끼 시위대 덕에 샹젤리제 거리를 침공하는 것은 제2의 바스티유 습격과도 같게 여겨진다. 이번에도 혁명의 목표는 부와 권력이 집중된 곳, 불평등의 상징이자 은유인 권력의 정상을 점령하는 것이다.

이렇게 폭력은 힘의 균형을 바꾸었지만 노란 조끼 시위대들의 의견은 분열되어 있었다. 어떤 이들은 극단주의자 '카세르'를 기물 파손범이라며 혐오하는 반면, 어떤 이들은 역사상 다른 모든 반란이 그랬듯이 폭력 사태를 필수적인 단계로 간주한다. 이들은 국가가 물러서기 시작했다는 사실이 이를 증명한다고 말한다.

"폭력은 운동의 신뢰를 떨어뜨리지 않는다. 상황을 바꿔야 한다." 봉기가 시작된 이래 샹젤리제 거리에서 시위를 벌이고 있는 50대 실업자 로랑은 말한다.

프랑스 남부의 가르드 지방에서 온 30대 안토니는 "충돌로 인해 우리의 이미지가 손상되긴 했지만 가만히 있어서는 아무것도 얻을 수 없다"고 말한다. "우리는 평화주의자이지만 목소리를 내야 한다. 이대로는 안 된다."

은퇴한 우체국 직원 프랑수아즈는 "자신의 목소리를 내는 것은 쉽지 않은 일"이라고 말한다. "우리는 폭력을 행사할 의도는 없지만, 그들은 우리에게 폭력을 행사하도록 강요한다." 한 달에 겨우 780유로(930달러)를 버는 그녀는 생활비 상승에 항의하기 위해 시위에 참여했다.

노란 조끼 시위 도중 거리 쓰레기통에서
연기가 나고 있다.

"공격적인 경찰의 작전은 종종 사람들을 폭력으로 몰아넣는다. 폭력에 직면하고, 폭력에 의지하고, 폭력에 반응함으로써 우리는 폭력을 배우게 된다."

냉동식품 유통업자 질은 노르망디의 캉에서 이곳을 찾아왔다. 그는 '연대하기 위해' 이곳에 왔다면서 "나는 나 자신을 위해서는 아무것도 요구하지 않는다. 세금을 내는 것은 상관없지만, 내가 낸 세금이 잘 사용되기를 바란다"고 털어놓는다. 1968년 5월을 기억하는 그는 현재의 시위가 그때의 사건을 떠올리게 한다고 회고한다. "젊은이들이 반항하는 것은 좋은 일이다."

1968년에 거리로 나섰던 많은 사람 역시 전투에 나설 생각은 없었지만 결국 조약돌을 주워 던졌다. 공격적인 경찰의 작전은 종종 사람들을 이런 상황으로 몰아넣는다. 폭력에 직면하고, 폭력에 의지하고, 폭력에 반응함으로써 우리는 폭력을 배우게 된다. 사건의 주인공들은 2주, 이틀, 심지어 2시간 전에는 상상하지 못했던 방식으로 행동한다.

새해 전야에 반란을 일으켜야 한다는 주장이 나오자 불안에 떨고 있던 평론가들이 놀란 건 당연하다. 12월 31일 수천 명의 노란 조끼 시위대가 샹젤리제 거리로 나와 풍자적인 캐럴을 부르며 새해를 맞이했다. (예를 들자면, "리틀 에마뉘엘 [마크롱]과 충성스러운 내각 모두 지옥으로 달려가 우리도 즐기도록 놔두세요.") 하지만 이것은 휴전이 아니며, 경찰에게 꽃을 나눠주는 노란 조끼 시위대들은 상황의 긴장을 낮추는 데 아무런 도움이 되지 않는다.

2019년 1월 8일, 사르코지 정부에서 장관을 지낸 철학자 뤽 페리Luc Ferry는 경찰뿐만 아니라 군인에게도 총을 사용하게 하라고 촉구했다. 그는 "우리는 세계에서 네 번째로 큰 군대를 보유하고 있다"고 말하며, 이를 통해 "말도 안 되는 헛소리를 멈출 수 있다"고 주장했다.

한 상점 주인은 LCI 텔레비전 채널과의 인터뷰에서 "군대를 불러서 총을 쏘기 시작해야 한다"고 말하며 페리의 발언에 공감을 표했다.

시위대 단속에 군대를 투입해야 할까? 정부는 이를 심각하게 고려했다. 대통령실 대변인 뱅자맹 그리보Benjamin Griveaux에 따르면, 정부는 군대 투입의 가능성을 열어두었지만 군 수뇌부가 이 의견을 공유하지 않아 한발 물러설 수밖에 없었다.

공허한 웃음, 노골적인 공포

군 개입에 대한 제안은 2019년 3월 16일 18차 시위 이후에 대두되었다. 이날 샹젤리제 거리의 여러 상점이 약탈당했고, 방화로 수많은 화재가 났다. 99번지의 신문 가판대가 화염에 휩싸였다. 은행이 불타고, 소방관들은 건물 2층에서 한 여성과 아이를 구출해야 했다.

화염에 휩싸인 유명 레스토랑 '푸케'는 폐업을 선언한다. 불길은 시위대의 방화가 아닌, 천막에 떨어진 경찰 최루탄에 의해 발생한 것으로 보인다. 어쨌든 이 사건은 충격을 주었고,

분노를 표출하기 위해 평론가들이 달려들었다. 마크롱은 이 사건을 두고 공화국 자체에 대한 공격이라며 목소리를 높였다. 2019년 4월 12일, 저널리스트 장 마크 알베르트Jean-Marc Albert는 극우 성향 주간지 〈발뢰르 악튀엘Valeur Actuelle〉에 실은 사설에서 "약탈자들은 자신들의 행동에 전적으로 책임을 져야 한다"며 불쾌감을 드러냈다. 엘리트들이 식사하는 상징적인 장소에 불을 지른 것이 당연히 시위대라고 여긴 것이다. 18세기 볼테르와 루소가 진보적인 활동을 하던 중심지가 레스토랑 르 프로코프였다는 점을 들어 '원래 권력에 도전하는 장소였던 레스토랑이 지닌 격동의 역사를 무시한 처사'라는 주장도 이어졌다. 방송인 장 미셸 아파티Jean-Michel Aphatie는 트위터에 "식당을 '과두제의 상징'이라고 주장하는 것은 탈레반의 담론과 유사하다"며, 노란 조끼 시위는 '끔찍하고 충격적'이라고 썼다. 정치 저널리스트 크리스토프 바비에Christophe Barbier는 한발 더 나아가 BFM TV에서 레스토랑 푸케뿐만 아니라 "자본주의, 상업주의, 대의민주주의 체제 전체가 표적이 되고 있으며, 한마디로 서구가 표방하는 모든 것이 허무주의자들의 공격을 받고 있다"고 선언한다. 한 가지 새로운 사실은 노란 조끼 시위대 측을 지지하는 사람들이 레스토랑 약탈을 승인하거나 적어도 그들을 단죄하기를 거부한다는 것이다. 푸케와 그 (부유한) 고객들은 동정심을 불러일으키는 존재가 아니었다. "이곳은 부를 상징하는 장소이지만 우리는 돈이 없다", "사람들은 너무 지쳐서 듣지도 않는다", "우리를 무시하는 엘리트들의 관심을 끌기 위한 방법이 될 것이다", "이런 일이 일어나서 오히려 다행이다. 이제야 사람들이 우리 말에 귀를 기울일 것 같다", "시위대를 비난하지 않는다" 등의 발언이 쏟아졌다. 뻔뻔한 부의 상징인 샹젤리제 거리에 대한 동정심은 전혀 찾아볼 수 없다. 많은 사람이 그간 만연했던 다른 형태의 폭력을 강조했다. 그들에게 진짜 폭력은 사회적 폭력이다. "푸케는 아무것도 아니다. 노란 조끼들이 산부인과를 파괴하고, 학교를 폐쇄하고, 법원을 해체하고, 병원을 아수라장으로 만들 때까지 기다려라. 그때 일어날 분노를 지켜보라!" 샹젤리제 거리에 펼쳐진 현수막에는 '진짜 약탈자는 정부다'라는 문구가 적혀 있다. 푸케 사태에 대한 언론의 동정심은 해고된 노동자, 거리에서 죽어가는 수백 명의 노숙자, 실업자, 불안정한 일자리를 가진 사람들, 서류가 미비한 이민자, 경찰에 의해 살해된 젊은이 등 결코 신문 1면에 오르지 못하는 이들의 곤경에 대한 무관심을 강조하는 역할을 할 뿐이다.

전략에 변화가 생겼다. 많은 평론가가 블랙 블록*과 노란 조끼 시위대를 예리하게 구분하지만, 정작 시위대는 블랙 블록과 거리를 두지 않는다.

"예전에는 모두가 블랙 블록을 두려워했지만 이제는 그들을 자산으로 여긴다." 낭시에서 온 시위대 조직위인 존John의 말이다. "그들은 일을 해낸다. 반면 우리는 너무 평화롭게만 하려고 한다."

"지금까지는 기물 파손과 약탈을 막기 위해 노력했다. 이제는 그냥 '아, 그렇구나'라고 생각

---

* 블랙 블로킹은 검은색 옷, 스키 마스크, 스카프, 선글라스, 패딩 오토바이 헬멧 또는 얼굴을 가리거나 보호하는 기타 물품을 착용한 시위대가 사용하는 전술이다. 착용자의 신원을 숨기고 참가자를 구별하기 어렵게 만들어 형사 기소를 방해하기 위함이다. 블랙 블록은 종종 무정부주의, 공산주의, 자유주의적 사회주의, 반세계화 운동과 관련된다.

한다." 지게차 운전사이자 두 아이의 엄마인 제니퍼Jennifer의 말이다. "과두제의 상징인 푸케를 파손하는 것을 보았고, 그것에 동의한다고 할 수는 없지만, 더 이상 반대하지도 않는다."

우체부 아나Ana도 같은 생각이다. "자신만의 작은 거품 속에서 안전하게 머물고 있는 부르주아들을 굴복시키려면 물리적으로 겁을 주어 자신의 안전에 대한 두려움을 느끼게 해야 하기 때문이다."

아르덴 지역의 탁아소 원장 조니Johnny는 "무언가가 부서져야만 우리 목소리가 들린다는 것을 배웠다"고 말한다. "마크롱은 자신이 끝장나게 생겼다는 사실을 받아들여야 한다."

조니가 불타는 것의 비유를 쓴 것은 우연일 수 있지만, 사람들이 '손가락을 태우는 것은 지폐', '멋진 그릴 스테이크', '아직도 크렘 브륄레를 제공하나요?' 같은 불타버린 푸케에 대한 농담에서 악의적인 즐거움을 느낀다는 사실을 알 수 있다. 복수를 갈망하는 '부유한 파리지앵 무리가 팡탕의 버거킹을 파괴하러 가고 있다.'

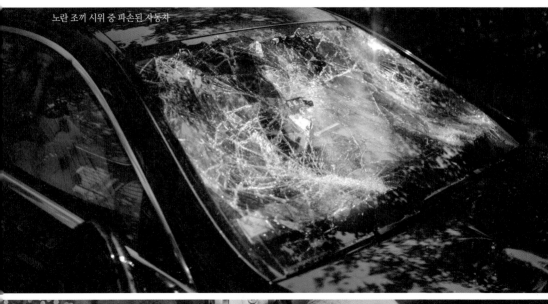

노란 조끼 시위 중 파손된 자동차

파리의 한 명품 부티크 창문에 있는 마네킹

진압 장비를 착용한 샹젤리제 거리의 경찰들

10월 11일, 환경단체 '멸종 저항'은 도로를 점거하며 '더 나은 세상으로 가는 유일한 방법은 침입뿐'이라고 선언한다.

보수적인 일간지 〈르 피가로Le Figaro〉조차 3월 18일 이 아이러니를 지적했다. 푸케라는 이름은 부를 과시한 죄로 처벌받은 루이 14세의 재무장관 니콜라 푸케를 떠올리게 한다. 푸케의 좌우명은 'Quo non ascendet?(올라가지 않을 텐가?)'였으며, 신문기자는 이를 패러디해 이렇게 썼다. "Quo non descendet?(이제 그만 내려가지?) 오늘 아침 황폐해진 푸케의 집을 보며 든 생각이다."

며칠 후 레스토랑 주변에 철판으로 된 벽이 세워진다. 3월 29일자 좌파 성향의 〈리베라시옹Libération〉에 실린 칼럼에서 작가 실뱅 프뤼돔Sylvain Prudhomme은 "오, 완벽한 디자인, 최고 수준의 가공"이라며 그 화려함을 조롱했다. "정교하게 다듬어진 감각은 마무리까지 완벽하다. 푸케의 갑옷 도금도 그 누구의 갑옷보다 빛났다. 이번에 그들은 그들만이 만들 수 있는 최초의 플래티넘 말뚝을 세상에 내놓았다." 어떤 사람들은 이 철벽이 금속 애호가들을 끌어당길 것이라고 생각한다. 확실한 것은 이 레스토랑이 '무장했다'는 것이다.

한편 형사 절차가 시작된다. 보조 간호사 암브르와 기차 운전사 프랑크는 포크와 의자 4개를 훔친 혐의로 구금된 후, 절도 및 장물 수수 혐의로 법정에 서게 된다. 두 사람 모두 물건을 훔친 사실을 부인한다. 두 사람의 변호사 아리에 알리미Arié Alimi가 제출한 동영상에는 레스토랑 경비원 중 한 명이 바닥에서 수저 한 통과 몇 가지 물건을 집어 주변 사람들에게 나눠주는 장면이 담겨 있다. 결국 치안 판사 법원은 더 이상의 심의 없이 기술적인 문제로 사건을 기각한다.

일부 평론가들은 푸케 레스토랑 직원들을 염려한다. 레스토랑 경영진은 '동료'들이 손해를 보지 않도록 가능한 모든 조치를 취할 것이라며 모두를 안심시킨다. 직원들은 계속해서 임금을 받을 수 있고, 레스토랑 위에 있는 호텔은 평소와 다름없이 영업 중이다. 그런데 의아하게도 평론가들은 문 닫은 공장의 노동자들에 대해서는 별다른 관심을 보이지 않았다. 7월 13일, 새롭게 단장한 레스토랑이 다시 문을 열었다. 레스토랑 전면이 완전히 새로워졌고, 천막은 이제 아크릴이 아닌 면으로 만들어졌다. 면은 쉽게 타지 않기 때문이다. 같은 날 또 다른 발표가 있었다. 푸케뿐만 아니라 36개의 카지노, 18개의 호텔, 120개 이상의 레스토랑을 소유하고 있는 바리에르 그룹의 총 매출액이 14억 2천만 달러로 추정되며, 이들이 아랍에미리트의 수도인 아부다비에 또 다른 푸케를 오픈할 계획이라는 소식이었다.

경찰은 점점 더 위협적으로 대응하지만, 노란 조끼들은 두려움을 극복하고 금기를 깨뜨릴 준비를 한 채 샹젤리제 거리로 돌아온다. 7월 14

일, 보안군이 시위대를 막고 있음에도 마크롱은 바스티유의 날 퍼레이드에서 야유 섞인 휘파람 세례를 받는다. 노란 조끼를 입은 것은 말할 것도 없고 노란 풍선을 들고 있는 사람은 모두 연행된다. 화창한 샹젤리제 거리에 벌금과 과태료가 쏟아져 내리면서 예상치 못한 행위가 처벌받는다. 저녁이 되면 새로운 바리케이드가 세워지고, 해질 무렵에는 불이 붙기도 한다. 새로운 시위가 벌어질 때마다 샹젤리제 거리에서는 어떤 일이 일어날까? 시위에 대한 전면 금지령이 내려졌지만 노란 조끼를 입은 사람들은 계속 등장한다. 9월 21일, 45번째 시위에서 그들은 7천 명의 경찰 배치에도 불구하고 샹젤리제 거리를 탈환한다. 관광객들도 최루탄 구름에 휩싸이고, 이 장면은 전 세계로 반복해서 송출된다.

몇 주 후인 10월 11일, 환경 단체인 '멸종 저항Extinction Rebellion'은 도로를 점거하며 '더 나은 세상으로 가는 유일한 방법은 침입뿐'이라고 선언한다. 기술, 민첩성, 속도! 개선문은 그 어느 때보다 경비가 삼엄하지만, 활동가들은 개선문에서 단체의 깃발을 휘날리는 데 성공한다. 시각적 효과는 분명하고 의도적이다. 스펙터클의 사회를 분석, 조작, 전복하여 '이미지를 창조'하는 것이다. '세상의 종말, 한 달의 끝, 같은 범인, 같은 투쟁!' — 다시 한 번 이 구호가 울려 퍼진다. 이번 투쟁은 공동의 대의를 위한 것이다.

사람들은 무엇을 원하는가?

그렇다면 이러한 투쟁은 무엇에 대한 것일까? 무엇보다도 높은 생활비에 대한 반발이다. 현재 상황에서는 연료 가격이 주요 이슈가 되고 있다. 에너지 상품 소비에 대한 국가 세금 인상인 '탄소세'가 도화선이 되었지만, 대중의 반란은 굶주림과 같은 경제적 어려움에 대한 반사적 반응이 아니라, 경멸의 경험, 불의에 대한 감각, 인정받고 존중받고 존엄하게 대우받고자 하는 열망의 표출이다. 노란 조끼의 봉기는 가장 최근 사례에 불과하다. 하지만 민주주의의 근간과 부의 분배에 의문을 제기하는 시위가 매주 토요일마다 이 화려하고 사치스러운 거리에서, 그것도 권력이 있는 거리에서 벌어지고 있어서 이들의 목소리에 더욱 큰 힘과 의미가 실린다.

이는 연금 수급자만큼이나 많은 젊은이를 포함하는 세대 간 운동이다. 2019년 저명한 학술지 〈프랑스 공공학 저널Revue française de science publique〉에 발표된 연구에 따르면, 연금 수령자 중 상당수는 "개인적으로 또는 장성한 자녀에게 정기적으로 재정적 지원을 제공해야 하는 등 힘든 시기를 겪은 경험이 있다"고 한다. 집단 사회학 조사에 따르면 노란 조끼 시위대의 실업률은 약 16%로, 전국 평균인 10%에 비해 높다. 앞서 언급한 연구에 참여한 노란 조끼 시위대는 자신들의 불안정한 상황을 보여주었다. 그들 중 25%는 월 가계소득이 1,200유로(1,400달러) 미만, 50%는 2,000유로(2,400달러) 미만, 75%는 2,900유로(3,450달러) 미만이라고 답했다. 노란 조끼 시위대는 노동자, 직원(대부분 임시직), 저숙련 자영업자, 다양한 분야의 중간 전문직(공공부문 노동자, 운송업자, 보조 간호사, 청소부, 병원 직원 등)으로 구성되어 있다. 이것은 노동 계급의 반란이다.

사회과학자이자 다양한 분야에서 임시직 노동자로 일하는 트리스탄Tristan은 이 운동에 즉시 공감하고 수천 명의 사람들과 함께 "저항하

개선문 앞의 시위대

이토록 '블링블링한' 식당

1899년 음료 제조업자 루이 푸케Louis Fouquet('t'가 무음이다)가 설립한 레스토랑 '푸케'는 곧바로 샹젤리제 거리의 명소가 되었다. 1903년 브라질의 파일럿 알베르토 산토스 뒤몽Alberto Santos-Dumont이 자신의 비행기를 샹젤리제 거리 114번지에 있는 자신의 집에 '주차'하고 도로를 가로질러 푸케에서 축하 파티를 한 이후 이곳은 20세기 초 가장 화려한 영웅이었던 비행가들의 만남의 장소로 자리 잡았다. 1930년대에는 협상을 진행하고 계약을 체결하는 영화 산업에 종사하는 사람들이 주 고객층이었으며, 이후 수십 년 동안 누벨바그부터 제라르 드파르디외Gérard Depardieu까지 은막의 스타들이 이곳을 찾았다. 1990년, 이곳의 붕괴를 막기 위해 VIP 위원회는 이 레스토랑을 역사적인 기념물로 등록하는 데 성공했다. 1998년 카지노와 호텔을 운영하는 바리에르 그룹이 레스토랑을 인수했으며, 그 역사와 위치 덕분에 필연적으로 이 레스토랑은 엘리트의 상징이 되었다. 2007년 당선된 사르코지는 푸케에서 100명의 거물급 정치인, 비즈니스 리더, 유명 인사들이 참석한 호화로운 만찬을 통해 대선 승리를 축하했다. 이 파티는 프랑스 정치사에 길이 남았으며, 이후 멋진 삶에 대한 동경과 영향력 있는 친구들을 지닌 사르코지가 '블링블링한 대통령'이라는 별명을 얻게 된 배경이 되었다. 사르코지와 마찬가지로 푸케 역시 오만하다는 평판을 떨쳐내지 못했고 (노력도 별로 하지 않았지만), 이로 인해 노란 조끼 시위대의 분노의 표적이 되기도 했다.

기 위해, 아니 존재하기 위해, 또 세상에 드러내기 위해" 샹젤리제로 향한다. 그는 샹젤리제에 대해 잘 알지 못한다. 30년 동안 부르고뉴에서 살았던 그는 수학여행 때 '급하게' 이곳에 와본 적이 딱 한 번 있을 뿐이다. 샹젤리제 거리는 '세계에서 가장 아름다운 길'로 묘사되곤 하지만, 그는 "이 아름다움이 도둑맞았다는 느낌에 괴롭다"고 말한다. 그는 파리에 온 지 3년이 지났지만 이곳에 와본 적이 없다. 왜 그럴까? 화려한 쇼윈도 디스플레이와 비싼 음료로 대표되는 레스토랑 푸케나, 승리는 결국 사람을 학살하는 것임을 상기시켜주는 개선문 때문은 확실히 아니다. 그런데 갑자기 진짜 아름다움이 나타났다. 그와 같은 시골 사람들이 대부분인 이들이 샹젤리제를 점령했을 때였다. 인간 사슬을 만들어 비계를 해체하고 거대한 바리케이드를 만들면서 집단적인 힘이 솟구쳤다. 그 누구도 서로 알지 못하지만 경찰과 맞서기 위해서가 아니라 존엄성을 주장하기 위해 함께 모였다. 그날 이들은 일상적인 모욕과 무시, 조롱에 지친 나머지 "그만하라"고 외쳤고 승리했다. 그들은 존엄성에 대한 권리를 쟁취했다.

예술가이자 작가, 배우인 마리옹Marion은 자신을 '계급 탈피자', 페미니스트, 노란 조끼 시위대라고 정의한다. 그녀는 자신과 같은 노동 계급 남녀들과 함께 이 '똑똑한 동네'에서 시위를 벌인 기분을 이렇게 설명한다. "길거리에서 옷을 잘 차려입은 사람들을 지나칠 때, 부유한 친구의 부모에게 우리 부모를 소개해야 할 때, 같은 반 친구들이 삼촌들과 길거리에서 마주칠 때, 조부모님이 사는 집을 설명해야 할 때 부끄러워했던 사람으로서 난생처음 부끄럽지 않았다. 모피 코트를 멋지게 차려입은 부유한 사람들이 박물관 앞에서 줄을 선 채 우리를 충격과 두려움으로 바라보았을 때도 부끄럽지 않았다. 나는 자랑스러웠다. 이들과 함께 행진하고 이 똑똑한 거리를 가로질러 전진하는 이 모든 이를 보게 되어 자랑스럽다. 그날 우리는 부르주아 남성과 여성을 쳐다보는 사람들이었고, 그곳에 존재한 채 길 한가운데로 행진할 권리가 있는 사람들이었다. 그들은 겁에 질려야 했다. 우리가 승리를 향해 행진하고 있었으니 말이다." 마리옹에 따르면 그 순간 터져 나온 것은 '알 수 없는 감정이 만들어낸 물리적 사건, 역사가 만들어지고 있다는 감각, 독특한 무언가와 결합된 것'이다. 역사적인 사건이다.

시위 초기부터 샹젤리제 거리에 내걸린 플래카드 중 하나에는 이렇게 적혀 있다. "친애하는 부르주아 여러분, 우리 모두 품위 있게 살면 안 될까요?" 한 현수막은 비슷한 정서를 더 극명하게 표현한다. "민중은 무릎을 꿇었다, 부르주아지에게 죽음을!" "냉소주의자와 게으른 자들이 경멸과 탐욕을 부수기 위해 왔다", "마크롱, 당신의 경멸과 오만은 프랑스에 대한 모욕이다", "우리가 길 건너편에서 당신을 도울 것이다" 등 대통령에 대한 격렬한 분노를 표현하는 구호도 많다. 그간의 사건에 대한 복기가 이루어지면서 플래카드들은 사람들이 무시당하고 있다는 느낌을 강조한다. 노동자에 대한 마크롱의 발언, 즉 "그들 중 다수는 문맹이다", "아무것도 모르는 사람들", "냉소주의자, 게으른 사람들, 극단주의자들" 같은 발언, 그리고 사람들이 일자리를 찾으려면 "길 건너편"으로 건너오면 된다는 그의 확신에 찬 발언이 떠오른다. 이

에 따라 이 거리에는 반체제적이고 상황주의적인 분위기가 감돌고 있다. 1968년 5월의 모토인 'Sous les pavés, la plage(포석 밑의 해변)'를 패러디한 'Sur les pavés, la rage(포장도로 위에서 분노해)', '우리도 ISF(부유세)를 내고 싶다', 'Victoire par chaos('혼돈을 통한 승리'는 'Victoire par KO[녹아웃으로 승리]'의 말장난이다)', '민중과 금융은 어울리지 않는다' 같은 슬로건이 메아리친다. 명품 매장의 깨진 유리창에는 격렬한 태그가 붙어 있다. '부유세를 원천 공제한다.' '미디어=국가 선전', '은행이 우리를 지배한다'와 같은 슬로건은 금융 업계, 언론, 경찰을 국가의 무장 세력으로 겨냥한다. 많은 사람이 혁명을 부르짖으며, 때로는 집권 여당 '레퓌블리크 앙마르슈(전진하는 공화국)'의 당명을 패러디한 '라 레볼루시옹 앙마르슈(전진하는 혁명)'나 '엘리트: 낙관주의, 낮은 세금, 탈세 / 민중: 민영화, 좌절, 혁명?'과 같은 구호를 사용하기도 한다. 한 시위자는 작가 로트레아몽Lautréamont의 말을 인용해 샹젤리제가 '불순한 반란처럼 아름답다'고 적었다. 이제 순수한 것은 하나도 없고, 이는 부인할 수 없는 사실이다. 반란은 걷잡을 수 없는 지경에 이르렀고 미지의 영역으로 진입했다.

노란 조끼 시위대의 성명은 사회적 박탈감을 강조하며 통계로만 치부되기 쉬운 우려를 구체적이고 실체적인 용어로 표현한다. '우리 모두는 정치인이다'라는 문구가 조끼에 적혀 있다. 정치는 통치하는 자들의 전유물이 아니라 모두가 공유하는 공공재, 즉 공공성을 띤다는 것이다. 이 봉기는 깨진 상점 유리창이 아닌 다른 형태의 폭력을 폭로하는 것이다. 사회적 멸시와 빈부 격차의 폭력. 연대의 개념과 때로는 개인의

프랑스 삼색기를 두른 시위자가 라코스트 광고판 옆을 걸어가고 있다.

폭동 진압 장비를 착용한 경찰이 시위대와 마주하고 있다.

존엄성까지 짓밟으며 어떤 일자리라도 취해야 한다는 압박의 폭력. 직장의 복리 혜택 속에서 겪는 비참함의 폭력. 경쟁과 복종으로 이루어진 잔혹한 관리 문화.

이 순간부터 반란은 단순히 거부의 힘을 행사하는 것을 넘어선다. 혁명 이전 프랑스에서 작성되어 삼부회에 제출된 불민 목록의 이름을 따서 '카이에 드 돌레앙스'라고도 불리는 요구 목록이 전국 각지에서 작성된다. 이들은 최저 임금, 기본 복지 지급 및 연금 인상을 요구한다. 이들은 학교, 우체국, 병원, 교통수단 등 공공 부문의 대규모 채용, 대규모 주택 건설 계획, 노숙을 용인하는 시장과 공무원에 대한 처벌을 요구한다. 탈세자와 투자자에 대한 '선물'로 삼켜버린 막대한 액수의 돈을 따지고 든다. 이들은 세금 인상 취소와 부유세 부활을 제안하며 현행 세금 구조를 폐지하자고 주장하면서 사회적 퇴행이라 할 수 있는 간접세에 반대한다. 이들은 쓸모없는 기기에서 생산되는 엄청난 양의 플라스틱 폐기물부터 계획된 노후화에 이르기까지 환경에 해를 끼치는 여러 치명적인 현상에 도전장을 내민다. 더 공정하고 지원적인 사회를 위한 청사진이 분명하게 떠오르고 있다.

"장관님, 샹젤리제 거리를 파괴할 계획이십니까?" '불복하는 프랑스France Insoumise' 소속 국회의원이 대외통상·투자유치 장관인 프랑크 리스테르Franck Riester에게 보낸 편지의 첫 문장은 이렇게 시작한다. 이 편지가 쓰인 날짜가 2019년 4월 1일이라는 점은 아이러니하다. 이 의원의 목표는 지역민들이 만든 풀뿌리 예술 작품을 구하는 걸 돕는 것이다. 빌뇌브쉬르로트의 한 노동자가 몇몇 친구들의 도움으로 재활용 목재

로 개선문과 비슷한 6미터 높이의 조형물을 만들었다. 이 구조물은 2018년 12월 로터리를 점거하다 트럭에 깔려 사망한 올리비에 도렐Olivier Daurelle을 추모하기 위한 것이다. 빌뇌브의 노란 조끼 시위대는 "우리는 우리에게 대답하지 않고 우리의 말을 듣지 않는 누군가와 맞서고 있다"고 말한다. "그래서 우리는 이 멋진 예술 작품을 여기에 설치하기로 했다. 눈에 띄게 될 것이다. 올겨울 이곳을 지날 때마다 의심이 들 때가 많았다. 힘든 시기였다. 이 작품 덕분에 버틸 수 있었다. 올리비에를 잃었다. 그는 우리의 지도자 중 한 명이자 훌륭한 민주주의자이며 평화주의자였다. 모두가 그의 말에 귀를 기울였다. 그는 무리하게 지나가던 트럭에 치여 쓰러졌다. 운전자가 잘못했지만 아무도 그것에 대해 이야기하지 않았다."

노란 조끼 시위대는 이 목재 개선문을 평화로운 시위의 상징이자 민중 예술 작품으로 여기지만, 지사는 이 조형물을 철거하라고 명령했다. 비슷한 시기에 프로방스 바르 지방의 르카네데모르에서는 일부 노란 조끼 시위대가 200시간에 걸쳐 약 100개의 목판으로 또 다른 개선문을 만들었다. 이 기념비 역시 교차로 부지 소유주인 빈치Vinci사에 의해 철거되었다.

푸케의 새 지점이 아부다비에 문을 열 계획이지만, 남부 가르드 지역의 앙글르와 북부 발랑시엔에도 소박한 푸케가 있다. 노란 조끼 시위대가 유명한 식당의 이름을 붙인 자그마한 오두막이다. 샹젤리제의 복제품 중 일부는 지나칠 정도로 진지하고 일부는 아이러니하다. 이것들은 샹젤리제와의 거리감에 대한 표식인 동시에 샹젤리제의 상징 그 자체이다. 시위가 진행되는

동안 일부 언론은 개선문과 푸케 사건을 손상된 공화국의 상징으로 내세웠다. 이런 언론들은 진압 과정에서 문자 그대로 실명하게 된 사람들에 대해서는 전혀 동정심을 보이지 않는다. 어떻게 아주 어린 아이들을 포함한 실제 사람의 얼굴이 영원히 훼손된 것보다 건축물이 훼손된 것에 더 분노할 수 있을까? 이는 여전히 풀리지 않는 숙제다.

붉고 둥근 것들 속에서

크리스마스이브. 프랑스 서부 라발의 조명 장식이 "샹젤리제 거리보다 결코 뒤떨어지지 않는다"는 일간지 보도가 나왔다. 의심이 들긴 했지만 미소가 나왔고 기분이 좋았다. 그날 저녁, 거리는 문자 그대로 빛으로 가득 찼다. 주홍빛 나무숲처럼 조명들이 불타오르고 있었다. 샹젤리제는 우리가 핏빛 삶을 마주하길 원한다. 색깔은 이제 정치적 의미를 잃었다. 아이러니하게도 프랑스 공군 곡예팀인 파트루이 드 프랑스는 혁명기념일 군사 퍼레이드에서 파란색 대신 붉은색을 뱉어내는 우스꽝스러운 장면을 연출했다. 그리고 시위가 시작된 이래 샹젤리제의 붉은색은 수치심을 상징하게 되었다. 심지어 올해 푸케의 브쉬 드 노엘*은 레스토랑의 차양 색을 본떠 '밝은 빨간색 마지판***'으로 덮었다. 파리시는 다시 한 번 '빛의 도시'라는 수식어에 걸맞은 모습을 보여주기 위해 애쓰고 있다. 흥미로운 사실은 샹젤리제 거리의 크리스마스 조명을 주관하는 협회가 1968년 5월 11일에 설립되었다는 점이다. 협회 설립 나흘 전 학생들은 샹젤리제 거리를 장악하여 비판을 쏟아냈고, 이틀 뒤에는 총파업이 시작되었다. 반란이 모습을 드러내고 있다. 사회 분열을 가리고 있던 베일의 한쪽이 걷혔다. 모든 반짝이는 화려함 속에서도 그림자 속에 남아 있는 모든 것을 생각하지 않을 수 없다. 현대의 몰리에르Molière***는 "차마 볼 수 없는 세상을 덮으라"며 사회의 위선을 꼬집었을지도 모른다.

그러나 지난 10여 년 동안 '로터리 혁명'(영국-이스라엘 건축가인 에얄 와이즈먼Eyal Weizman이 2015년 동명의 저서에서 이 혁명을 일컬은 말)은 평소 기름칠 잘 된 바퀴처럼 잘 굴러가던 사회를 뒤흔들고 있다. 이들은 세상이 생각만큼 순조롭게 돌아가지 않는다는 것을 보여주기 위해 등장했다. 평범하고 실용적인 교통 관리 수단인 로터리는 한 번 점령되면 전략적 요충지가 된다. 와이즈먼은 로터리가 드나드는 모든 도로를 차단하는 전술적 침술과 같다고 말한다. 공교롭게도 레투알 광장은 뉴욕의 콜럼버스 서클과 더불어 세계 최초의 원형 교차로로 꼽힌다. 1907년 이 로터리를 설계한 파리 시의회 건축가였던 유진 에나르Eugène Hénard는 '회전 교차로'라는 표현을 썼다. 사회학자 로랑 장피에르Laurent Jeanpierre에 따르면, 교통 흐름을 원활하게 하기 위한 이 시스템은 아이러니하게도 '정치적인 것들이 재배치되는' 장소가 되었다. 본질적으로 이것은 정치적인 것이 무엇인지에 대한 철학자 자크 랑시에르Jacques Rancière의 분석을 반영한다. 즉, 정치적인 것은 군중을 관리하는 경찰의 '비켜, 여긴 볼 것

---

* 통나무처럼 생긴 프랑스의 성탄절 초콜릿 케이크다.
** 아몬드와 설탕 등을 섞어 만든 반죽. 마지팬, 마르지판으로 불리기도 한다. 점토처럼 자유자재로 모양을 만들 수 있어서 케이크 등을 장식하는 용도로 쓰인다.

*** 17세기 고전주의 희극의 대가로, 세계 연극사에서 중요한 위치를 차지하는 작가다. 사회의 위선과 허영을 풍자하는 작품으로 유명하다.

도 없다'가 아니라 갈등과 평등에 대한 요구라는 것이다.

레투알 광장 아래에는 파리 시의회가 거대한 와인 저장고나 고급 쇼핑센터로 활용할 계획으로 비워둔 광활한 공간이 있다. 1평방미터의 땅값이 천정부지로 치솟는 파리에서 지하실에서 돈을 짜내지 않는다는 것은 상상할 수 없는 일이다. 시장은 진공 상태를 싫어하기 때문에 그대로 두는 것은 불가능할 것이다. 확실한 건 그것이 권위 있는 것으로 바뀔 것이라는 점이다.

발터 베냐민은 《파사주론The Arcades Project》에서 "강자들은 피(경찰), 교활함(패션), 마법(화려함)으로 자신의 지위를 확보하려 한다"고 썼다. 샹젤리제 거리에는 이 세 요소가 응축되어 있다. 이곳이 표적이 된 것은 당연하다. 이곳을 점령하려 한 것도 당연하다. 현실이 매우 다르다는 것을 보여줌으로써 교활함을 폭로하고 '마법'에 저항하려는 사람들은 때때로 그 대가를 치렀다. 생계를 유지하기 위한 투쟁의 고통, 불안정한 직업에 갇힌 무력감, 가난의 잔인한 포옹을 드러내는 것은 도전이자 특별한 기회였다. 샹젤리제는 평등을 위한 투쟁의 메아리를 담아내는 공간이었다. 이들의 투쟁은 이 낙원****에 다른 빛을 비춘다. 화려한 입구 뒤편, 어두운 그림자에 말이다. 🐦

**** 샹젤리제란 이름은 '엘리시온 들판'이라는 뜻을 가지고 있는데, 이 들판은 고대 그리스인들이 행복한 영혼이 죽은 후에 가는 곳으로 믿던 장소였다.

흑인의 목숨도 소중하다

2016년 7월 19일, 스물네 번째 생일을 맞은 말리 출신의 프랑스 시민권자 아다마 트라오레Adama Traoré는 경찰에게 체포된 후 도망치다 발두아즈 지역의 페르산 막사에서 사망했다. 길거리에서 헌병 하나가 최근 출소한 아다마를 멈춰 세웠고, 신분증을 가지고 있지 않던 그는 그대로 도주했다. 아다마의 사망 원인은 논란의 여지가 있다. 경찰은 그가 기존의 건강 문제와 더불어 탈주 과정에서 겪은 신체적 스트레스와 관련된 심인성 부종으로 사망한 것이라 밝혔지만, 유족들은 아다마의 심인성 부종이 체포 당시 '엎드린 자세로 인한 질식'으로 발생했다고 주장한다. 이후 아다마의 누나 아사 트라오레는 진실과 정의를 위해 싸우고 있다. 2020년 여름 센생드니 당국이 발표한 설문조사에 따르면 응답자의 80% 이상이 인종이나 피부색으로 인해 차별받는다고 생각한다고 답했다. 흑인 또는 아랍인으로 인식되는 18세에서 25세 사이의 젊은이들은 또래 백인보다 경찰에 의해 제지당할 가능성이 20배나 높았다. 2020년 조지 플로이드George Floyd의 사망 이후 미국에서 일어난 시위의 여파로 아다마 위원회의 투쟁은 국가적 차원을 넘어 전 세계적으로 공감을 얻었다. 수만 명의 사람들이 거리로 나와 경찰 폭력에 항의하는 시위를 벌였고, 아다마와 조지 플로이드가 남긴 유언인 '흑인의 생명도 소중하다(BLM: Black Lives Matter)'와 '숨을 쉴 수 없다'라는 구호를 적은 현수막을 들고 거리로 나섰다.

프랑스인인 동시에
중국인이 된다는 것

타시 워
Tash Aw

유럽 최대의 아시아 커뮤니티 중 하나인 파리의 중국계 프
랑스인들은 오랫동안 편견과 폭력에 노출되어 왔다. 오늘
날 프랑스 학교 시스템의 평등주의 교육을 받으며 자란 새
로운 세대는 사회에서의 정당한 권리를 주장하고 있다.

49

2016년 8월 7일, 49세의 재단사 장차오린Zhang Chaolin은 파리 북쪽 외곽의 빈민가인 오베르빌리에서 한 무리의 젊은이들에게 잔인하게 폭행을 당했는데, 이는 중국계를 대상으로 한 일련의 폭력 중 가장 최근의 사건이다. 다른 희생자들과 마찬가지로 그는 중국인들이 습관적으로 다량의 현금을 소지하고 있다는 통념 때문에 표적이 되었다(중국인들은 온순하고 반격할 가능성이 낮으며, 불법 체류자이거나 프랑스어로 의사 표현을 잘하지 못하기 때문에 범죄 신고를 꺼리고, 신고하더라도 경찰이 심각하게 받아들이지 않는다는 생각도 한몫했다). 하지만 장차오린의 주머니에는 담배 한 갑과 과자 몇 조각뿐이었다. 그는 5일 후 부상으로 인해 사망했다.

이듬해 3월 26일, 56세의 류샤오요Liu Shaoyo가 파리 19구에 있는 자신의 아파트에서 자녀들을 위해 저녁 식사를 준비하고 있는데, 이웃의 신고를 받은 경찰이 찾아왔다(신고 내용은 아직 명확하지 않다). 그의 가족은 그가 생선을 손질하고 있었기 때문에 부엌 가위를 손에 든 채 경찰과 마주했다고 주장하는 반면, 경찰은 정당방위였다고 주장하고 있어 정확한 사건 경위에 대해 논란이 일었다. 경찰은 발포하여 류샤오요를 죽였다.

두 사람의 죽음 이후, 전통적으로 국가 담론에서 보이지 않았고 공적 생활에서 소외되었던 프랑스에 사는 중국계가 대규모 시위를 벌였다. 나는 2016년 8월 12일 차오린이 사망한 직후 1만 5천여 명의 군중이 파리 레퓌블리크 광장에 모여 중국계에 대한 지속적인 공격에 항의하는 시위를 벌이는 영상을 보고 큰 충격을 받았다. 그날 연설과 신문 보도, 소셜 미디어를 장식한 많은 내용이 국가로부터 무시당했다고 느끼는 사람들의 외침이라는 점에서 비극적이게도 매우 친숙하게 느껴졌다. 우리는 열심히 일해서 문제에서 벗어나야 한다. 아무도 우리를 신경 쓰지 않기 때문에, 혼자서 고군분투해야 한다. 말레이시아의 중국계 가정에서 자란 내가 느낀 좌절감과 억압된 고통은 세상을 바라보는 관점을 형성하는 데 영향을 미쳤다.

그런데 이 시위에서 내게 완전히 낯선 것이 있었는데, 바로 공개적인 반대 행위였다. 위계와 권위에 대한 반발. 시위대는 압도적으로 젊고, 목소리가 매우 컸으며, 경우에 따라서는 폭력적인 행동도 서슴지 않았다. 이는 화교로 알려진 수백 년 된 이민자 집단인 화교 커뮤니티의 전통적 행동과는 정반대되는 모습이었다. 요컨대, 시위대들은 분명 프랑스인처럼 보였다.

타시 워Tash Aw는 타이베이에서 말레이시아 부모 사이에서 태어나 쿠알라룸푸르에서 성장한 후 영국으로 이주하여 대학을 다녔다. 그는 비평가들의 호평을 받은 네 편의 소설, 《하모니 실크 팩토리The Harmony Silk Factory》, 《보이지 않는 세계의 지도Map of the Invisible World》, 《오성급 억만장자Five Star Billionaire》, 《우리, 생존자들We, the Survivors》을 썼으며, 영연방 작가상인 휘트브레드 퍼스트 소설상을 수상하고 맨부커상 최종 후보에 두 차례 올랐다. 그의 작품들은 23개 언어로 번역되었다. 또한 그의 단편소설은 O. 헨리 상을 수상했으며, 〈퍼블릭 스페이스A Public Space〉와 〈그란타 100Granta 100〉 등에 게재되었다.

프랑스가 유럽에서 중국계가 가장 많은 국가라는 사실에 나 역시 꽤나 놀랐다. 인종에 기반한 통계가 평등과 같은 프랑스 시민권 개념과 불편한 관계에 놓여 있는 프랑스에서 정확한 수치를 파악하기는 어렵지만, 대부분의 추정에 따르면 프랑스의 중국계 인구는 영국의 두 배 이상인 최소 60만~70만 명으로 추정된다.

또 다른 놀라운 사실도 있다. 프랑스에는 1970년대 옛 프랑스 식민지 전쟁 이후 이주한 많은 베트남인과 캄보디아인이 모인 대규모 베트남 및 캄보디아 커뮤니티가 존재한다. 나는 15년 이상 프랑스를 오가며 살아왔음에도, 동양인이나 동남아인 외모를 가진 사람을 '중국인'이라고 부르는 프랑스인의 습관을 일상적인 인종차별에 가까운 게으름으로 여겨왔다. 하지만 파리의 다양한 아시아 커뮤니티의 구성원들을 알게 되면서 프랑스에 거주하는 캄보디아인과 베트남인의 압도적 다수가 중국계라는, 누구나 당연히 알고 있어야 할 사실을 간과하고 있었다는 사실을 깨달았다. 즉, 이들은 나처럼 유럽으로 이주하기 전에 이미 고국에서 이민자로 살았던 동남아시아의 화교 출신으로, 이방인이라는 것은 그들의 정체성에 필수적인 요소였던 것이다. 그들의 언어인 광둥어와 조주어*는 나와 평생을 함께해온 언어다.

또한 중국 커뮤니티 내에서도 동남아시아인과 본토에서 온 수많은 신규 이민자, 특히 공장 항구 도시인 원저우 출신 이민자 사이에는 엄청난 차이가 있다는 것도 알게 되었다.

나는 가장 눈에 띄는 시위를 조직한 이들을

---

* 중국 광둥성 동부와 동남아시아에서 흔히 사용되는 남민(南民)족의 방언.

만났다. 이들은 이후 정치적 변화뿐 아니라 사회적, 문화적 변화를 촉진하게 되는 '프랑스의 젊은 중국인 협회'를 결성했는데, 이는 프랑스에서 설립되고 있는 많은 아시아계 단체 중 가장 주목할 만한 단체 중 하나다. 몇 달 동안 우리는 파리의 아시아 지역을 돌아다니며 식사를 함께했고, 혼혈이라는 복잡한 정체성 문제를 통해 친구가 되었다. 우리는 프랑스인이면서 중국인이라는 것이 어떤 의미인지에 대해 이야기했다.

93: 교차로

프랑스 대중의 상상 속에서 범죄와 빈곤으로 악명 높은 센생드니 권역의 일부인 오베르빌리에나 팡탱과 같은 교외 지역은 파리 순환도로의 북동쪽 모퉁이 바로 너머에 있으며, 구어체로 지역 번호인 93에서 유래한 '구십삼 지역'으로 알려져 있다. 지하철역에서 나오자마자 펼쳐진 카트르 슈망Quatre Chemins 교차로에서 가장 먼저 보이는 건물에는 '호텔 1박에 53유로'라고 적힌 간판이 걸려 있다. 여름 휴가철을 맞아 이미 한산한 파리의 부르주아 지역과는 대조적으로 사람들은 출퇴근하는 것처럼 서둘러 거리를 지나다닌다.

뤼, 32세:

저는 일곱 살 반이었던 1995년에 프랑스에 도착했습니다. 부모님은 이미 몇 해 전 중국 남부의 원저우에서 유럽으로 건너오셨어요. 이탈리아 영주권을 가지고 있었지만 프랑스에는 불법으로 오셨기 때문에 제가 도착했을 때 저도 불법 체류자였습니다. 프랑스에서 보낸 어린 시에마뉘엘 비뉴롱Emmanuel Vigneron이 제작한 이 2012년 지도는 표준화된 사망률을 사용하여 인구의 예상 사망과 관찰된 사망을 비교한 것으로(포르 루아얄의 경우 0.7, 스타드 드 프랑스의 경우 1.3). 파리 지역을 횡단하는 80km 교외 철도 노선인 RER B를 따라 건강 불평등이 존재함을 보여준다. 부유한 동네(포르 루아얄)에서 더 빈곤한 동네(스타드 드 프랑스)까지 열차로 15분만 이동하면 특정 해에 사망할 위험이 82% 증가한다.

93지역의 레미제라블

　　파리 북동쪽에 위치한 센생드니는 영화와 특별한 관계를 맺고 있다. 20세기 초 조르주 멜리에스Georges Melies와 샤를 파테Charles Pathé가 영화 스튜디오를 설립한 곳이기 때문이다. 현재는 뤽 베송Luc Besson 감독이 2000년대 초에 자금을 지원한 프로젝트를 통해 설립된 '시테 뒤 시네마 스튜디오' 단지가 자리하고 있다. 하지만 93지역은 1995년 마티유 카소비츠Mathieu Kassovitz 감독의 『증오La Haine』를 필두로 한 유명 프랑스 영화의 배경지로 더 유명하다. 카소비츠는 파리 중심부 출신이지만, 『레 미제라블Les Misérables』의 감독인 래드 리Ladj Ly는 말리에서 태어나 빅토르 위고Victor Hugo의 원작 레미제라블의 배경이자 영화 촬영지인 몽페르메유에서 자랐다. 리는 흑인 감독 최초로 세자르 영화제 최우수 작품상을 수상했다. 이 작품들은 특히 2005년 방리외 폭동 이후 도시 빈곤과 불평등의 대명사가 된 파리 93지역의 열악한 현실을 강조했는데, 다른 지역보다 높은 코로나19 발병률 역시 이 지역의 현실을 잘 보여준다. 93지역은 프랑스 전역에서 실업률이 가장 높으며(젊은 층의 실업률은 50% 수준), 이민자가 가장 많이 집중된 지역이기도 하다(2015년에 태어난 어린이 가운데 부모 중 한 명 이상이 해외에서 태어난 경우는 3분의 2나 된다). 이들 중 다수는 북아프리카 및 서아프리카의 옛 식민지 출신이다. 리는 영화에서 경찰 폭력, 제도적 인종 차별, 만성적 주택 위기, 범죄와 급진적 이슬람에 끌리는 젊은이들의 전망 부족 등을 탐구한다. 93년 프랑스 국적을 가진 말리 출신 가수로 2018년 히트곡 「쟈쟈Djadja」로 전 세계 차트 1위에 오른 아야 나카무라Aya Nakamura의 사례처럼, 축구와 힙합은 젊은이들에게 탈출구를 제공한다.

절의 기억 중 하나는 어느 날 밤 아버지가 집에 돌아오지 않으셨고 어머니는 아버지가 서류 미비로 경찰에 체포되었다고 말씀해주신 것입니다. 아버지는 사흘 동안 집에 돌아오지 않으셨어요. 결국 풀려나 집으로 돌아올 수 있었지만 저희는 항상 두려움에 떨며 살았어요. 정말 지칠 내로 지쳤죠.

체류 서류를 받기 전에는 저도 아버지의 수치심, 즉 불쌍한 밀입국자라는 수치심을 늘 안고 살았습니다. 우리는 전적으로 중국 공동체, 즉 원저우 공동체 안에서만 살았습니다. 어떤 사람은 서류를 가지고 있었고, 어떤 사람은 그렇지 않았죠. 합법적인 사람과 그렇지 않은 사람으로 구분되는 매우 뚜렷한 계층 구조가 있었습니다. 초창기에는 여권을 가진 사람이 많지 않았고, 프랑스 시민과 결혼하면 빌 게이츠나 힐러리 클린턴과 결혼하는 것과 같았죠.

제 아버지는 이 스펙트럼의 반대편에 계셨어요. 아버지는 중국 식당 허드렛일 같은 가장 열악한 일들을 하셨죠. 아버지가 누군가와 이야기할 때마다 불법 이민자라는 사실에 수치심을 갖고 있다는 걸 느낄 수 있었어요. 세상에 짓밟혔다는 느낌이 그의 목소리에 담겨 있었습니다. 왜 그럴까? 저는 스스로에게 물었습니다. 왜 우리는 이런 수치심을 안고 살아야 하는 걸까? 저는 밤에 몰래 울다가 잠들곤 했습니다. 부모님이 불법 체류자였기 때문에 사다리 밑바닥에 있는 제 위치를 받아들일 수밖에 없었고, 그 나이에도 열등감은 제 삶에 색을 입혔습니다.

부모님은 외출할 때마다 저를 데리고 나가셨어요. "프랑스에서는 아이를 데리고 있어야 경찰이 체포하지 않는다"고 말씀하시곤 하셨죠.

그 나이에도 저는 제가 인간 방패로 이용당하고 있다는 것을 알았습니다. 집에서 조용히 놀거나 책을 읽고 있는데 갑자기 부모님이 "나가자"라고 말씀하시곤 했어요. 저를 위한 시간은 전혀 없었습니다. 가끔은 제 의지와 상관없이 제 어린 시절을 빼앗긴 것 같은 기분이 들 때도 있었죠.

사람들은 이곳에 오래 머물지 않습니다. 괜찮은 직장과 돈이 생기면 더 좋은 동네로 이사를 가요. 남아 있는 사람들은 운이 좋지 않은 거예요. 저희는 사거리에서 팡탕 쪽으로 올라간 곳에서 수년 동안 살았어요. 장차오린이 공격당한 곳이 바로 불과 몇 백 미터 떨어진 저 아래였죠. 최근 몇 년 동안 오베르빌리에와 팡탕의 폭력 사태에 대해 많은 이야기가 나오는데, 사실 이곳은 항상 폭력, 절도, 싸움이 끊이지 않는 험한 곳이었어요. (마치 신호라도 받은 것처럼, 카르트 슈망 교차로 중심부에 있는 한 카페에서 첫 번째 인터뷰를 하고 있을 때 갑자기 카페 주인과 행인 사이에 싸움이 벌어졌고, 말다툼은 길바닥으로 번져 불과 몇 분 만에 경찰이 출동했다.) 이곳은 중국인 커뮤니티가 있어요. 사람들은 주로 오베르빌리에 반대편에서 옷, 신발, 가방 등을 취급하는 도매업에 종사하죠. 이곳은 척박한 지역이고 매우 열악하며 출퇴근길에 공격과 강도를 당하는 일이 빈번하게 일어납니다. 중국인들이 이러한 상황을 무섭다고 느끼고 여럿이 아니면 외출을 꺼린다는 말은 사실이죠. 하지만 주변을 둘러보면 중국인들도 매우 다양한 커뮤니티에서 평범한 삶을 살고 있다는 것을 알 수 있어요.

우리의 삶은 영원히 그림자 속에서 살아야 할 운명인 것처럼 보였고, 부모님은 프랑스에서

"부끄럽게 느끼는 이유는 아마도 중국에 있는 가족들 때문일 거예요.
더 나은 삶을 살기 위해 프랑스로 떠나왔지만 전보다 더 열악한 상황에
있었으니까요."

의 꿈을 포기하고 이탈리아로 돌아갈 준비가 되어 있었어요. 하지만 1997년 쿠데타가 일어나고 갑자기 우리의 운명이 바뀌었죠. 당시 대통령이었던 자크 시라크는 새로운 국회의원 선거가 우파를 강화하고 좌파를 무너뜨릴 것이라고 믿었기 때문에 새로운 국회의원 선거를 실시하기로 결정했습니다. 하지만 이 계획은 역효과를 냈고, 선거에서 승리한 좌파는 오랫동안 서류 없이 살아온 사람들을 위한 시민화 프로그램을 시행하기 시작했어요. 우리는 갑자기 정상적인 사회 구성원이 되었고, 부모님이 선택할 수 있는 직업의 종류, 공공장소나 학교에서의 행동까지 모든 것이 갑작스레 바뀌었습니다. 자신감이 생겼고 다른 사람들과 똑같이 느껴졌어요. 부자가 된 것은 아니지만 거의 하룻밤 사이에 인생이 우리에게 다른 가능성을 열어준 것처럼 느껴졌지요. 체류증을 받던 날 어머니는 저를 소박한 베트남 식당으로 데려가주셨고, 저는 쌀국수를 먹었어요. 정말 사치처럼 느껴졌죠.

지금은 부동산 관련 일을 하고 수입도 괜찮고 좋은 아파트도 소유하고 있지만, 가끔은 불법체류자라 돈도 없고, 돈을 벌 수도 없고, 사회보장 혜택을 받을 가능성도 없던 가난했던 시절을 떠올리곤 합니다. 부끄럽게 느끼는 이유는 아마도 중국에 있는 가족들 때문일 거예요. 더 나은 삶을 살기 위해 프랑스로 떠나왔지만 전보다 더 열악한 상황에 있었으니까요. 우리는

유럽에서의 빈곤과 중국의 기대라는 일종의 이중 감옥에 갇혀 있었죠.

열여덟 살에 정식으로 프랑스 시민이 된 후 저는 제 정체성, 즉 프랑스인이면서 동시에 중국인이라는 것이 어떤 의미인지에 대해 더 깊이 생각하기 시작했습니다. 그 무렵 저를 비롯해 프랑스에서 자랐거나 태어난 사촌과 친구들은 사소한 모욕이나 조롱, 약하고 유순해 보인다는 이유로 당하는 강도 사건 등 심각한 인종차별을 경험했습니다. 그리고 베이징 올림픽 기간 동안 프랑스 언론이 중국과 중국인에 대해 마치 우리가 항상 공산당처럼 같은 방식으로 행동하는 한 종류의 사람들인 것처럼 이야기하는 것을 보았습니다. 정말 화가 났고, 프랑스를 유일한 고향으로 여기는 저와 같은 중국계 젊은이들과 함께 '중국계 프랑스인 청년 협회'를 결성했어요. 당시 저는 파리 도핀 대학에 재학 중이었고, 마르크스Marx와 부르디외Bourdieu를 읽으며 제 어린 시절과 부모님의 경험이 저를 어떻게 규정했는지 이해하는 데 도움을 받았습니다. 저는 저와 부모님을 위해 무언가를 바꾸고 싶었어요.

병원에 입원해 있던 장차오린이 죽을 것이라는 사실을 모두가 직감했을 때, 저는 무언가를 해야 한다는 것을 알았습니다. 젊은 친구들 몇몇과 함께 그가 죽는 순간 행동으로 옮길 대규모 시위를 계획했지요. 시위를 위해 모인 수많

삶을 바꾸는 혁명의 힘을 믿는 뤼

은 사람이 19구 광장에 모인 것을 보고 드디어 변화가 일어나고 있는 것처럼 기뻤어요.

류샤오요의 죽음을 추모하는 시위에서 일어난 일은 훨씬 더 놀라웠습니다. 중국 커뮤니티의 원로들은 모두를 달래기 위한 지루한 연설로 가득 찬 공식적인 행사를 주최했지요. 모든 것이 전형적인 중국식 예의와 중립적인 언어로 표현되었습니다. 이 행사에는 그다지 많은 사람이 참석하지 않았는데, 행사가 끝나기 얼마 전, 검은 옷을 입은 시위대가 레퓌블리크 광장으로 몰려와 반대 구호를 외쳤지요. 기성세대의 무능함에 분노한 중국 젊은이들이었습니다. 그들은 변화를 원했어요. 당장이요. 이 모든 것은 기성세대의 체면을 구기고, 그들이 얼마나 무력한지 보여주기 위해 계산된 것이었습니다. 수많은 젊은이가 기성세대로부터 권력을 빼앗으려는 모습을 보는 것은 짜릿했습니다.

저에게 시위는 일종의 복수였어요. 부모님이 겪었던 굴욕에 대한 복수였고, 제가 겪은 굴욕에 대한 복수였죠. 보이지 않는 존재가 되어 아무도 내 말에 귀 기울이지 않을 때 느끼는 굴욕감. 중국인들이 길거리에서 폭행을 당할 때마다 겪는 굴욕감은 부모님이 겪었던 소외의 연속입니다.

하지만 무엇보다도 이러한 시위와 혁명 정신이야말로 제가 프랑스인이라는 증명입니다. 우리 모두 잘 알고 있듯이, 중국 문화에서는 일반적으로 위계질서를 존중하고 그에 순종합니다. 프랑스에서는 그 반대죠. 특히 국가와 정부를 비판할 수 있다고 느끼는 순간부터 프랑스 사회에 통합됩니다. 이러한 현상은 거의 질병에 가까운 프랑스인의 특성이라고 할 수 있지요!

이 나라에서 우리는 프랑스인이고, 프랑스인이어야 하며, 이를 위해서는 매우 특별한 사고방식이 필요합니다. 중국계 프랑스인은 중국계 이탈리아인이나 중국계 스페인인과는 다른데, 다른 나라의 중국계는 항상 자신이 완전히 통합되지 않을 것이며 10년 후에는 중국으로 돌아갈 것이라고 생각합니다. 우리의 자녀와 손주들이 이 나라에서 살아갈 평범한 삶을 생각한다면, 지금 이 상황을 바꿔야 합니다. 저는 프랑스인을 정의하는 사고방식이 있다고 생각합니다. 저는 정부는 언제든 바뀔 수 있다고 믿습니다. 저는 우리 삶을 바꿀 수 있는 혁명의 힘을 믿습니다.

13: 동남아시아

파리 13구 남쪽 끝에는 1975년 사이공과 프놈펜이 함락된 후 캄보디아, 베트남, 라오스의 내전을 피해 프랑스로 도착한 이들로 구성된 아시아계 커뮤니티가 있다. 파리에서 가장 크고 오랜 역사를 자랑하는 이 차이나타운의 중심에는 '올림피아드'라고 불리는 유명 주거용 타워가 있는데, 1970년대 중반에 완공된 이곳은 동남아시아에서 도착한 사람들이 최초로 입주한 주택이다.

레티시아, 25세:

부모님이 저를 꾸짖을 때 자주 쓰시던 말 중 하나가 "넌 너무 프랑스인이 되어버렸어"라는 말이었습니다. 부모님은 화가 날 때마다 '앙 모키아'라는 단어를 사용했는데, 이는 칭찬의 의도가 아니었습니다(많은 중국 남부 방언에서 '백인 아이'는 무례하고 반항적인 행동을 뜻하는 속어로, 서구적 가치관은 당연히 가정과 사회에서의 조화와는 반대되지요). 우리가 당신들이 어떤 일을 겪었는지 거의 알지 못한 채로 스스로를 프랑스인이라고 생각하며 자랐다는 좌절감에서 비롯된 것 같아요. 하지만 그분들이 프랑스에 오기 전의 삶이나 이곳에서의 힘든 여정에 대해 한 번도 이야기하지 않았기 때문에 우리 대부분이 프랑스인이라는 징체성 하나만 가지고 있는 것은 당연한 일입니다.

제 부모님은 중국-캄보디아, 즉 캄보디아에서 태어나거나 자란 차오저우 출신의 중국계 테오슈족으로, 중국인과 캄보디아인이라는 이중 정체성을 가지고 계십니다. 전쟁 중, 나라가 크메르루주에게 함락되기 직전에 그들은 모든 것을 버리고, 경우에 따라서는 가족까지 버려두고 도망쳐야만 했지요. 그들은 전쟁 내내 태국 국경에 있는 수용소에 갇혀 지냈습니다. 그 기간 동안 그들이 어떤 끔찍한 일을 목격했는지 누가 알겠습니까? 그들이 왜 과거에 대해 이야기하고 싶지 않은지 충분히 이해할 수 있습니다. 많은 캄보디아인과 마찬가지로 그들 역시 그곳에서 상점과 소규모 사업체를 운영하며 평온하게 살았습니다. 그러다 하룻밤 사이에 전쟁이 일어나고 악몽 같은 이산의 아픔을 겪은 후 마침내 프랑스에 도착한 것이지요.

부모님의 침묵에도 불구하고, 저는 부모님이 캄보디아에서 말로 표현할 수 없는 잔혹함 속에서 살아남았다는 것을 알았고, 이 사실은 제가 프랑스에 대해 느끼는 방식에 영향을 미칩니다. 저는 왜 노란 조끼 시위대가 시위를 벌이는지 이해할 수 있습니다. 저 역시 다른 프랑스인들과 같은 방식으로 의문을 제기하는 경향이 있습니다. 하지만 부모님이 역사상 가장 끔찍

그랑제콜

프랑스 학생들은 학교를 마친 후 일반적으로 공립 교육 기관인 대학에 등록할 수 있으며, 전체 학생 270만 명 중 약 5분의 3이 이 경로를 선택한다. 하지만 대학 시스템과는 별개로 입학 요건이 까다로운 공립 또는 사립 고등 교육 기관인 그랑제콜을 선택하는 방법도 있다. 대부분의 학생은 그랑제콜에 입학하기 위해 2년 동안 준비 수업을 듣거나 대학에서 2~3년을 보낸다 (소위 '병행 입학'이라고 하는 이 제도는 유럽 전역에서 온 학생들에게 열려 있다). 일부 연구에 따르면 그랑제콜 졸업생의 90%가 6개월 이내에 일자리를 찾고, 12개월 이내에 모두 취업한다. 6명의 역대 대통령 중 4명이 그랑제콜 행정고등고시(ENA)를 졸업하는 등 이곳은 프랑스의 공공 및 민간 엘리트를 배출하고 있지만, '에나크énarque*'인 마크롱은 이 학교를 없애겠다고 발표했다. 그랑제콜 제도로 인해 프랑스는 세계적인 수준의 공학, 경제학, 수학 학교를 보유하게 되었지만 해외에서 인재를 유치하는 데 어려움을 겪고 있으며, 제도의 파편화로 인해 개별 대학, 연구 기관은 물론 그랑제콜 역시 국제적인 수준에 도달하지 못하고 있다. 2000년대 이후 프랑스는 다양한 기관을 결합한 교육 클러스터를 조성하기 위해 '대학 그룹화' 정책을 추진했다. 2019년 공식적으로 설립된 파리 사클레이 대학은 영미권 대학들의 독주를 꺾고 유럽 대학 중 유일하게 세계 랭킹 14위에 진입했다.

---

* 스트라스부르에 위치한 국립행정학교 '에나' 출신 졸업생을 일컫는 단어로, 배경에 상관없이 전문 공무원을 양성하겠다는 의도로 설립되었지만 이들이 프랑스 정재계의 최고 위치를 독점하며 엘리트주의와 특권층을 상징하는 단어가 되었다.

자신을 진정한 지역사회의 일원이라 생각하는 레티시아

"프랑스인이라는 정체성은 엄청나게 강력한 개념입니다. 프랑스인이 된다는 것은 초등학교 시절부터 우리 안에 심어지는 생각이며, 문화적 기원을 제쳐두고 하나의 국적, 하나의 국민을 만들기 위한 동화에 가까운 프로젝트이자 정말 매력적인 원칙이죠."

한 대량 학살에서 살아남았다는 사실을 알게 되면 모든 것이 상대적으로 보이죠. 사람들이 휘발유 가격이 오르고, 일주일에 한 번만 외식을 할 수 있다거나 일 년에 단 한 번의 휴가밖에 없다는 것이 인생의 가장 큰 문제라고 말할 때, 우리는 이러한 주장을 이해한다고 해도 완전히 공감할 수 없습니다. 제 부모님은 어렸을 때 식당을 운영하셨는데, 한 번도 휴가를 떠난 기억이 없어요. 그래서 부모님은 제가 당신들보다 더 많은 선택권을 갖고 주체적으로 살 수 있도록 밀어줘셨죠.

일반적으로 동남아시아 중국계, 즉 캄보디아나 베트남 출신 프랑스인 중 거리로 나설 권리에 대해 열정을 가진 사람은 많지 않다고 생각합니다. 우리는 '정부가 모든 것을 다 해줘야 한다'는 태도를 취하지 않습니다. 캄보디아와 베트남에 있을 때도 우리 가족은 이미 외부인이었습니다. 당시에는 구조적 도움도 받지 못했고, 그 나라의 지배층 출신도 아니었기 때문에 무언가를 요구할 권리가 있다고 생각하지도 않았지요. 우리는 스스로를 지켜야 한다는 것을 알았어요. 제 세대 아시아인의 압도적 다수는 스스로를 프랑스인이라고 생각하지만, 국가 보조금에 의존해 생활하는 사람은 한 명도 없습니다. 2대에 걸쳐 얻은 프랑스 시민권은 깊이 내재된 자급자족적 사고방식을 바꾸기에는 충분하지 않습니다.

프랑스인이라는 정체성은 엄청나게 강력한 개념입니다. 프랑스인이 된다는 것은 초등학교 시절부터 우리 안에 심어지는 생각이며, 문화적 기원을 제쳐두고 하나의 국적, 하나의 국민을 만들기 위한 동화에 가까운 프로젝트이자 정말 매력적인 원칙이죠. 하지만 문제는 차이가 지속된다는 점이에요. 10대가 되면서 갑자기 무언가 빠진 것, 인정받지 못하는 부분이 있다고 생각하기 시작했고, 그때부터 중국인으로서의 제 자신에 대해 질문하고 문화적으로 중국인인 동시에 프랑스인이 되는 방법을 배우기 시작했습니다.

파리의 특정 지역에서 횡행하는 중국인에 대한 공격을 보면 문화와 인종의 차이를 인정하지 않는 것이 얼마나 심각한 문제인지 알 수 있어요. 아시아인들과 북아프리카인들의 커뮤니티는 어려운 환경에서 살아가며 서로에 대한 부정적인 고정관념을 갖게 되었습니다. 인종적 특성을 바탕으로 이야기하는 것은 공화국의 평등사상에 완전히 반하는 것이기 때문에 금기시되어 우리는 인종에 관해 공개적으로 이야기할 수 없지만, 문제는 여전히 존재합니다.

중국의 부상은 우리에게 복잡한 문제입니

"중국계 사람들은 아랍계 사람들이 자신들의 아랍 정체성을 부정하는 것에 비해 중국인임을 거부하는 경향이 훨씬 더 강합니다. 그 이유는 잘 모르겠지만 아마도 많은 가정에 존재하는 침묵과 관련이 있을 것입니다."

다. 그전에는 아무도 동양인을 주목하지 않았고 우리는 거의 보이지 않는 방식으로 삶을 영위했습니다. 그러다 중국인은 아무데나 침을 뱉는다, 더럽다, 돈세탁을 한다 등 노골적인 인종차별적 발언을 듣기 시작했죠. 가장 부정적인 시기는 베이징 올림픽이 열렸던 2008~2009년으로, 갑자기 '황색 위험'에 대한 공포가 도처에 퍼졌습니다. 신문에는 "중국: 세계 정복"이라는 제목의 기사가 계속 실렸고, 위생 기준에 대한 '폭로'를 통해 하룻밤 사이에 중국 식품 가게를 망하게 해버린 TV 프로그램도 있었습니다. 부모님이 그런 식료품점을 운영하셨기 때문에 잘 알지요.

그래서 우리 커뮤니티의 많은 사람이 본토와의 연관성, 그리고 프랑스에 온 지 20년 정도밖에 안 된 원저우 출신 신규 이민자들과 거리를 두기 위해 자신들을 캄보디아인이나 베트남인이라고 말하는 것 같아요. 우리는 1970년대부터 이곳에 살아왔고, 이미 우리는 그들보다 더 프랑스적이고, 진정한 지역사회의 일원이라고 생각해요. 이는 우리에게 우월감을 부여하지요. 우리가 그들에 대해 하는 말은 다른 프랑스인들이 우리에 대해 하는 말과 비슷합니다. 정말 열심히 일하고, 보수가 거의 없는데도 아주 오랜 시간 일할 준비가 되어 있으며, 스스로를 잘 지킨다는 등의 말이죠. 우리는 모범적인 이

민자라는 이미지에 익숙해져 있지만, 우리 안에는 새로운 모습이 존재하고 우리는 나름의 시선으로 또 그들에 대해 판단합니다. 어쩌면 그것이 우리가 프랑스 사회에 속해 있다는 신호일지도 모르겠네요.

다니엘, 27세:

제 모든 아시아계 친구들 중에서 저는 아시아인과 프랑스인이라는 정체성 모두를 편안하게 받아들이는 소수에 속한다고 말하고 싶습니다. 지속적인 인종차별의 희생자가 된 극소수는 프랑스인으로서의 정체성을 거부하는 것을 선택하지만, 대다수는 프랑스인으로서의 정체성만 가지고 사는 것이 더 편하다고 느껴요. 아시아인이라는 정체성이 프랑스인이라는 느낌과 충돌할 경우 전자를 거부할 준비가 되어 있지요.

제 친구들을 보면 중국계 사람들은 아랍계 사람들이 자신들의 아랍 정체성을 부정하는 것에 비해 중국인임을 거부하는 경향이 훨씬 더 강합니다. 그 이유는 잘 모르겠지만 많은 가족, 특히 베트남과 캄보디아 출신 가족들 사이에 존재하는 침묵과 우리 역사에 대한 지식 부족 때문인 것 같아요. 우리는 아랍인이나 아프리카인과 달리, 프랑스와 관련된 과거와 연결되어 있지 않아요. 그들은 코트디부아르나 모로코, 알제리에 있는 대가족을 통해 그들의 문화

와 언어에 연결되어 있지요. 하지만 우리는 그런 연결고리가 없어요. 베트남에는 저로 하여금 다른 문화에 속해 있다는 소속감을 줄 수 있는 존재가 없지요. 제 가족은 광둥어를 사용하는 중국계니까요. 어느 것이 저의 '다른' 문화일까요?

가시성의 문제도 있습니다. 시브-사하라 지역 아프리카인과 북아프리카인은 스포츠, 음악, 대중문화 전반에 걸쳐 대중에게 잘 알려져 있는 반면, 우리는 거의 알려져 있지 않아요. 롤모델을 찾기가 더 어렵다는 것을 의미하지요.

또 다른 압박은 부모님이 종종 우리를 통해 삶을 살아간다는 점입니다. 인생에서 너무 늦게 프랑스에 도착하여 트라우마에 시달리고 돈이 없어 이루지 못한 모든 것에 대한 열망을 우리 자식들에게 투사합니다. 그 중 하나는 프랑스에서 어떻게 살아야 하는지 알아내는 것이지요. 우리 중 많은 이가 어렸을 때부터 부모님의 통역사로 일한 경험이 있습니다. 그러니 우리가 프랑스 사회의 모델처럼 행동하는 것은 당연한 일이죠.

프랑스는 유구한 역사를 가진 나라인 만큼, 프랑스 역사는 학교에서 가장 중요한 과목 중 하나입니다. 우리는 우리 자신을 인식하지 못한 채 잔 다르크, 샤를마뉴, 클로비스와 같은 프랑스 영웅에 대한 모든 교훈을 흡수합니다. 그것은 하나의 역사, 하나의 이야기이며 이민자 가정의 자녀를 포함한 모든 사람은 이 역사를 자신의 것으로 받아들여야 할 의무가 있지요. 이들의 이야기를 제 이야기라고 생각하려고 애썼지만 얼마간 동떨어진 느낌을 지울 수는 없었습니다. 그 역사를 나의 유일한 유산으로 받

아시안 구역

20세기 초 학생, 언론인, 장인 몇이 리옹 역 주변으로 이주할 즈음, 파리에 첫 중국인 이민자가 도착했다. 1920년대에는 중화인민공화국 초대 총리가 된 저우언라이가 이곳에서 시간을 보냈고, 마오쩌둥 사후 중국 경제 개혁의 선구자가 된 덩샤오핑도 이곳에 머물렀다. 최초의 중식당인 엠파이어 셀레스트는 1912년에 문을 열었으며, 여전히 루아예-콜라드 거리에서 영업 중이다. 전쟁 기간 동안 중국인 커뮤니티는 파리 3구의 가죽 제조 노동자 구역에 합류했고, 파리에서 가장 오래되었지만 지금은 가장 규모가 작은 차이나타운이 생겨났다. 1949년 중국 국경이 폐쇄된 후 새로운 아시아계 이민자들이 등장했다. 1970년대 공산당 정권을 피해 탈출한 베트남인, 캄보디아인, 라오스인들이 13구의 '슈아지' 삼각 교차로에 자리를 잡았고, 이후 이들은 동남아시아에서 온 중국계 이민자들로 대체되었으며, 1980년대부터 이 지역은 중국 본토에서 온 이민자들로 채워졌다. 인구 5만 명이 거주하는 이 구역은 유럽에서 가장 큰 아시아 커뮤니티 구역으로, 독특한 건축물(중국식 탑 모양의 지붕을 한 레 올림피아드 주택 단지)뿐만 아니라 탕 프레르나 파리 스토어 같은 대형 중국 마트도 눈에 띈다. 10구의 벨빌에는 규모가 크지만 눈에 잘 띄지 않는 또 다른 아시아계 커뮤니티가 있다. 파리 외곽에는 파리 다음으로 프랑스에서 두 번째로 큰 중국인 커뮤니티인 '마른 라발레'와 섬유 산업의 '황금 삼각지대'인 오베르빌리에가 있다. 이 지역은 현재 중국과의 수출입 무역의 거점으로, 5만 5,000제곱미터 이상의 광대한 도매 비즈니스 센터에 310개의 도매업체가 입주해 있다. 이는 유럽 최대 규모다.

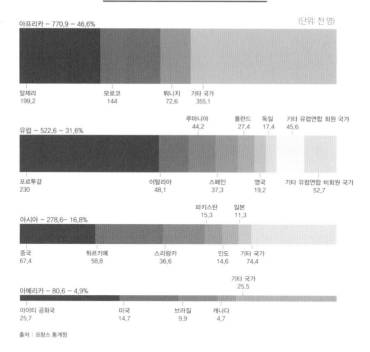

일 드 프랑스 지역의 외국인 인구

(단위: 천 명)

아프리카 – 770,9 – 46,6%

알제리	모로코	튀니지	기타 국가
199,2	144	72,6	355,1

유럽 – 522,6 – 31,6%

			루마니아	폴란드	독일	기타 유럽연합 회원 국가
			44,2	27,4	17,4	45,6

포르투갈	이탈리아	스페인	영국	기타 유럽연합 비회원 국가
230	48,1	37,3	19,2	52,7

아시아 – 278,6 – 16,8%

			파키스탄	일본	
			15,3	11,3	

중국	튀르키예	스리랑카	인도	기타 국가
67,4	58,8	36,6	14,6	74,4

아메리카 – 80,6 – 4,9%

			기타 국가
			25,5

아이티 공화국	미국	브라질	캐나다
25,7	14,7	9,9	4,7

출처 : 프랑스 통계청

아들이는 것은 우리를 보이지 않게 만드는 거 짓된 이야기처럼 느껴졌거든요. 잘못된 고정관념과 더불어, 사회에서 우리의 운명은 이야기되지 않거나 부정확하게 이야기되는 것이라고 느꼈습니다.

우리는 지난 100년 동안 프랑스의 가장 중요한 식민지 중 하나였던 베트남에 대해 거의 배우지 못했어요. 학교에서 식민지 역사, 즉 특정 식민지 국가와 프랑스와의 관계에 대해 많이 가르치지 않아서 안타까웠습니다. 알제리 출신 아이들이 알제리 전쟁에 대한 수업에 매우 흥미를 보였던 기억이 나요. 자신과 자신의 과거, 부모가 어디에서 왔는지, 왜 프랑스인인지, 어떻게 프랑스인이 되었는지 등에 대해 배우는 것이 자신들을 대변하는 것처럼 느껴졌죠. 우리에게는 아무것도 없었지만 어떤 면에서는 당연한 일이었습니다. 알제리는 베트남보다 프랑스인의 상상 속에서 더 큰 존재감을 지니고 있어요. 우리는 모두 프랑스인이라는 개념을 가지고 자랍니다. 이것이 바로 하나의 공통된 정체성을 부여하고자 하는 역사 수업의 요점이죠. 이해합니다. 하지만 우리가 왜 그렇게 다양한지 배우는 것이 더 중요하지 않을까요? 우리는 모두 프랑스인이지만 프랑스인이 되는 방식은 매우 다양합니다. 프랑스 내 다양한 커뮤니티의 음악, 예술, 언어 등 역사에 대해 더 많이 배웠더라면 좋았을 텐데 말이에요. 또한 인종차별의 역사에 대해서도 직접 겪지 않고도 배울 수 있었다면 좋았을 것 같아요.

프랑스인이 되는 방식은 매우 다양하다고 말하는 다니엘

명문 시앙스포에 입학한 엠마

11: 젠트리피케이션

볼테르 거리는 트렌디한 바와 레스토랑이 밀집해 있는 바스티유 광장과 도보로 15분 거리에 있지만, 훨씬 더 한적한 느낌이다. 베티 스타일, 럭키 맨, 벨라 같은 이름의 상점은 대부분 의류를 판매하지만 손님이 없어 한산하다. 많은 짐포가 문을 닫고 임대를 내건 상태다.

엠마, 19세:

10대 중반이 될 때까지 중국인 친구가 한 명도 없었어요. 사실 저는 다른 중국계 아이들과 어울리지 않으려고 노력했지요. 백인, 아랍인, 흑인 친구들만 있었어요. 저는 이곳에서 태어났고 제가 프랑스인임을 보여주고 싶었죠. 하지만 열여섯, 열일곱 무렵 저는 변하기 시작했어요. 어렸을 때 원저우에서 프랑스로 이주한 부모님과 대화를 나눈 적이 있어요. 아버지는 "네 속마음이 어떻든 간에 세상이 널 볼 때는 중국인이라고 생각한다"고 말씀하셨죠. 다른 프랑스인과 똑같이 말하는데도 중국 억양을 조롱하는 사람들, 아시아 여성을 성적으로 비하하고 아시아 남성을 무성화 하는 일상적인 발언 등 그동안 당연한 것으로 받아들였던 것들이 모두 미세한 공격이라는 것을 깨달았죠. 내 문화를 거부하지 말고 받아들여야 한다는 것을 깨달은 것도 그 즈음이었어요.

부모님은 11구 오베르캄프 쪽에서 노점을 운영하셨어요. 저는 프랑스 부르주아 백인 아이들이 하는 일을 하고 싶어서 프랑스 그랑제콜 중 가장 명문인 시앙스포에 지원했죠. 제 커뮤니티에 속한 사람들은 쓸데없는 짓이라 여겼어요. 이들은 제가 정치 분야가 아닌 인문학이나 사회과학 분야에서 경력을 쌓을 수 있을 거라고 생각지 않으니까요. 시앙스포에 아시아인이 몇 명인지에 대한 통계는 없지만, 제가 직접 관찰한 바로는 한 학년에 10명 미만이니 학교 전체로 따지면 30명 정도 되는 것 같아요. 모든 대학 캠퍼스에서 아시아인을 쉽게 볼 수 있는 미국과는 달리, 프랑스 엘리트 학교는 여전히 아시아인에게 이질적으로 느껴져요. 이공계 학교에는 아시아인이 더 많을 수도 있겠지만 개인적으로는 잘 모르겠어요. 18세나 20세가 될 때까지 상당한 문화적 지식을 쌓아야 하는 에콜 노르말 수페리외르 같은 학교들에는 아마 아시아 학생이 한 명도 없지 싶어요.

실제 상황이 어떻든지 간에, 중국인들에게 배타적인 학교는 접근하기 어려운 요새 같다는 인식이 일반적인 만큼 제가 이곳에 입학한 것은 정말 큰 성과지요. 상황이 조금씩 바뀌고 있지만 변화가 생각만큼 빠르지는 않아요. 프랑스인들은 아시아인은 공부도 잘하고 성실하다고 생각한다지만, 그것이 사실이라면 프랑스 교육의 표준인 그랑제콜에서 우리 아시아계는 왜 이렇게 눈에 띄지 않을까요? 🐦

별을 거스르다

저녁 메뉴를 준비하기 위해 토마소 멜릴리가 콩 껍질을 벗기고 있다.

이 글은 파리 사회와 밤문화의 얼굴을 바꾼 네오 비스트로에 대한 이야기다. 이들은 미슐랭 가이드 스타 시스템의 지배에 도전하여, 수도의 미식 지형을 바꾸고 동네 레스토랑의 식탁에 고급 요리를 선보인다.

토마소 멜릴리
Tommaso Melilli

67

1791년 3월 17일, 파리. 혁명적인 국민 의회는 상인들이 원하는 물건을 원하는 장소에서 판매하는 데 방해가 되었던 엄격한 규제를 포함한 길드의 구시대적 특권을 폐지하는 것을 승인한다. 이때까지만 해도 같은 식당에서 와인 한잔과 함께 커피 한잔을 제공하는 것은 엄격하게 금지되었다. 레스토랑은 이미 수십 년 전부터 존재해왔지만, 작가 애덤 고프닉Adam Gopnik이 프랑스 요리 역사의 산초 판자라고 부르는 '비스트로'는 이날 탄생했다. 한 지붕 아래에서 알코올과 카페인을 번갈아 가며 섭취할 수 있다는 이점을 알아내는 것은 천재가 아니어도 누구나 할 수 있는 일이다. 전자는 혀를 느슨하게 하는 이완제이고, 후자는 명료함과 각성 효과를 주는 각성제 아니던가. 한 뱃속에서 소용돌이치는 이 두 액체의 조합은 파리에서 기대할 수 있는 저녁을 끝없이 흥미롭게 느끼게 해주었다.

이후 2세기 동안 프랑스에서는 거의 모든 중요한 사건이 레스토랑이나 비스트로의 테이블에서 시작되었다. 정치·경제·사회적 결정, 선전 포고, 평화 조약은 레스토랑 식탁에서 이뤄졌는데, 이는 가장 엄격한 영혼과 세련된 정신이 긴장을 풀기 위해서였다. 그 밖의 모든 것은 소박한 음식과 저렴한 와인이 흘러넘치던 비스트로에서 이루어졌다. 책의 초고, 위대한 영화의 각본, 남녀 간의 특별한 첫 만남, 자유로운 사랑과 가슴 아픈 실연 같은 것은 말이다.

*

2세기 후인 1990년대 말, 프랑스 요리의 지배력은 거의 보편적으로 위기에 처한 것으로 간주된다. 아직 그것을 깨닫지 못한 유일한 사람은 프랑스인, 특히 최고의 셰프들뿐이다. 프랑스의 정치적 영향력은 사상 최저치를 기록하고 있으며, 요리 문화는 프랑스의 과함에서 벗어나 분자 요리, 곤충, 뿌리, '코에서 꼬리에 이르는' 식재료의 재발견(내장의 재발견이기도 한), 북유럽 요리의 첫걸음 등 국제적인 변화를 향해 나아가고 있다. 프랑스 엘리트들은 세계 최고의 레스토랑은 모두 에펠탑 주변에 있다고 생각하는 데 익숙해져 있으며, 이에 대한 의문은 조심스럽게 피해 간다. 별 달린 레스토랑들은 (소위 궁전이라 불리는) 대형 럭셔리 호텔의 창구 역할

토마소 멜릴리Tommaso Melilli는 2009년부터 2018년까지 파리에서 거주하며 활동한 셰프 겸 작가다. 2015년에는 잡지 〈리비스타 스튜디오Rivista Studio〉에 '토바글리에트(플레이스매트)'라는 칼럼을 연재하며 레시피와 함께 문화와 관습에 대한 추억과 토론을 소개했다. 이러한 경험은 주간지 〈일 베네르디 디 레푸블리카Il Venerdì di Repubblica〉의 칼럼 '펜톨레 에 파롤(냄비와 단어)'로 이어졌다. 이후 그는 프랑스에서 이탈리아 요리사로서 겪은 것들에 대한 글을 잡지 〈슬레이트Slate〉에 기고하기도 했다. 그의 첫 번째 책 《스파게티 전쟁: 미식 정체성의 전선에 관한 기록Spaghetti wars: Journal du front des identités culinaires》은 2018년 프랑스어로 출간되었다. 이탈리아로 돌아온 후 그는 전국의 주방을 돌며 자신의 경험을 담은 책을 썼고, 이 책은 2021년 프랑스에서 《파스타 거품: 진정한 이탈리아 요리를 찾아서L'écume des pâtes: À la recherche de la vraie cuisine italienne》라는 제목으로 출간되었다.

"주방이 너무 작기 때문에 고정된 메뉴는 없다. 그 대신 동일한 가격으로 제공되는 날마다 바뀌는 단품 메뉴가 있다."

을 하면서, 30년 전과 마찬가지로 여전히 랍스터, 푸아그라, 코냑에 익힌 작은 새, 캐비어, 트러플, 포르치니 등 계절마다 50가지 색의 버터에 둘러싸인 복잡한 요리를 선보이고 있다.

국제적인 비평가들, 특히 미국인과 영국인은 이제 이런 레스토랑에 가지 않는다. 오늘날 이곳의 고객은 중상류층 프랑스인, 소수의 신흥 부유층, 그리고 가장 비싸다는 소문을 듣고 테이블을 예약하는 아시아·러시아·중동 관광객들이다. 파멸의 위기에 처한 센강 좌안의 궁궐 같은 식당을 지탱하기 위해 주당 60시간의 고된 노동을 하는 것에 지친 탑 셰프들의 제자들은 이상한 선택을 하기 시작했다. 이들 중에는 열여섯 살 때부터 주방에서 일하며 프랑스를 떠난 적이 없는 프랑스인도 있지만, 이탈리아인, 스웨덴인, 스페인인 등 해외 거주라는 유럽연합 젊은이의 권리를 누리기 위해 파리로 온 외국인도 있다. 이들은 모두 수도의 훌륭한 주방에서 몇 달 동안 훈련을 받았고, 빠르게 배워 나갔다. 이들은 당대 최고의 셰프가 될 운명을 타고났으며, 곧 미슐랭 가이드에서 수여하는 별 1개를 시작으로 2개를, 언젠가는 3개를 획득해 고급 레스토랑을 이끌게 될 것이고, 그 후에는 아랍에미리트 호텔과 수백만 달러에 달하는 컨설팅 계약을 맺고, 프랑스 대통령으로부터 인정받는 등 많은 돈을 벌게 될 것이라는 말을 들었다. 하지만 이는 부모님과 스승의 열망일 뿐, 유망한 젊은 셰프들은 자신들이 따르고 싶은

꿈과 가꾸고 싶은 정원이 따로 있다. 이들은 식당이 작고 조금 허름해도 개의치 않는다.

이들은 특급 호텔 주방과 스타 레스토랑의 권위 있는 자리를 포기하고, 여기저기서 돈을 긁어모아 망가진 부엌과 짝이 맞지 않는 의자가 있는 작은 바를 열었다.

이들이 가장 지겨워하는 것은 밤문화라고는 존재하지 않고 지하철역에서 한참을 걸어가야 하는 답답한 파리 좌안에서 일하는 것이다. 이곳에 사는 사람이라면 누구나 적어도 한 대 이상의 리무진을 소유하고 있으며 아마도 운전기사를 고용하고 있을 가능성이 높다.

이들은 외국인 동료들과 함께 자신들이 사는 동네에 바를 열기도 한다. 도시는 센강에 의해 우안과 좌안으로 나뉜다. 1990년대 말, 파리의 좌안과 우안이 뒤바뀌었다는 농담이 나돌았다. 우안은 다인종이 모여 유동적이고 창의적이며 진보적인 반면, 좌안은 전통적인 가치관을 지닌 백인과 가톨릭 신자가 많아 변화보다는 현상 유지를 선호하는 분위기다.

*

이 새로운 세대는 차고 같은 비스트로를 개척하고 있지만, 그렇다고 해서 국제적인 요리에 대한 야망을 잊은 것은 아니다. 이들은 이 작은 동네 식당에서도 고급 요리를 만들 수 있고 어떤 면에서는 큰 호텔 주방의 스승들보다 더 잘할 수 있다고 확신한다. 주방이 너무 작고 팔

레스토랑의 기원

우리가 알고 있는 레스토랑의 기원을 설명하는 여러 신화가 있지만, 가장 일반적으로 인용되는 것은 프랑스 혁명 중에 설립되었다는 내용이다. 귀족들이 재산을 박탈당하고 때로는 머리통까지 빼앗기면서, 최고의 궁정 요리사들은 모두 실직자가 되었다. 재능은 뛰어났지만 돈 한 푼 없던 그들은 특별한 일을 할 수 있다는 것을 알았지만, 누구를 위해 일해야 할지 몰랐고, 결국 대중을 찾아야 했다. 오늘날의 스타트업처럼 완전히 새로운 개념인 모던 레스토랑을 시작한 것이다. 멋진 이야기지만 사실과는 다르다. 레스토랑이 파리의 발명품인 것은 맞지만, 프랑스 혁명이 일어나기 조금 전의 일이고, 그 이유는 단 하나, 레스토랑에 대한 니즈가 있었기 때문이다. 유럽의 부르주아지, 특히 프랑스의 부르주아지들은 모든 사람 또는 거의 모든 사람에게 열려 있고, 충분히 즐겁고 비싸지 않으며 식사 규칙이 거의 적용되지 않는 새로운 유형의 식당에 대한 필요성을 느꼈다. 낯선 사람과 대화를 시작할 수 있는 분위기에서 만날 수 있는 장소를 갖는 것은 항상 중요했다(코로나19 봉쇄 기간 동안 우리는 그 부재를 심각하게 느꼈다). 이러한 공간은 업무, 비즈니스, 대화, 일상적인 우정을 유지하는 데 필수였으며, 무엇보다도 사랑을 추구하는 데 꼭 필요했다. 레스토랑은 사람들이 데이트를 하고 난 후에 사랑을 나눌지 여부를 결정할 장소가 필요했기 때문에 발명된 것이다. 레스토랑이 없는 데이트를 상상이나 할 수 있을까.(TM)

리지 않을지도 모르는 값비싼 식재료를 구입할 여유가 없기 때문에 인쇄된 메뉴판이 없다는 약점은 진정한 기업가 정신을 통해 곧 장점으로 바뀐다. 그 대신 매일 바뀌는 동일한 가격의 단품 메뉴가 있는데, 이 재미난 작은 식당에 납품할 의향이 있는 도매업체가 항상 대기하고 있는 건 아니다 보니 메뉴는 그날 들어오는 재료나 셰프가 손에 넣을 수 있는 재료에 따라 달라진다. 셰프들은 시장을 돌아다니거나 낡은 오토바이 뒤에 나무 상자를 싣고 중동이나 중국식 제과점에 들른다. 오후 시간에 이런 식당 앞을 지나가다 보면 맥주 한 병을 들고 밖에서 콩을 볶고 있는 셰프의 모습도 볼 수 있다. (반면 국제적인 고객들의 니즈와 관련된 여러 이유로 별을 받은 대부분의 프랑스 레스토랑은 1년에 두 번 이상 메뉴를 바꾸지 않는다. 트러플과 버섯을 먹을 수 있는 가을, 비용에 상관없이 아스파라거스와 토마토를 맛볼 수 있는 봄과 여름, 즉 6개월 정도의 중간 계절이 있을 뿐이다.)

장식에 대해 이야기해 보자면, 별을 받은 레스토랑이 그토록 애착을 보이는 소란스러움은 찾아볼 수 없다. 식탁보나 자수 냅킨, 은식기도 없다. 유명 디자이너의 식기 세트 대신 벼룩시장이나 차고 세일에서 구한 듯한 꽃 테두리 그릇에 저녁 식사가 제공된다. 20년이 지난 지금에야 지금히 평범하고 허름한 이런 시크함에 질리기 시작했지만, 1999년만 해도 40유로(50달러)짜리 메뉴가 할머니가 사용하던 접시에 담긴다는 사실에 모두 놀랐고, 이런 서비스를 진지하게 받아들이기 어려워했다. 이러한 선택은 모두 간접비를 낮추기 위해 필요한 것이었는데, 이렇게 다시 한 빈 필요가 미덕으로 진환되었다. 젊은 셰프들이 레스토랑의 호사스러운 집기가 저속하다고 여긴 것은 말할 것도 없고, 고객들도 점점 그렇게 생각하게 되었다.

*

1990년대 미국의 저널리스트 데이비드 브룩스David Brooks는 지난 몇 년 동안 가장 첨예한 반응을 일으키던 일군의 사람들을 묘사하기 위해 부르주아 보헤미안의 합성어인 '보보스bobos'라는 단어를 고안해냈다. 미국에서는 실제로 사용되지 않은 이 단어는 프랑스에서 열렬한 반응을 불러일으켰다. 다소 비하적으로 들리기도 하는 이 말은 예술적이고 창의적이며 기술에 정통한 새로운 부르주아들을 일컫는데, 센강 우안 강변의 값싼 아파트를 임대하거나 구입한 이들은 경비원이 상주하는 강 건너 고급 아파트는 견딜 수 없다고 여긴다.

당시 벨빌, 오베르캄프, 바스티유에 있는 이런 식당을 자주 찾던 손님 중에는 어부의 얼굴을 한 유쾌한 음식 저널리스트 세바스티앵 드모랑Sébastien Demorand이 있었다. 당시 30대에 불과했던 그는(2020년 1월 지병으로 세상을 떠났다) 어느 날 저녁, 아마도 오 드 아미에서 식사를 마치고 집으로 돌아온 후 약간 취한 상태에서 이 새로운 유형의 식당 이름을 생각해냈다고 했

다. 아마도 의자에 올라가서 방 전체가 울리도록 소리쳤을 것이다. 많은 사람이 목격했다고 주장하지만 제대로 기록되지 않은 일화 중 하나인데, 그날부터 이러한 공간에 '비스트로노미bistronomie(비스트로에서 제공되는 고급 미식)'라는 이름이 붙었다.

파리에서 일어나는 대부분의 일이 그렇듯, 이 새로운 비스트로의 웨이터와 웨이트리스는 자신이 좋아하는 셔츠를 입고 턱수염을 기른 채 자유롭게 출근할 수 있는 젊고 자유로운 스타일 혁명을 보여주었다. 직원과 고객 사이의 이러한 평등은 매우 분명한 메시지를 전달했다. '나는 여러분에게 서비스를 제공하고 있지만 여러분과 똑같은 사람이다.'

*

내가 파리로 이주한 2009년은 비스트로노미가 한창 유행하던 시기였다. 스무 살이었던 내게 긴 머리와 수염을 기른 셰프들은 록스타 그 자체였다. 그들은 흰 옷을 입지도, 길쭉하고 주름진 모자를 쓰지도 않았고, 티셔츠와 운동화 차림에 다른 이들과 똑같은 남색 앞치마를 두르고 일했다. 그 무렵 나도 그들처럼 젊은 셰프가 되기로 결심했기에, 그 앞치마를 어디서 구할 수 있는지 백방으로 찾아다녔다. 옷차림이 수도자를 만드는 것은 아니지만, 여느 수도자와 다르게 옷을 입는다면 사람들은 금방 알아챌 테니까.

그로부터 몇 년 전이던 2000년, 지금은 존재하지 않는 잡지의 젊은 작가 알렉상드르 카마Alexandre Cammas는 편집자이자 멘토에게 파리의 레스토랑에 대한 일종의 '진짜' 맛집 가이드를

발행하자고 제안했다. 1년 후 발간된 이 잡지는 웹사이트를 시작으로 앱까지 출시되었다. 〈르 푸딩Le Fooding〉 이야기다.

프랑스어권 세계에서 음식 가이드를 낸다는 것은 방 안의 코끼리, 즉 〈미슐랭 가이드Michelin Guide〉와 정면으로 맞서는 것을 의미한다. 알렉상드르 카마는 두 매체 간의 경쟁을 의도적으로 조장하려는 시도는 없었다고 말하지만, 〈르 푸딩〉은 출간되자마자 미슐랭 가이드의 숙적으로 인식되었으니 그의 말은 믿기 어렵다. 20여 년이 지난 지금, 파리 미식계의 권위자로 자리 잡은 〈르 푸딩〉의 작가들은 바, 레스토랑, 피자 집, 케밥 가게를 가리지 않고 리뷰하고 있으며, 리뷰가 게재된 이후 2주 동안 해당 식당에 많은 이가 긴 줄을 서서 기다리는 진풍경을 볼 수 있다. 지난 몇 년 동안 미슐랭 스타 레스토랑의 고객들은 우버를 타거나 기사가 운전하는 차를 타고 외곽의 새로운 명소들로 나가는 것을 포기한 것 같다. 파리의 예술계가 다소 정적이고 보수적으로 변한 반면, 젊은 셰프들에게 파리는 우주의 중심이 되었다.

〈미슐랭 가이드〉는 포크, 모자, 별과 같은 상징에 의존한다. 〈르 푸딩〉은 이러한 계층 구조 대신 각 식당을 설명하는 일련의 태그와 키워드를 사용한다. 이는 다른 가이드에서는 볼 수 없던 카테고리로, 모호하지만 상상력을 자극한다. 예를 들면 '너무 맛있다', '어린이 친화적', '좋은 분위기', '혼밥', '야식', '항우울제', '테라스', '브런치', '볼거리' 같은 식이다. 〈르 푸딩〉을 통해 식사할 장소를 선택한다는 것은 어떤 저녁을 보낼지 선택하는 것과 같다.

비스트로노미는 서비스 스타일과 인테리어 디자인의 변화뿐만 아니라 요리, 재료를 비롯한 요리 표준의 변화도 이끌었다. 테이스팅 메뉴를 제공한다는 것은 레시피와 재료의 선택이 훨씬 더 합리적이라는 것을 의미한다. 무언가를 좋아하지 않는 고객도 어쨌든 먹게 될 테니까. 셰프들은 그리스와 시칠리아에서 양질의 오일을 가지고 오는 소수의 도매상 덕분에 버터를 줄이고 올리브 오일을 더 많이 사용할 수 있게 되었다. 농어와 도미와 같은 고급 생선은 물론, 이전에는 잘 알려지지 않았던 부위와 내장, 대서양 연안에서 잡은 제철 생선까지 재료로 삼는 네오 비스트로의 등장으로 대규모 어업에 밀려 20년 넘게 고통받던 어부들의 생활도 폈다. 무엇보다 중요한 것은 도시에서 불과 몇 킬로미터 떨어진 곳에서 재배한 믿을 수 없을 정도로 다양한 채소들이다.

내장이라고 알려진 고기의 마지막 '5분의 1'에 해당하는 부위를 자랑스럽게 요리하고, 진흙이 달라붙은 기형적인 채소를 조달하는 것은 두 세대 혹은 두 개의 다른 부르주아 계급 간의 공개적인 전쟁의 또 다른 측면일 뿐이다. 지난 수십 년 동안 프랑스 부르주아 식단에 내장이 제거되었는데, 이는 의식적이든 그렇지 않든 이념적 반작용으로 일어난 일이었다. 농촌 출신 부르주아지들은 먹는 음식에서 자신들의 출신을 상기하고 싶지 않았고, 자신의 뿌리와 과거를 숨기고 거름 냄새가 나지 않는 밝은 미래를 향해 나아갈 필요성을 느꼈다. 이는 창자에 대한 공포를 의미했고, 어떤 이들은 창자가 역겹다는 궁색한 변명을 너무 자주 늘어놓았다. 비스트로노미는 유럽 전역에서 일어난 다른 많은 요리 운동과 함께 다양한 채소와 그간 상

토마소가 요리하는 동안 나디아가 빵을 자르고 있다.

대적으로 덜 선호되던 고기 부위가 가장 인기 있는 식당의 식탁에 성공적으로 복귀했음을 의미한다.

새로운 젊은 부르주아지가 힙스터의 모습으로 등장했는데, 이들은 농장에서 직접 농사를 짓지 않아 농민의 생활에 대한 기억이 없는 세대인 보보스족으로, 재발견된 농사의 가치를 새롭게 주장한다. 〈르 푸딩〉이 마스터로 인정한 유일한 별 3개 셰프, 알랭 파사르Alain Passard는 세속적인 고기 굽기의 기준을 마련한 것으로 이름을 알린 후 메뉴에서 고기를 빼고 식물로만 작업하기로 결정했고, 곧 직접 채소를 재배하기 시작했다. 셉타임의 셰프인 베르트랑 그레보Bertrand Grébaut, 이냐키 아이즈피타르테Iñaki Aizpitarte, 조반니 파세리니Giovanni Passerini는 모두 라르페주(파사르가 운영하는 레스토랑)의 주방에서 파사르와 일한 경력이 있다.

*

거부할 수 없는 유행이 된 새로운 비스트로 덕분에, 파리는 변화를 겪게 된다. 이러한 변화에는 '젠트리피케이션'이라는 이름이 붙었다.

일부 셰프와 레스토랑은 흐트러진 문화적 대안으로서 네오 비스트로의 불꽃을 지키기 위해 싸우고 있다. 벨빌, 메닐몽탕, 오베르캄프 사이의 노동자 계급과 다문화 중심지는 임대료 인상과 점차 사라지는 상점들로 인해 치명상을 입었지만 나름의 방식으로 저항 중이다.

2015년 마지막 달, 나는 이탈리아풍의 작은 비스트로에서 일하고 있다. 레스토랑을 인수하여 마침내 수석 셰프가 될 준비를 하는 중이다. 좋아하던 남색 앞치마와 비슷한 앞치마를 구입하고, 개업식을 앞두고 동네 사람들과 관계를 쌓기 시작한다. 농산물을 구입할 가게를 고르고, 약간은 당황스러운 향신료 상인 몇 명과 친구가 되고, 대형 중동 식료품점과의 거래가 꽤 좋은 조건에 성사되어 내가 좋아하는 레바논 회사에서 생산한 오렌지꽃 시럽과 유기농 당밀을 주문해달라고 부탁한다. 그들은 나를 '셰프'라고 부르며 어지러울 정도로 할인을 해준다. 사업을 하고 거래를 성사시키는 방식에서 일종의 범지중해 연대가 생겨나는 것이 느껴진다. 이

여름날 저녁 식사를 즐기는 사람들

별을 거스르다

르 바라탱의 셰프인 라켈 카레나Raquel Carena가 직원과 이야기를 나누고 있다.

셰프들은 그날의 신선한 농산물로 어떤 요리를 할지 계획한다.

시점에서 나는 내가 왜 이웃과 함께 일해야 하는지를 깨닫는다. 혼자서는 식당을 차릴 능력도 없고 어디서부터 시작해야 할지도 모른다. 나는 거리로 나가서 시작하기로 결정했다. 비록 느리고 울퉁불퉁하지만 상인들과 서로 알아가고 있고, 그들은 내가 이제 막 이 동네에 도착한 신참이지만 이 '티에카tiécar'의 언이와 규칙을 배우고 싶어 한다는 것을 이해하는 것 같다. '티에카'는 지역을 뜻하는 프랑스 단어 '카르티에quartier'를 반으로 잘라 앞뒤를 뒤집어 만든 속어다.

나는 돈을 벌기 위해 파리에 온 외국인으로 보이지 않기 위해 노력했다. 개업 초기에는 오토바이가 넘어진 것을 발견한 적이 몇 번 있기는 했지만, 얼마 지나지 않아 문제가 생기면 그들은 내 편이 되어준다는 것을 알게 되었다.

*

같은 해 11월 13일 저녁, 파리 전체가 내 편은 아니라는 사실을 알게 되었다. 바타클랑 극장 테러의 총격으로 피해를 입은 비스트로 중 하나인 라 벨 에큅프는 내가 일하고 있는 식당에서 불과 200미터 떨어진 곳에 있다. 밖에서 모든 것이 지옥으로 떨어지는 동안 나는 밀라노 커틀릿을 튀기고 있었다.

다음날 새벽 4시에 집단적 충격에 빠진 채로 집에 돌아온 우리는 식당 문을 열기로 결정했다. 아무도 식사를 하러 오지 않았지만 단골 한두 명을 위해 커피를 만들며 아무 말도 주고받지 못했다. 나는 스물다섯 살, 동료는 스물세 살이었고 우리는 우리가 왜 그곳에 있는지 전혀 알 수 없었다. 나중에야 우리는 이해하기 시작했다. 그날 우리는 단결된 저항의 메시지를 전달

하기 위해 그곳에 있었던 것이다.

11월 13일 테러로 피해를 입은 지역에 대한 많은 논쟁이 있었지만, 특별한 해결책을 제시하는 것은 적절하지 않았다. 그날 밤 피해를 입은 지역은 비록 큰 어려움은 있었지만 문화적, 인종적, 사회적 혼합이 잘 이루어지고 있던 곳이라는 것은 확실히 말할 수 있다. 테러리스트들은 알랭 뒤카스Alain Ducasse의 레스토랑 밖이 아닌 벨빌과 공쿠르 거리 사이의 비스트로 밖에서 총격을 가했다. 그럴싸한 간판 하나 안 달린 셉타임의 창문을 뚫고 총알이 지나갔다. 이곳에서 한 번이라도 밥을 먹어보지 않은 사람을 만나는 것은 어려운 일이다.

이후 〈르 푸딩〉은 공포에 반대하는 메시지를 전파하고 좋아하는 레스토랑 밖에 앉아 맛있는 음식을 먹고 와인을 마시며 축하하거나 긴장을 풀고, 커피를 마시며 기운을 차려 회복을 선언하자는 #모두테라스로(#tousenterrasse) 운동을 시작했다.

아픔을 겪었음에도, 도시는 빠르게 제자리를 찾아가는 것처럼 보였다. 하지만 일부 지역의 상처는 완전히 아물지 않은 채로 있다.

*

테러 발생 며칠 후에 알렉상드르 카마와 진행한 인터뷰의 메모를 찾았다. 그는 테러에 대해 이야기하고 싶어 하지 않았다. 한 가지 분명하게 이야기하고 싶은 것은 〈르 푸딩〉은 트렌드도 아니고 패션도 아니며 운동도 아니라는 점이다. 〈르 푸딩〉은 종이 가이드, 웹사이트, 앱으로 구성된 브랜드다. 그는 얼마 전 '르 푸딩'이라는 제품 라인을 출시한 것에 대해 유명 냉동

누벨 퀴진

파리는 레스토랑의 탄생과 함께 미식을 문화적, 사회적, 학구적 행위로 변화시킨 첫 번째 운동의 발상지이기도 하다. 누보로망, 누벨바그, 누벨 퀴진 등 1970년대 초, 프랑스에서 일어난 모든 일은 새로운 것이어야 했다. 그때까지만 해도 프랑스 요리는 고전적인 레시피를 완벽하게 재현하는 데 집착하는 것이 전부였다. 누벨 퀴진의 등장은 이러한 미식 고전주의에 대한 반작용이자, 다른 모든 예술이 따르고 있던 독창성의 도그마에 대한 응용이었다. 이 운동의 중심에는 〈미슐랭 가이드〉의 대항마 역할을 한 다른 가이드가 있다. 1973년 앙리 고트Henri Gault와 크리스티앙 밀로Christian Millau는 상기할 만한 가치가 있는 십계명을 발표했다. "너무 익히지 말 것, 신선하고 질 좋은 제품을 사용할 것, 메뉴를 간단하게 할 것, 체계적인 모더니스트가 되지 말 것(보들레르와 모순되는 내용), 그럼에도 불구하고 새로운 기술이 가져다주는 것을 추구할 것, 피클·절인 사냥 고기·발효 식품 등을 피할 것, 진한 소스를 배제할 것, 영양학을 무시하지 말 것, 프레젠테이션에 의사를 대동하지 말 것, 창의력을 발휘할 것." 그들은 훗날 오늘날까지 큰 영향력을 발휘하는 가이드에 자신의 이름을 넣었다. 누벨 퀴진은 농산물을 이용한 요리와 이후 슬로푸드 운동의 개념을 옹호한 공로를 인정받는다. 이탈리안 푸드 홀 체인인 '잇탈리Eataly'와 비스트로노미는 바로 그 비평가들과 위대한 혁명적 셰프들(보쿠제Bocuse, 상드랑Senderens, 트로이그로Troisgros 가문 등)이 없었다면 불가능했을 것이다. (TM)

식품 다국적 기업을 상대로 소송을 제기한 바 있다. 재판 결과와 무관하게, 나는 그가 이겼다고 생각한다. 카마는 다민족, 자유, 문화 혁명이라는 원대한 비전에 대해 장황하게 이야기했지만, 실제로 그가 분명하게 보여준 것은 이것이다. 〈르 푸딩〉은 모든 사람의 것이 아니라 자신의 것이라는 것. 그리고 무언가가 온전히 자신의 것일 때, 가장 높은 입찰자에게 판매하는 것은 당연한 특권이라는 것.

그것이 바로 그가 한 일이다.

2017년 9월, 〈르 푸딩〉과 대형 출판 그룹 간의 합병이 발표되었다. 작고 독립적이며 다소 길들여지지 않은 미식 매체가 프랑스를 넘어 세계를 정복할 수 있게 한 이러한 공격적인 합병은 여러 번에 걸친 카마의 시도에도 이루어지지 않았던 일이다. 그렇다면 젊은 셰프들의 바이블이 된 이 가이드의 공동 소유주가 된 사람은 누구일까? '자동차 타이어로 만든 작고 통통한 남자'라고 하면 힌트가 될지도 모르겠다.

이후 두 달 동안, 〈르 푸딩〉 선정 비스트로를 경멸하듯 무시하던 〈미슐랭 가이드〉는 마법을 부리듯이 〈르 푸딩〉이 16년 동안 선정한 16개의 네오 비스트로에 모두 별 1개를 부여했다. 그 후 천문학적인 가격에 티켓이 팔리는 '미슐랭 대 르 푸딩'이라는 비공개 이벤트가 생겨났는데, 길쭉한 모자를 쓰고 흰 재킷을 입은 셰프와 턱에 수염을 기르고 라디오헤드 티셔츠와 내가 그토록 동경하던 파란색 앞치마를 입은 셰프가 맞붙는 행사였다. 이렇게 전쟁은 끝났고, 전장에는 테마파크가 생겨났다.

혁명을 시작하고, 새롭고 더 나은 세상에 대한 비전을 제시하며 권력을 잡은 낡은 사람들을 제거하고, 결국 그 자리에 올라서고, 20년쯤 지나면 자신도 그들과 똑같아졌다는 것을 깨닫는 것은 정치뿐만이 아니다. 이는 문화에서도 반복적으로 나타나는 패턴이다. 가끔씩 귓가에 양심이 속삭이긴 하겠지만, 모든 것을 포기하기에는 그렇게 올라간 자리가 너무 편하게 느껴지는 모양이다.

*

모든 트렌드와 마찬가지로, 비스트로노미라는 개념 역시 15년이 지나자 점차 그 혁명성이 희석되기 시작했다. 작은 레스토랑과 비스트로가 봄날의 야생 마늘처럼 여기저기서 생겨났다. 언제나 손님이 넘쳐나 거의 항상 만석이다. 오래가지 못하는 곳도 많지만 그 자리에는 또 새로운 비스트로가 생겨난다. 황금기를 누렸던 셰프들 사이에서는 거품이 곧 꺼질 거라는 푸념이 나오고 있지만, 이러한 푸념은 재무제표에 반영되지 않고, 매일 아침저녁으로 손으로 셔터를 올렸다 내렸다 하는 것에 지친 많은 셰프가 더 크고 편한 레스토랑을 오픈한다. 새로운 비스트로를 여는 밝은 눈의 젊은 셰프들은 스타 레스토랑과의 갈등을 경험하지 않았기 때문에 그 차이를 거의 알아차리지 못한 채 행복한 마음으로 다음 레스토랑으로 이동한다. 제철을 맞아 거의 날것 그대로 제공되던 식재료의 절박한 생명력 역시 조금씩 닳아 없어지기 시작했다. 물가는 오르고 식탁에 오르는 농산물 역시 엇비슷해지고 있다. 같은 주에 세 군데의 레스토랑으로 저녁을 먹으러 간다면, 같은 비둘기, 같은 가다랑어 또는 헤이즐넛 향이 나는 특이한 뿌리채소를 반복해서 먹게 될 위험이 있다. 솔직히

말해, 3주에 걸쳐 세 번이나 다른 곳에 간다고 해도 이런 일은 충분히 생길 수 있다. 즉흥적으로 요리를 구성하는 찰나의 매력은 거의 무작위로 때로는 하나의 재료가 다른 두 가지와 어울리는지 고려하지 않고 세 가지를 기계적으로 조합하는 것으로 변질되어버렸다. 문체에 비유하자면, 순수하고 우아한 미니멀리즘은 속물적이고 부자연스러우며 관대하지 않은 것으로 변해버렸으며, 상업적인 측면에서 보면 한때 매혹적이었던 혼란스러운 경건함은 점점 더 아무 곳에나 소변보는 행동처럼 보이기 시작한 것이다. 더 나쁜 것은 일부 비스트로노미 요리사들이 수년간 양의 뇌와 잊힌 채소를 사용하다가, 갑자기 캐비아와 트러플, 푸아그라를 내놓기도 한다는 것이다. 현대적인 감수성으로 재해석된 요리이긴 하지만 이런 재료들은 결국 호텔 레스토랑의 유명 셰프가 제공하는 것과 다를 바 없다.

누벨 퀴진 운동 이후 철학을 고수한 순수한 셰프들은 좌절과 지루함의 징후를 보이기 시작했다. 많은 이가 파리를 떠나 시골에 레스토랑을 열거나 고향으로 돌아갔다. 그들 중 일부는 방향을 바꾸어 새로운 레스토랑을 열기도 한다. 물론 여전히 유령처럼 그 자리를 지키고 있는 이도 많다.

역사와 개개인의 삶의 이야기를 구분하는 것은 항상 어렵기 때문에 도시가 쇠퇴하는 것인지 아니면 우리가 늙어가는 것인지 말하기는 쉽지 않다. 비스트로노미의 행운과 함께한 병사들은 더 이상 20대가 아니며, 요식업은 튼튼한 다리와 무릎, 간이 필요한 일이니까.

주방이나 카운터 뒤가 아닌 테이블에 앉아 있는 또 다른 누군가도 있다. 너무 늙지도 젊지

도 않은 이 손님들 역시 2000년에 20대 초반이었고, 엄마 아빠가 저축한 돈으로 구입한 벨빌이나 생모르 거리의 아파트에 살았다(저축으로 이런 것들이 아직은 가능했던 시절이었다). 이들은 열심히 일했고, 돈도 곧잘 벌었고, 번 돈의 절반을 웨이터와 오랜 친구처럼 이야기할 수 있을 정도로 친숙한 분위기의 바에 썼다. 그러다 30대에 접어들면서 그들은 종종 폐점 시간 이후에도 남아서 밤을 지새우곤 했는데, 그런 밤들이 영원히 지속될 것만 같았다. 이제 마흔이나 쉰이 된 그들은 여전히 그곳에 살고 있지만, 더 이상 늦은 시간까지 밖에 있지 않으며 아래층 바에서 누군가 춤을 추기 시작하면 시끄럽다는 이유로 경찰을 부른다.

*

프랑스인에게, 아니 파리 시민에게 외식은 특권이 아니라 나이, 계급, 소득에 관계없이 누려야 하는 당연한 권리. 물론 가격도 중요하지만 그게 전부는 아니다. 대부분은 이를 인식하지 못하거나 설명할 수 없을 수도 있지만, 무의식적으로 우리는 각자 자신이 보고 싶은 것을 본다. 케밥 가게든 비스트로든 미슐랭 스타 레스토랑이든, 인테리어 디자인이 세련되거나 촌스럽거나 끔찍한 지경이어도 상관없다. 사람은 특정한 장소에서 편안함을 느끼거나 그렇지 않다고 느끼며, 이를 알아내는 데 오래 걸리지 않는다.

몇 년 전, 강베타 거리에 있는 우리 바의 생맥주 가격을 불평하는 손님과 작은 논쟁을 벌인 적이 있다. 그는 입에 쓴맛이 감도는 듯한 표정으로 우리 네오 비스트로는 사람들이 많이 찾는 바가 아니기 때문에 옆의 허름한 바에서 맥주를 마시는 것을 더 좋아한다고 말했다. 그래서 나도 옆집 바에 맥주를 마시러 갔는데, 그곳 맥주 가격이 우리 가게보다 60센트 더 비싸 당황했다. 이 손님은 가격에 대해 이야기하고 있었지만 사실 가격은 아무 관련이 없었다. 진짜 문제는 앤틱 타일과 꽃무늬 벽지, 힙스터 같은 내 콧수염과 울퉁불퉁한 채소, 스케이트보드처럼 생긴 라벨이 붙은 천연 와인, 테이블 위에 놓인 조명과 양초였다. 진짜 문제는 우리가 무엇을 대표하느냐였다.

나는 2018년에 파리를 떠나 이탈리아로 돌아갔는데, 여기에는 설명할 필요가 없는 여러 이유가 있었다. 물론 그전에 오랫동안 고민했다. 이탈리아에 봉쇄령이 내려진 몇 달 동안 파리에서의 시간을 생각하며 많은 시간을 보냈고, 레스토랑들이 다시 문을 열자마자 파리로 돌아가 페르 라셰즈 묘지 뒤편 언덕에 있는 오래된 주방에서 여름을 보내기로 결정했다.

재선 직전, 파리 시장 안 이달고 Anne Hidalgo 는 파리의 술집과 레스토랑 업계를 최소한 여름 동안만이라도 유지하기 위한 예외적인 조치를 승인했다. 다른 곳과 마찬가지로 파리에서도 야외 좌석에 대한 허가를 받는 것은 관료주의의 블랙홀에 빠지는 것과 같았다. 파리 시장은 9월 말까지 공공장소 사용을 자유화했고, 웹사이트에서 신청 후 양식에 도장을 찍기만 하면 주차 공간을 포함한 거의 모든 공간을 사용할 수 있었다. 바와 레스토랑 들이 차량 통행이 차단된 스무 곳 이상의 매력적인 거리들을 활용할 수 있게 되었고, 이를 통해 도시를 하나의 거대한 '노천 식당'으로 탈바꿈하겠다는 목표가 천명되었다. 파리시는 지나가는 차 따위에는 신경 쓰지 말고 서로 거리를 두고 테이블에 둘러앉아 식사를 하고 와인을 한두 잔 마시는 것이 우선이라는 메시지를 명확하게 전달했다. 자동차는 우리 도시의 유산이 아니지만, 레스토랑은 그러하기 때문이다.

이 글을 마무리하면서 아직 미정인 내일 메뉴를 위한 재료를 주문하고 있는데, 아마 마지막 순간에야 메뉴가 떠오를 듯하다. 아침에 생선이 도착했는지 확인하러 식당에 가면 익명의 이웃이 우리가 쓰는 두 개의 주차 공간에 놓아둔 꽃병을 넘어뜨린 것을 발견하게 될지도 모른다.

적절한 거리만 유지한다면 야외에 원하는 만큼 테이블을 놓을 수 있는데, 유일한 규칙은 밤 10시가 되면 테이블을 안으로 들여놓아야 한다는 것이다. 여름의 파리는 해가 늦게 지기 때문에 그 시간에도 햇빛이 살짝 비치는데, 나는 그런 것들이 마음에 든다. 처음 몇 주 동안은 더 이상 젊지 않은 이웃들이 자신들도 한때 우리와 같았다는 사실을 잊었는지, 그들의 창문 바로 아래에서 새로운 규칙을 준수하고 필요한 사회적 거리를 유지하는 방법을 배우기 위해 두 배로 열심히 일하는 우리를 경찰에 신고하곤 했다. 하지만 밤 9시 45분에 도착한 경찰은 우리 모두가 최선을 다해 의자를 접고 있는 것을 보았다. 경찰관들은 미소를 지으며 우리에게는 커피 한잔이나 마지막 남은 와인 한잔을 대접할 만한 시간이 좀 있다고 말했다. 🐦

목을 베어라, 그리고 삶아라!

파리의 진미로 단 하나의 요리를 꼽으라면, 바로 '테트 드 보', 즉 삶은 송아지 머리 요리다. 요즘에는 쉽게 찾아볼 수 없지만, 수은주가 영하로 떨어지는 매년 1월 21일이 되면 많은 유명 비스트로의 메뉴에 등장한다. 프랑스 공화국이 선포된 후 루이 16세라는 호칭을 빼앗긴 시민 루이 카페Louis Capet의 참수를 기념하기 위해 이날 제공되는 것이다. 어떤 사람들은 이 음식이 원래 돼지 머리로 만들어졌지만(루이는 돼지 왕 루이 코숑으로 알려졌다) 알 수 없는 이유로 어느 순간 돼지가 송아지가 되었다고 말한다. 큰 동물의 머리를 먹는 것은 단두대를 연상시키는 행위였지만, 그게 전부는 아니다. 머리는 규정상 귀족의 접시에 올라가지 않고 농민들의 접시로 강등된 내장의 한 부위였다. 이 요리가 파리의 진미로 자리 잡은 과정을 복기해보면 바리케이드와 함께 삶은 내장으로 가득 찬 냄비를 들고 수도를 침략하고 정복한 프랑스 농민들이 떠오른다. 인기를 누린 마지막 대통령이라고 할 수 있는 자크 시라크는 테트 드 보에 대한 애정으로 악명 높았다. 매년 열리는 농업 박람회에서 거대한 소를 쓰다듬던 그의 모습은 전설이 되었고, 그가 송아지 머리를 즐겨 먹는다고 말한 이후에는 그가 가는 곳마다 송아지 머리 요리가 제공되었다. 어디까지나 정치적 행동이었을 것이고, 사적으로는 한입도 먹을 수 없다고 불평했을지 모르지만, 공적인 자리에서는 공개적으로 끝까지 이 요리에 대한 애정을 드러냈다.(TM)

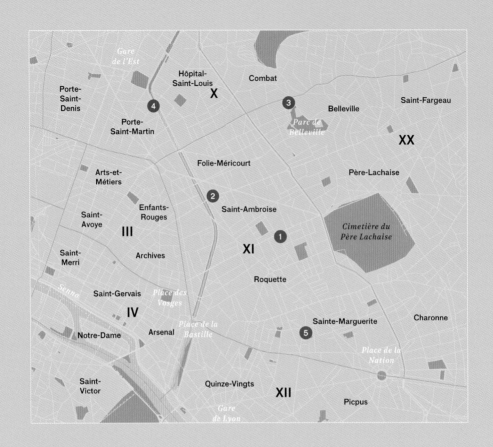

 르 세르방 Le Servan
32 Rue Saint—Maur, 11구

아시아, 특히 필리핀의 특색이 뚜렷하게 드러
나는 우아하고 세련된 프렌치 비스트로이다. 타
티아나 레바Tatiana Levha 셰프는 파리에서 가장
핫한 셰프인 셉타임의 베르트랑 그레보Bertrand
Grébaut의 아내인데, 그녀의 요리가 더 훌륭하고
양도 더 넉넉하다. 점심 메뉴는 1인당 약 30유
로(35달러), 저녁 메뉴는 고기에 따라 20~35유
로(25~40달러) 사이지만 양이 푸짐하다. 아침 식
사도 제공된다.

 오 드 아미 Aux Deux Amis
45 Rue Oberkampf, 11구

이곳은 동네 가게가 트라토리아로 변신한 완
벽한 예로, 아는 사람들이 자주 찾는 곳이다.
이곳의 주인인 다비드 로욜라David Loyola는 주문
서에 직접 쓴 메뉴를 들고 테이블 사이를 오가
며 카운터 뒤에서 다양한 이베리아식 숙성 고기
를 썰어 낸다. 금요일 점심시간에는 파리 최고의
스테이크 타르타르를 제공하는데, 말고기를 쓰
기 때문에 특히 희귀한 메뉴라고 할 수 있다.

르 바라탱 Le Baratin

3 Rue Jouye—Rouve, 20구

두 사람 모두 70대인 베테랑 부부가 운영하는 전설적인 레스토랑이다. 프랑스 최고의 호스트인 소믈리에 피누슈Pinuche(피누슈는 꽤 까칠한 편이지만 그렇게 말하면 진심으로 껄껄 웃을 것이다)와 가끔 주방에서 담배를 피우는 그의 아내 라켈Raquel이 함께 운영한다. 이 식당의 와인 리스트를 탐험하는 것은 언제나 모험에 가깝다. 까다롭지 않지만 완전히 정통적인 전통 요리를 내는 이곳의 메뉴에는 전설적인 요리들이 있다(레몬 버터로 살짝 데친 송아지 뇌를 숟가락으로 떠서 먹는 요리는 꼭 맛봐야 할 저녁 메뉴 중 하나다).

비스트로 폴 베르 Bistrot Paul Bert

18 Rue Paul Bert, 11구

이곳의 대표 메뉴는 구식 '미트 앤 그레이비' 요리지만, 이런 요리가 이렇게 잘 제공되는 경우는 드물다. 와인 셀러가 약간 보수적이긴 하지만(펫낫 와인을 요청하면 들어준다), 그들이 제공하는 음식은 모두 매우 맛있으며, 특히 훌륭하고 거대한 푸딩은 문자 그대로 대단하다.

르 베르 볼레 Le Verre Volé

67 Rue de Lancry, 10구

이곳은 약 20년 전 지하 와인바 개념이 탄생한 곳으로, 현재는 정식 레스토랑이자 다른 레스토랑의 비번 셰프들을 위한 비밀스러운 오아시스로 운영되고 있다. 넉넉한 접시에 제공되는 요리들은 신선하고 잘 관리된 이국적 색채의 완벽한 조화를 보여주며, 육즙이 풍부한 고기, 버터, 매시트포테이토를 기본으로 한 모든 것이 풍성하다. 오늘의 요리 2가지가 25유로(30달러)에, 감자와 샐러드를 곁들인 단골 메뉴 3가지는 17유로(20달러)에 제공되는 등 다양한 종류의 스타터 메뉴가 있다. 매일 점심과 저녁에 문을 여는 이곳은 시끌벅적한 것이 마치 우리네 인생 그 자체 같다.(TM)

파리지엔

수십 년 동안 부유한 백인 이성애자로 인식되어온 프랑스 여성의 이미지는 프랑스의 주요 수출품 중 하나가 되었다. 하지만 실제 파리 거리에서 이런 여성은 거의 찾아볼 수 없다.

THE PARIS

파리 나이트클럽 흡연실의 스팽글

앨리스 파이퍼
Alice Pfeiffer

ENNE

85

카트린 드뇌브Catherine Deneuve, 카를라 브루니Carla Bruni, 샤를로트 갱스부르 Charlotte Gainsbourg…. 목록은 길지만 비슷비슷하다. 프랑스는 '파리지엔'이라는 상징적인 여성상을 내세우는 몇 안 되는 국가 중 하나다.

국가 전체를 상징하는 단 하나의 여성 정체성. 파리지엔은 자유, 평등, 박애라는 프랑스 혁명 정신의 상징이자, 국가적 자부심의 상징인 여성상 '마리안느'다. '세계에서 가장 아름다운 도시'에서 그녀의 상대적 해방과 객관화는 카페 드 플로르, 에펠탑, 퐁 데 자르가 포함된 파리 엽서 이미지의 필수 요소이기도 하다. 그녀는 파리의 경험에 감정적 자본인 '여분의 영혼'을 더한다.

파리지엔은 모든 생물학적, 세대적, 사회적 규범 밖에 존재하는 일종의 환상 속 주인공으로 여겨진다. 시간, 임신, 칼로리, 대중교통, 날씨, 돈벌이의 필요성 등 그 어떤 것도 그녀의 일상에 영향을 미치지 않는 것처럼 보인다. 그녀의 모든 행동은 그 무엇에도 영향을 받지 않는 자발성을 보여주기 위한 것이지만, 실제로는 그 반대다. 이 가상의 캐릭터는 필요한 우아함뿐만 아니라 당연하게 여겨지는 사회적, 민족적, 이성애적 함의로 넘쳐난다. 세대를 거듭하면서 파리지엔은 특정한 사회 계층, 학력, 외모, 가족 배경, 피부색 등 암묵적이지만 보편적인 스타일 기준을 충족하는 특성들을 공유한다. 몇

가지 예를 들어보자. 파리 중심부의 짧은 거리를 거닐 때만 쓸 법한 유명 브랜드의 하이힐, 고리버들 바구니를 건 빈티지 자전거, 패션 잡지에서 추천하는 보이프렌드 핏 청바지. '그의 셔츠를 훔쳐 입는' 습관은 본질적으로 그녀가 이성애자이며, 빨간색 립스틱은 그녀가 창백한 피부를 지녔으며, 그녀의 머리는 곱슬거리지 않을 것을 뜻한다. 할머니의 옷장에서 찾아낸 빈티지 샤넬 가방이 여러 세대에 걸쳐 이어진 부를 암시하는 것처럼 말이다.

그녀는 누구일까? 모두가 그녀에 대해 이야기하지만 파리에 사는 그 누구도 만나본 적 없는 이 여성은 누구일까? 장 루이 보리Jean-Louis Bory는 〈파리지엔: 시대를 증언한 화가들Les Parisiennes: Les peintres témoins de leur temps〉에 나만큼이나 당황한 기색으로 이렇게 썼다. "파리지엔은 신화 속 괴물이다. 유니콘처럼. 아무도 본 적 없지만 모두가 다 알고 있는 존재."

2000년대 초반, 파리 북역에서 런던으로 돌아가는 유로스타를 기다리는 동안 면세점을 둘러보던 중, 이 생물을 처음 발견했다. 입생로랑 향수 코너에서 향수병들은 저마다 우아함을 뽐내고 있었다. 파리, 파리 쥬뗌므, 파리지엔, 몽 파리. 여기에는 연인이, 저기에는 오스만 양식의 건물이 등장하는 등 동일한 상징이 이미지마다 재활용되고 있었다. 니나리치의 '러브 인 파리'는 자유롭게 구불거리는 머리칼을 보

앨리스 파이퍼Alice Pfeiffer는 〈가디언the Guardian〉, 〈보그 UKVogue UK〉, 〈아이디i—D〉의 저널리스트로, 다양성, 포용성, 고정관념의 재평가, 특히 프랑스와 파리의 여성성에 관한 이슈에 초점을 맞춰 패션 관련 글을 쓴다. 이 글은 그녀의 저서 《나는 파리지엔이 아니다: 프랑스 여성들에게 바치는 헌사Je ne suis pas parisienne: Éloge de toutes les françaises》(Stock, 2019)에서 발췌 및 각색한 것이다.

> "파리지엔은 트렌드를 면밀히 따르지만 경계심을 늦추지 않으며, 명품 브랜드에서 검증된 것들을 더 부르주아적으로 만드는 것을 선호한다."

여주었고, 겔랑의 '라 쁘띠 로브 누아르' 속 뮤즈는 실루엣만 존재했지만 센 강변을 연상시키는 배경 속에서 하이힐과 베레모를 착용하고 있었다. 메이크업 코너도 마찬가지였다. 심지어 파리지엔이라는 립스틱도 발견할 수 있었다. 메이크업 브랜드 라 부쉬 루즈 파리는 이 콘셉트에 전념했다. 이 제품들은 곧 업계와 광고 전반에 걸쳐 확산될 트렌드의 첫 신호탄이었다. 프랑스 소녀의 아름다움, 파리지엔 특유의 메이크업. 랑콤의 웹사이트 설명에 따르면 파리지엔 스타일의 메이크업을 위한 특별한 키트가 출시되었는데, 보기보다 더 섬세하고 덜 캐주얼했다.

시간이 흐르고 패션이 변해도 프랑스풍 패션은 변하지 않고 진화하는데, 내가 결국 이해한 것처럼 파리지엔은 트렌드를 면밀히 따르면서도 경계심을 늦추지 않고 명품 브랜드에서 검증될 때까지 기다렸다가 더 부르주아적으로 만드는 보기 드문 재능을 가졌기 때문이다. 1970년대와 1980년대 영국 여성들은 부와 장식에 대한 거부감으로 귀에 안전핀을 꽂았는데, 파리지엔은 그 핀이 순금이고 장 폴 고티에Jean-Paul Gaultier가 만든 것이라면 굳이 반대하지 않았다. 최근 스포츠웨어가 캣워크에 다시 등장했을 때, 파리지엔들은 커다란 운동화를 거부하지 않고 랑방에서 구입한 새 운동화를 스마트 슈즈마냥 신었다. 조거팬츠? 그녀들은 구찌가 100% 실크로 재디자인한 조거팬츠를 블라우스와 함께 입었다. 역설적이게도 파리지엔은 코

드에 대한 인식과 그 의미에 대한 거부, 즉 자유의 본질에 대해 너무 많은 질문을 던지지 않는 모습과 이러한 거부를 궁극적인 자유로 여기는 입장을 동시에 보여준다.

파리지엔의 첫 번째 시각적 화신 중 하나는 1900년 만국박람회로 거슬러 올라간다. 폴 모로 보티에Paul Moreau-Vauthier가 무도회 드레스를 입은 여성을 묘사한 6미터 높이의 동상은 '라 파리지엔'의 형태를 취했다. 20세기 초 파리지엔은 오늘날과 같은 부유한 부르주아가 아닌 노동 계급에 속하는 인물이었다. 시시덕거리는 '그리제트grisette', 즉 노동하는 소녀는 1차 대전 중 휴가를 나온 군인들, 특히 전쟁 후 대서양 건너편의 삶을 암울하게 만든 청교도주의와 금주법을 피해 파리에 머물기로 결정한 미국인들에게 환상의 인물이 되었다. 전쟁의 대량 학살 이후 공공장소에서 여성의 존재감이 증가했고, 각계각층의 여성들은 함께 어울리게 되었다. 이어 활동적인 존재에 더 적합한 단순한 패션이 탄생했다. 코코 샤넬Coco Chanel은 여성을 코르셋에서 해방시키기 위해 1920년대의 보이시 룩에서 영감을 받아 바지, 풀오버, 짧은 머리 등 남성적인 요소가 가미된 컬렉션을 출시했다. 페미니즘 선구자들의 이러한 해방적 이상은 희석되고 더욱 고급스러워졌지만, 샤넬은 그들의 복식 모드의 기본 형태를 차용했다. 그러나 이러한 새로운 라인은 세일링, 테니스, 크루즈 여행 같은 세련된 취미에 빠져들 수 있는 여성들에

일요일 아침 클럽 파리파테에서 열린 언더그라운드 파티

게 가장 적합했다. 오트쿠튀르가 노동 계급의 아이콘을 더 높은 사회 계층으로 이동시켜 새로운 부르주아 버전을 탄생시킨 셈이다. 이제부터 파리지엔이 되고자 하는 사람은 누구나 자신에게 필요한 덫을 구입할 수 있는 수단을 가지고 있어야 했다. 많은 돈을 써서 아무것도 쓰지 않은 것처럼 보이는 것이 새로운 시크함이었다. 이러한 과시적인 모습은 오늘날 파리지엔의 필수 요소가 되었다.

2차 세계대전 당시에, 디자이너들은 파리가 세계 패션의 수도라는 지위를 유지하기 위해 등급이 매겨지지 않은 소재를 사용해 화려하고 독창적인 옷을 경쟁적으로 제작했다. 사회학자 캐럴 만Carol Mann 은 점령기 패션에 대해 다음과 같이 설명했다. "파리, 특히 파리지엔이 두각을 나타낸 것은 종전 후 최고의 자리에 오른 오트쿠튀르의 국가적 명성과 자신을 동일시하기로 선택했기 때문이다." 개인적 스타일은 저항의 행위가 되었다. 파리에 도착한 미국과 영국 군인들, 특히 긴축이 일상화되어 있던 영국인들은 당시 파리지엔의 모습에 놀라움을 금치 못했다. 파리지엔은 재앙을 이겨냈고, 그렇게 신화는 뿌리를 내리게 된 것이다.

이러한 여성성의 스펙터클은 전 세계를 매료시키고 있지만, 막상 파리에서 파리지엔의 이미지는 더 이상 '자연스럽지' 않다. 역사가 에마뉘엘 르타이요-바작Emmanuelle Retaillaud-Bajac 은 저서 《라 파리지엔La Parisienne》에서 파리는 매우 특정한 에로티시즘으로 가득 차 있다고 말한다. 시크함(구별과 거리감)과 섹시함(유혹의 요소와 결합된 어떤 매력)이 혼합된 것이다. "'시크'라는 개념은 19세기 이래로 옷차림과 행동 모두에서 우아함을 특징으로 하며, 외모와 신체적 습관(걷는 방식, 몸짓 등)에 관여하는 구별의 상징과 관련이 있다. 그리고 '섹시하다'는 것은 약간 외설적이고 도발적인 유혹의 유형을 의미한다." 다시 말해, 차가움과 도발이 섞여, 게임과 암시로 가득 찬 상호 작용으로 이어진다. 이런 종류의 '캐치 미 이프 유 캔(잡을 수 있으면 잡아봐)' 접근 방식은 대표적인 파리지엔인 제인 버킨Jane Birkin과 세르주 갱스부르가 함께 부른 유명한 노래 제목, 「사랑해, 나라고 안 그럴까Je t'aime, moi non plus」에서 엿볼 수 있다.

장 베커Jean Becker 감독의 영화 『어느 치명적인 여름One Deadly Summer』 속 이자벨 아자니Isabelle Adjani, 프랑수아 오종François Ozon 감독의 영화 『수영장Swimming Pool 』 속 루드빈 사니에Ludivine Sagnier, 『영 앤 뷰티풀Young and Beautiful』 속 마린 백트Marine Vacth 등 프랑스 영화의 여주인공은 어린애 같지만 성욕이 넘치는, 가깝지만 먼 모호함이라는 공식에 따라 연기한다. 이들은 모두 불균형적인 로리타, 과잉 성욕에 사로잡힌 부르주아 소녀를 연기한다. 자유롭지만 수치심으로 가득 차 있고, 절제되어 있지만 동시에 해방되어 있으며, 강력하지만 연약한 파리지엔은 강하지만 그녀의 남자보다는 강하지 않다.

영어권 가이드북과 영화에 나오는 이미지대로라면, 파리지엔은 정규 근무 시간을 지킬 수 없다. 그녀는 공원에서 사르트르Sartre를 읽고(『가장 따뜻한 색, 블루Blue Is the Warmest Colour』의 레아 세이두Léa Seydoux), 예술에 대해 이야기하고, 거대한 오스만 스타일의 아파트에서 알몸으로 춤을 추거나(『몽상가들The Dreamers』의 에바 그린Eva Green), 루브르 박물관의 복도를 뛰어다니는(『네 멋대로 해라Breathless』

상인과 늑대

케링 그룹의 회장이자 설립자 프랑수아의 아들인 프랑수아 앙리 피노François-Henri Pinault가 노트르담 재건을 위해 1억 유로(1억 1,700만 달러)를 기부하겠다고 약속했을 때, 노트르담은 여전히 불타고 있었다. 하루 뒤 LVMH 그룹의 수장 베르나르 아르노Bernard Arnault는 그 두 배를 기부하겠다고 약속했다. 2014년 아르노는 파리에 퐁다시옹 루이비통 미술관을 개관했는데, 이는 베니스에 있는 피노 컬렉션에 대한 명백한 응답으로, 최근 파리에도 피노 컬렉션 기반의 미술관이 문을 열었다. 케링 재단은 여성에 대한 폭력 문제를 해결하기 위해 노력하는 반면, 아르노 그룹은 코로나19 비상사태 동안 소독 젤을 생산하여 병원에 무료로 배포하겠다고 발표했다. 세무 당국과도 문제가 있었던 두 가문 간의 미디어 전쟁은 프랑스에서 럭셔리 부문의 중요성을 강조한다. 루이 비통 모에 헤네시Louis Vuitton Moët Hennessy의 약자인 LVMH 그룹은 크리스찬 디올, 불가리, 뵈브 클리코 등의 브랜드와 호텔, 주얼리, 시계 제조업을 운영하고 있다. 프랑스에서 가장 높은 주식 시가 총액을 자랑하며 '캐시미어를 입은 늑대'로 알려진 아르노는 2020년 프랑스 최고 갑부이자 세계에서 세 번째로 부유한 사람이다. '목재상인' 프랑수아 피노는 소매 부문에서 제국을 건설하고 2000년대 들어 구찌, 입생로랑 등 명품 브랜드를 사들이기 시작하면서 경쟁자의 약 3분의 1에 달하는 매출을 올렸다. 하지만 아르노가 항상 주시해온 에르메스처럼 전 세계 시장의 4분의 1을 차지하고 프랑스에서 17만 명의 직원을 직접 고용하고 있는 다른 업체들도 잊지 말아야 한다.

의 진 세버그Jean Seberg) 등 그녀에게 더 맞는 일, 제2의 천직 같은 일들을 하고 싶어 한다.

'독서는 정말 시크한 행위이고, 책은 이상적인 액세서리다!' 지적인 시크함에 대한 열망은 파리 패션계 곳곳에서 찾아볼 수 있다. 주머니에서 책이 튀어나오는 것은 '너무 시크하다!' 한 패션 블로거는 트렌치코트 주머니에 넣을 수 있는 '딱 적당한 크기'의 사회학 에세이집을 찾았는데, 제목이 위로 살짝 보이도록 디자인되어 있다고 설명해주기도 했다. 비단 그녀뿐만이 아니다. 오트쿠튀르의 한 언론 담당자도 "액세서리요? 누벨 르뷔 프랑세즈 에디션으로 나온 최근 공쿠르상 수상작 표지가 너무 마음에 들어요"라고 말한 적이 있다. 그녀가 가장 두려워하는 것은 무엇일까? 바로 '무식해 보이는 것'이다.

그리고 곧 이러한 아이디어는 럭셔리 브랜드의 방대한 조직을 통해 퍼져 나갔다. 파리 패션쇼가 끝나고, 한 디자이너는 컬렉션에 영감을 준 것은 '실존적 광신에 가까운 시크함'이었다고 고백했다. 그 결과 새로운 마케팅 개념이 생겨났다. 구매 행위에 지적 정당성을 부여하여 죄책감을 없애는 것, 고객에게 여성스러우면서도 페미니스트가 될 수 있다는 확신을 주고 매력적이면서도 남성의 시선을 끌 수 있는 능력을 잃지 않도록 하는 것이다. 수년 동안 광고계에서 지적 능력은 높은 평가를 받아왔다. 작가이자 공쿠르상 수상자인 레일라 슬리마니Leïla Slimani는 샤넬의 페미니스트 팟캐스트를 제작한다. 파리의 명문 에콜 노르말 수페리어를 졸업한 아드리앵 바로Adrien Barrot는 에르메스의 크리에이티브 및 비주얼 어드바이저로 일하며, 같은 대학에서 철학을 전공한 소피 샤사Sophie

Chassat는 럭셔리 그룹 케링의 컨설턴트로서 니체나 스피노자의 아이디어를 광고 비전과 연결시키는 방법을 제시하고 있다.

파리지엔에 대한 미국의 인식은 동시대 프랑스의 현실과 상관없이, 유쾌한 단상들(지적이고 열정적이며 사랑과 브리슈를 갈구하는 여성)에 머물러 있다. 미국인들의 관심사는 그런 것이 아니다. 그들이 원하는 것은 콜게이트 치약 광고 모델의 미소, 드라이한 머리, 퇴근할 때 핸드백에 숨겨둔 운동화로 대표되는 뉴욕 여성과는 전혀 다른 존재의 비밀을 밝히는 것이다. 파리지엔은 성공, 자기 계발, 진보에 대한 미국의 모든 위대한 신화를 거부한다. 그녀는 구시대로의 회귀인 동시에 보다 균형 잡힌 미래에 대한 약속이기도 하다.

영어권 세계는 이 판타지를 유지하는 데 중요한 역할을 해왔다. 우디 앨런Woody Allen의 영화 『미드나잇 인 파리Midnight in Paris』에서 레아 세이두는 빗속의 몽마르트르를 걷는 2차원적인 소녀 가브리엘이 되었고, 팀 버튼Tim Burton, 자비에 돌란Xavier Dolan, 크리스토퍼 놀란Christopher Nolan에게 마리옹 코티아르Marion Cotillard는 언제나 부드럽고 우아하며 강인하지만 절제된 여성이며, 소피 마르소Sophie Marceau, 멜라니 로랑, 멜라니 티에리 역시 이들의 기대에서 벗어나지 않는 훌륭한 여성상이다.

모든 면에서 남들보다 우월한 여성, 전 세계 언론과 문화 평론가들의 매혹의 대상이라는, 세계적이지만 결코 포용적이지 않은 파리지엔 신화는 고착화되었다. 사실 놀라운 일도 아니다. 미레유 줄리아노Mireille Giuliano는 저서 《프랑스 여성은 살찌지 않는다French Women Don't Get Fat》에서 프랑스 여성(의미상 파리지엔)은 "다리 왁싱이나 다른 사람의 남편을 유혹하는 등 (본업보다) 더 가치 있는 일을 하며 시간을 보낸다"고 말한다. 하지만 그녀는 동시에 잘 자란 자녀를 곁에 둔 한결같은 인내심을 지닌 완벽한 어머니이기도 하다. 헬레나 프리스 파월Helena Frith Powell은 자신의 책 《프랑스인처럼 보이기 위해 필요한 모든 것: 프랑스 여성의 삶, 욕망, 작은 비밀에 대한 재치 있는 조사All You Need to Be Impossibly French: A Witty Investigation into the Lives, Lusts and Little Secrets of French Women》에서 "섹시하고 세련되게 추파를 던지는 매력적인 여성이 되는 것을 꿈꾸지 않는 여성이 어디 있을까?"라고 묻는다.

명품 브랜드들이 파리에 기반을 둔 패션 그룹을 형성하기 시작하면서 파리지엔에 대한 이러한 비전은 곧 광고 캠페인으로 채택되었다. 루이비통, 셀린느, 디올, 지방시, 모이나가 속한 LVMH(1987년 설립)와 입생로랑, 발렌시아가, 구찌, 부쉐론이 속한 케링 등이 대표적이다. LVMH와 케링의 수장인 베르나르 아르노와 프랑수아 피노는 매혹적인 배경으로서 파리 이미지를 회복하고 브랜드에 무형의 부가가치를 더하기 위해 경쟁을 벌였다. 경제의 상당 부분을 관광과 사치품에 의존하는 파리는 외국인 고객의 기대에 부합하는 이미지를 만들어야 했고, 여성 마스코트는 그 진부한 이미지를 강화하는 데 도움이 되었다. 모두에게 각자의 역할이 있었던 것이다.

2018년 5월 H&M이 브르타뉴 줄무늬 상의, 물방울무늬 스커트 등 누벨바그 테마를 반영한 '봉주르 파리Bonjour Paris'라는 새로운 컬렉션을 선보인 것을 보면 이 전설은 시간이 흘러도

"파리지엔은 성공, 자기 계발, 진보에 대한 미국의 모든 위대한 신화를 거부한다. 그녀는 구시대로의 회귀인 동시에 보다 균형 잡힌 미래에 대한 약속이다."

변함없는 것 같다. 1년 전에는 저널리스트 로렌 바스티드Lauren Bastide와 블로거 잔느 다마스Jeanne Damas가 완벽한 인물 사진, 팁, 여행지를 소개하는 책 《인 파리In Paris》를 출간했다. 잔느 다마스는 의류 라인, 립스틱, 인스타그램 계정 등 파리의 삶을 자신의 커리어로 만들었으며, 이 모든 판타지를 실현하는 데 성공했다. 이런 환상에서 벗어나지 않으려면 관광객들이 파리 북역 주변의 노동 계급 지역 한가운데에 도착하거나 낡은 루아시 교외의 샤를 드골 공항에 내려 실망감을 맛보게 하지 않는 것이 중요하다. '파리의 우아함'을 처음 접하는 많은 여행객은 예상하지 못했던 사회적, 인종적 다양성에 놀라움을 금치 못한다. 부유한 여행객들은 이런 충격적인 경험을 반복하지 않기 위해 훨씬 더 깔끔하고 정돈된 르 부르제 공항에 도착하는 것을 선호하기도 한다.

내 목표는 고정관념을 공격하는 것이 아니라 사회 계층, 직업, 종교, 피부색 등으로 인해 소외되고 낙인찍히고 차별받아온 다른 모든 프랑스 여성, 즉 파리 시민 또는 프랑스인이라고 선언할 권리가 있음에도 아무도 그 권리에 귀를 기울여주지 않는 여성들의 이야기를 추가하는 것이다. 마르세유, 리옹, 랭스, 말라코프 출신 여성, 특히 그곳 억양을 가진 사람이라면 누구에게나 차별은 존재한다. 아무도 원치 않는 변두리에서 탈출하기 위해서는 초인적인 노력

을 기울여야 할 뿐만 아니라 공인된 부르주아 고정관념에 무조건적으로 순응해야 하고, 당연히 이러한 궤적은 매끄럽고 눈에 띄지 않아야 한다. 영국은 '성공한 사람', '노동 계급의 영웅' 또는 당찬 '자수성가형 여성'에게 박수를 보낸다면, 파리는 '신예', '경력자' 또는 '신흥 부호'를 주목한다. 인정하고 싶지 않지만, 계급주의는 여전히 우아함을 구성하는 기본 요소다.

교차적 사고를 적용하지 않고 파리지엔을 식별하는 것은 불가능할 것이다. 여러 겹의 날개 속에 숨어 틈새를 비집고 들어온, 공식적인 담론에서 배제된 수많은 여성이 없다면 이 상상 속의 여성이 이토록 빛날 수 있을까? "파리지엔이 누구인지 정의하는 것은 매우 어렵다. 하지만 파리지엔이 아닌 여성을 식별하는 것은 쉽다." 1939년 레옹 폴 파르그Léon-Paul Fargue는 〈파리의 보행자Le Piéton de Paris〉에 이렇게 썼다.

카골

프랑스의 다른 쪽 끝, 니스, 칸, 마르세유 주변에는 '카골'이라는 또 다른 여성상이 있다. 카골은 파리지엔과는 정반대로, 젊은 시절 브리지트 바르도Brigitte Bardot가 완벽하게 구현한 아주 섹시한 금발 미녀다. '젊고 외향적이며 백치미를 지닌 저속한 여성'으로 정의되는 카골은 국제적으로 조형된 여성상이 아닌, 해변에서 뽐내기 좋은 조각 같은 몸매를 특징으로 한다. 그녀는

눈물을 흘릴 때뿐만 아니라 격렬한 춤을 추거나 땀에 흠뻑 젖을 때도 유용한 워터프루프 메이크업과 눈에 잘 띄는 의상을 선호한다.

그러나 패션은 차별을 추구하고 통합을 거부한다. 확고한 문화적 기반을 바탕으로 디자이너가 세련되게 작업한 경우에만 코드의 모호함에 매료될 수 있는 법이다. 마르세유의 여성들은 파리에서는 불가능한 자유를 상징한다. "지나치게 밝은 금발이나 갈색 머리, 매우 짙은 색조 화장, 손끝까지 두른 보석, 깊이 파인 가슴골, 지나친 태닝과 쉴 새 없이 재잘대는 입, 곳곳의 문신. 카골은 적당한 과함은 결코 없다는 것을 상기시키는 여성의 전형이다." 세바스티앙 하두크Sébastien Haddouk 감독의 다큐멘터리 『카골 포에버Cagole Forever』에 나오는 대사다. 카골은 파리지엔이 상징하는 중도가 아닌 과잉을 대표한다. 화려한 네일 아트, 짝퉁 루부탱 스틸레토, 클럽의 달콤한 칵테일에 열광하는 여성들에게 자비는 제공되지 않는다. 파리의 럭셔리 코드를 따라하고 싶어 하는 이들에게 남쪽으로 내려온 수도의 문화적 코드는 그저 환상에 불과하다.

살찐 여성

프랑스에서 여성의 몸은 조국, 문명, 국가 유산을 상징한다. 2016년 마누엘 발스Manuel Valls(전 총리)는 들라크루아Delacroix의 그림 「민중을 이끄는 자유Liberty Leading the People」를 재평가하면서 "마리안느는 민중에게 영양을 공급하기 위해 가슴을 드러내고 있다"고 선언한 바 있다. 그녀는 자유로운 존재이기 때문에 노출할 수 있다. 그 모습 그대로가 공화국 그 자체

돼지에게 비명을 질러라

프랑스에서 여성에 대한 폭력과 성희롱, 특히 직장 내 성희롱을 고발하는 운동에 사용된 해시태그 중 하나는 2017년 10월 저널리스트 산드라 뮬러Sandra Muller가 트위터에서 시작한 #BalanceTonPorc(돼지에게 비명을 질러라)였다. 이 표현은 하비 와인스타인Harvey Weinstein 사건에 대한 〈르 파리지앵Le Parisien〉의 "칸에서 그들은 그를 돼지라고 불렀다"라는 기사에서 따온 것으로, 3일 만에 수만 개의 여성 경험담이 쏟아졌다. 뮬러는 2017년 〈타임〉지 선정 올해의 인물 중 하나로, 성 역할에 대한 토론을 장려한 '침묵을 깬 사람' 중 한 명이었다. 하지만 프랑스에서 #미투는 특히 가혹한 비판을 받았는데, 카트린 드뇌브를 포함한 100명의 여성은 〈르몽드〉에 기고한 편지에서 성적 자유를 위해 필수 불가결한 '귀찮게 할 권리'를 옹호하고, 미투 운동이 조장하는 청교도적 페미니즘과 피해 호소 문화에 반대 의견을 표했다. 프랑스에서는 트위터에 올라온 고발 중 수십 건만 법정 싸움으로 이어졌고, 그중 가해자가 해고되거나 유죄 판결을 받은 사례는 일부였다. 뮬러는 트위터를 통해 자신이 겪은 괴롭힘을 고발했으며, 대부분의 여성과 달리 자신에게 부적절한 접근을 한 방송사 간부의 실명을 밝히며 상세한 이야기를 전했다. 2019년 9월 파리 법원은 뮬러에게 명예훼손 유죄 판결을 내리며 간부에게 1만 5,000유로로(1만 7,500달러)의 손해배상금을 지급하고, 해당 남성을 언급한 트윗을 삭제하라고 명령했다. 2020년 1월 뮬러는 항소했지만, 이는 미투 운동의 결과가 당연한 것으로 받아들여질 수 없다는 사실을 보여주는 한 가지 사례였다.

엘렌Hélène, 26세

마리Marie, 30세

THE PASSENGER 앨리스 파이퍼

인 셈이다. 그녀는 나체이기 때문에 자유롭고, 날씬하기 때문에 나체이며, 영원히 젊기 때문에 날씬하다. 과거와 마찬가지로 오늘날에도 미디엄 사이즈보다 날씬한 젊은 이성애 백인 여성만이 프랑스 공화국을 상징할 수 있다.

하지만 최근 프랑스는 점점 살찌고 있다. 리서치 기관인 제르피에 따르면 날씬함에 대한 오랜 국가적 명성에도 불구하고, 프랑스에서 과체중 또는 비만인 사람은 2,300만 명 이상으로 나타났는데, 10년 동안 비만 인구 중 여성은 81.9%, 남성은 57.9%가 증가했다. 이러한 변화가 인식되고 있지만, 과체중인 사람들은 특히 직장 생활에서 값비싼 대가를 치르고 있다. 국제노동기구에 따르면 프랑스에서 비만인 여성은 취업 시 8배, 남성은 3배 차별을 받는다고 한다. 또한 여성의 79%와 남성의 73%가 비만은 55세 이상의 고령이거나 임신 상태, 눈에 보이는 장애가 있는 것만큼이나 사회생활에 불리한 요인 중 하나라고 답했다. 반면 여성의 66%와 남성의 65%는 신체적 매력을 장점으로 꼽았다. 비만은 자제력 부족과 자신의 삶에 대한 통제력 부족의 증거로 인식되고, 비만인은 책임감과 전문성이 결여된 사람으로 여겨진다는 것이다.

살찐 여성의 몸에 대해 구체적으로 어떤 전투가 벌어지고 있는가? 날씬한 몸매는 파리지엔 신화의 핵심이다. 미레유 줄리아노의 저서 《프랑스 여성은 살찌지 않는다》는 앵글로색슨계 독자를 겨냥한 것으로, 작가는 페이지마다 '자연스러운' 날씬함에 대한 허구를 엮어냈다. 의심스러운 우생학과는 거리가 먼 이런 주장은 그저 프랑스 여성은 살찌지 않는다는 것을 반

복적으로 이야기할 뿐이다. 그들은 식욕이라고는 존재하지 않는 진정한 부르주아 보헤미안의 동화 속에서 마법에 걸린 삶을 살고 있다. 줄리아노에 따르면 프랑스 여성은 정해진 시간에 '오감으로 식사'하지만 (아주) 적은 양만 먹으며 항상 좋은 향기를 풍긴다. 그녀의 삶 전체가 꾸며질 가치가 있는 무대 공연이며, 그녀의 라이프스타일은 거부할 수 없는, 자연스러운 것이다. 확실히 날씬하기도 하고.

여기에 프랑스 제약 및 의약외품 산업이 가세해 체중과 건강에 대한 신자유주의적 개념과 '약품 소비'의 생활화를 확산한다. 대형 마트에서는 정크 푸드와 함께 약품을 연상시키는 패키지에 담긴 안티 셀룰라이트 크림, 저칼로리 초콜릿, 이뇨제, 식욕억제 차 등을 판매하며, 우리 몸을 더 날씬하게 만들어주고 웰빙에 관한 사이비 의학을 통제해주겠다고 유혹한다. 우리는 이러한 자기계발 논리에 따라 바람직하지 않은 것을 몰아내고 고통받는 몸에서 독이 되는 여분의 킬로그램을 제거하려 애쓴다. 건강은 프랑스에서 두 번째로 큰 수출 분야로 연간 255억 유로(305억 달러)의 매출을 올리고 있다. 특히 슬리밍 제품은 30억 유로(36억 달러)를 벌어들이는 큰 사업 아이템이다.

블랙 마리안

2013년 말, 미국 〈엘르〉의 디지털 디렉터인 레아 체르니코프Leah Chernikoff가 미스 프랑스로 선발된 플로라 코케렐Flora Coquerel에 대한 분석을 의뢰했다. 코케렐은 프랑스와 베네수엘라 혼혈 모델로, 그녀의 우승은 엄청난 반감을 불러일으켰다. 프랑스 언론은 이 문제에 대체로 침묵했지

만, 미국 언론은 파리지엔의 신화를 잠시 제쳐두고 코케렐을 지지하는 데 앞장섰다. 공격적인 의견은 주로 소셜 미디어를 통해 표출되었는데, "젠장, 이 흑인 ㄴ—", "저는 인종차별주의자는 아니지만, 미스 프랑스는 백인 여성에게만 허락되어야 하지 않나요?"라는 트윗은 레아 체르니코프가 보내준 것의 극히 일부였다. 내 일은 그 트윗을 번역하고 분석하는 것이었다.

이것은 패션 업계가 만들어낸 이상적인 프랑스 여성의 이미지가 얼마나 위험한지 깨닫게 해준 나의 첫 번째 기사였다. '흑인은 아름답다' 운동은 1960년대 미국에서 시작되었지만, 적어도 프랑스를 대표할 국가적 얼굴을 선정하는 데 있어서 패션 업계와 결합한 프랑스의 전통적인 미의 개념은 여전히 다양성에 저항하는 것처럼 보인다. 미스 오를레앙에 이어 미스 프랑스에 당선된 플로라 코케렐은 수백 건의 욕설 트윗과 메시지를 받았고, 그녀의 아버지는 프랑스에 만연한 인종차별을 비난하는 광고를 〈르몽드〉에 게재하기도 했다. 인종에 대한 담론이 활성화되지 않은 나라에서 인종은 여전히 많은 차별의 원인이 되고 있다. 프랑스는 인구의 다양성을 가장 늦게 수용한 국가 중 하나다. 프랑스에서 명품 구매는 이제는 사라진 사회에 속해 있겠다는 의지를 상징하는 것처럼 보이며, 왕정주의와 식민주의가 공존하는 이상을 영속화하기도 한다. 창백한 피부와 섬세한 이목구비를 가진 '가장 아름다운 백설공주'는 표준과 이상을 상징하며, 다른 모든 인물은 이러한 아름다움의 변하지 않는 지배를 강화하는 역할을 할 뿐이다.

발망의 크리에이티브 디렉터 올리비에 루스테잉Olivier Rousteing에 이어 2018년 가나 출신의 버질 아블로Virgil Abloh가 루이비통 남성복 컬렉션의 아티스틱 디렉터로 임명되면서 프랑스에서 활동하는 두 번째 아프리카계 수석 디자이너가 되었다. 샤넬은 더욱 다양한 모델을 기용하기 시작했다. 하지만 선의의 트렌드에 편승하지 않고 지속적인 변화를 만들어내는 방법과 또 다른 로레알이 되지 않는 방법에 대한 수수께끼는 여전히 남아 있다. 로레알은 스스로를 '다양성 분야의 글로벌 리더'라고 칭하며 "다양성은 우리의 DNA에 있다"고 선언했다. 2017년에 로레알은 흑인 트랜스젠더인 먼로 버그도프Munroe Bergdorf와 히잡을 쓴 무슬림 모델 아메나 칸Amena Khan을 새로운 얼굴로 영입했다. 하지만 이 두 여성은 소셜 미디어에 특정 정치적 의견을 공개했고, 해고되었다. 외양의 다양성은 중요하지만 그에 따른 개인의 의견은 중요하지 않았던 것이다. 실제로 누아르/누아르, 니우쿠, 프로엠 드 파리, 코셰, 네이트 나이어 등 대안적인 작업 방식을 위해 싸우는 몇몇 젊고 독립적인 브랜드를 제외하고, 패션 대기업의 이러한 변화는 옳은 일을 하는 것처럼 보임으로써 돈을 버는 방식에 지나지 않는다.

뵈레트

파리 분위기에 동양적 미학을 불어넣는 단어인 '뵈레트beurette'와 '뵈르beur'는 이민자 부모 밑에서 태어난 북아프리카계 프랑스 젊은이를 일컫는다. 이들의 뿌리가 되는 곳의 '퇴보'한 문화와 이들이 현재 살아가는 현대적 문화의 만남을 포착한 단어이다. 즉 프랑스인도 아랍인도 아닌 침입자의 지위를 상기시키는 단어다. '뵈르'라는 단어 자체는 '아랍arabe'이라는 단어 철자에서 두 음절을 뒤집어서 만든 속어로, 과거와 현재가 혼재된 모습을 담고 있다. 뵈르의 여성형인 '뵈레트'가 쓰이기 전에는, 촌스럽고 세련되지 않은 것으로 여겨지는 북아프리카 문화와 프랑스 사이의 연결고리라는 의미로 '자매'라는 진부한 표현이 사용되었다. 그리고 이러한 표현은 '후진적'이고 '남성중심적'이라는 낙인이 찍힌 배경을 지닌 이 젊은 여성들이 성공하고 성장할 수 있는 길은 오직 하나, 프랑스가 내미는 손을 잡는 것뿐이라는 인식을 심어주었다.

신화 속 정부情婦들이 머무는 하렘의 이미지처럼, 뚫을 수 없는 기세로 솟아 있는 고층 타워는 가면을 쓴 음탕한 여성들로 가득 찬 것으로 묘사된다. 잃어버리고 되찾은 동방이라는 개념은 이렇게 만들어진다. 2000년대 초반에 발생한 의미론적 실수를 정의하는 것은 바로 이러한 근접성에 기반한 오리엔탈리즘, 즉 멀지만 매우 가까이 있는 타자 개념이다. 에드워드 사이드Edward Said가 《오리엔탈리즘Orientalism》에서 주장한 것처럼 오리엔탈리즘이 "동양에 대한 서구의 지배, 제한, 권위 방식"으로 인식되고, 동양이 지리적 영역이 아닌 변화하는 영토 개념으로 인식된다면, 불우한 도시 교외 지역은 포스트식민지의 장소가 된다. 9/11 테러와 아프가니스탄과 이라크 전쟁을 배경으로 무서운 아랍인의 모습이 부각되었다. 이러한 공포의 맥락에서 뵈레트는 포르노 판타지로 등장했다. 그녀는 프랑스에서 증가하고 있는 베일을 쓴 여성들과 반대되는 개념으로 정의되었다. 부르주아적 제약에서 벗어난 가난한 교외 출신 소녀들의 성적 대상화는 통합 실패의 증거이자 내재된 음욕의 결과로 여겨졌다.

미셸 우엘벡Michel Houellebecq이 포르노 영화를 패러디한 『섬의 가능성The Possibility of an Island』(2005)에서 대니얼의 캐릭터를 통해 묘사한 것처럼, 뵈레트는 모든 종류의 일탈을 상징하는 판타지, 즉 '진짜 뵈레트, 93지역의 계집, 베일을 쓴 창녀'가 되었다. (93은 북아프리카계 사람들이 많이 거주하는 파리의 센생드니 지구의 지역 번호다.) 이는 순종적이지만 섹스에 굶주린 여성이라는 식민지 시대 상징적 관념의 연속이다. 2016년 포르노 사이트 폰허브의 연례 보고서에 따르면 '뵈레트'는 최다 검색어 1위를 차지하며 벽장 속에서 튀어나온 판타지가 되었다. 뵈레트는 마초적인 프랑스 힙합 아티스트들이 자주 사용하는 이미지로, 래퍼 엘 마타도르El Matador는 「내 사랑 뵈레트Les Beurettes Aiment」라는 노래를 발표하기도 했다. 그 노래의 가사는 다음과 같다. "닥쳐, 너희 모두. 내 암캐는 날 쿠스쿠스로 만들어 / 망사 스타킹을 신은 뵈레트가 귀엽다고 말하네 / 뵈레트는 원하는 건 다 가졌어, 모든 뵈레트 / 뵈레트는 마그렙에서 왔지만 자외선은 그녀 머리칼을 오렌지색으로 만들어 / '걸레'라고 불러도 신경 쓰지 않을 거야."

한 시즌 동안이기는 하지만, 패션계는 사회가 이야기하는 모든 것을 따라가는 것을 좋아한다. 캣워크는 베일을 쓴 여성, 가상의 하렘, 차세대 자스민 공주, 하렘 바지 및 히잡에서 영감을 받은 베일로 가득 차 있지만, 그렇다고 해서 영감을 얻은 문화권의 여성들을 고객으로 고려한 것은 아니다. 모든 것은 파리의 미적, 문화적 지배를 재확인시켜준 황당한 놀이에 불과하다.

패션 측면에서 볼 때, 뵈레트는 프랑스 여성과 정반대되는 여성의 판타지를 구현한다. 식민 본국의 여성인 파리지엔은 아랍 여성이 통제하지 못하는 모든 것을 통제하며 뵈레트의 궁극적인 기준점이 된다. 복종과 실패를 상징하는 이 타자는 파리지엔이라는 영속적인 지배적 인물상에 대한 궁극적인 대위법이자 확인이다. 파리지엔은 자신만이 통달할 수 있는 코드를 통해 영원한 해방을 추구하는 인물상이다.

퀴어

2013년 프랑수아 올랑드 재임 시절, 마침내 프랑스에서도 동성결혼이 합법화되었다. 동성결혼 반대 단체인 '모두를 위한 행동La Manif pour Tous'회원 수천 명이 분노에 차 거리에서 항의했다. 이 보수적인 사람들은 '아빠 한 명, 엄마 한 명. 우리는 아이에게 거짓말을 하지 않는다'라는 슬로건과 함께 블루와 핑크 색상을 내세우며 분명한 메시지를 전달했다.

동시에 한 팝 뮤지션은 갑자기 큰 명성을 얻었다. 남성복을 입고 크리스틴 앤 더 퀸즈(일명 크리스)라는 예명으로 활동한 가수 엘로이즈 레티시에Héloïse Letissier는 데이비드 보위David Bowie, 프린스Prince, 마를린 디트리히Marlene Dietrich를 연상시키는 중성적인 이미지로 유명해졌다. 그녀의 노래 가사는 성별에 대한 의문을 제기했고, 그녀는 무대에 오르거나 텔레비전에 출연해서 자신을 범성애자라고 표현하는 것을 주저하지 않았으며, 모든 성 정체성에 차별 없이 개방적인 태도를 보였다. 그녀의 이미지와 외모, 노래에 대한 열광은 영어권에 비해 거의 20년이나 뒤처진 프랑스 대학에서 젠더 연구가 시작된 시기와 맞물렸다. 젠더에 대한 이러한 생각은 프랑스인들의 집단 무의식으로 서서히 퍼져 나갔다. 크리스는 '정상적인' 프랑스와 소외된 퀴어 그룹 사이의 가교 역할을 했다.

크리스는 사람들을 가르치는 것을 주저하지 않았고, 전투적인 언어를 능숙하게 구사하여 당시 유행하던 반동적인 프랑스 정체성과 완벽한 대조를 이루었다. 크리스는 세심한 마케팅을 통해 기존 표현에서 배제되기 일쑤였던 그룹들에게 가시성을 부여했다. 그녀의 급진주의는 충분히 우아했다. 그녀는 중성미와 근육으로 파리의 이상을 해체했다. 크리스는 오랫동안 필수적이었던 이성애에서 벗어나 독보적인 시크함으로 퀴어에 대한 인식으로 묘기를 부릴 수 있는 파리지엔의 돌연변이가 될 수 있을까?

한 가지 확실한 것은 그녀가 양성애자, 레즈비언, 젠더리스 여성에 대한 트렌드에 일조했다는 사실이다. 입생로랑, 디젤, 바디샵의 캠페인 모두 서로 키스하는 여성들의 화려하고 중성적인 이미지를 사용하기 시작했다. 모델들 사이에서도 커밍아웃이 이어졌다(일부는 홍보를 위한 것으로 보이지만, 일부는 진심어린 이유로 커밍아웃을 했다). 퀴어적인 외모와 라이프스타일의 이미지가 유행처럼 번졌고, 놓칠 수 없는 경험이자 가장 파괴적인 종류의 시크함이 되었다.

역설적이게도 —그리고 이것이 상황을 더 복잡하게 만든다— 옷은 성 규범의 문제에서 중요한 역사적 역할을 담당하기도 한다. 역사학자 발레리 스틸Valerie Steele이 2013년 저서 《퀴어 패션의 역사: 옷장에서 퀴어 패션쇼까지A Queer History of Fashion: From the Closet to the Catwalk》에서 이야기한 것처럼, 패션은 페미니즘과 퀴어의 역사를 조용히 표현하는 것이기도 하다. 양성애자로 추정되는 코코 샤넬은 결혼의 제약을 거부했다. 샤넬은 자신이 세운 패션 하우스 이사로서 남성복을 입고 머리를 짧게 자르는 등 자신의 해방에 대한 욕구를 표현했다. 콜레트Colette, 프랑수아즈 사강Françoise Sagan, 클로드 카엥Claude Cahun은 모두 남성적인 옷을 입음으로써 자신의 자유를 표현했으며, 이는 공공 영역에서의 독립성을 상징하는 것이었다. 프랑스 패션계는 이전에는 레즈비언으로 인식되던 코드를 사용하여 공적, 경제적 영역뿐만 아니라 사적 영역에서도 새로운 종류의 여성성을 창조했다. 바지와 남성용 재킷은 파리지엔 옷장에서 한자리를 차지하게 되었고, 파리지엔은 이제 라틴계 이웃보다 더 중성적인 여성으로 여겨지게 되었다. 트렌치코트, 브르타뉴풍 상의, 남성 구두(모델 이네스 드 라 프레상쥬Inès de la Fressange가 정의한 전형적인 파리지엔의 '기본 아이템')는 의심할 여지없이 특정한 문화적, 지적 역사의 상속자들이지만, 이제는 원래의 의미에서 벗어나 하나의 코드로 그 의미가 축소되었다. 남성복의 선구자들이 수호하고자 했던 자유와는 묘하게 거리가 멀어졌고, 남성적 문화를 통해 퀴어 코드를 되찾은 파리지엔은 그 어느 때보다 여성스러워졌다. 이들은 교묘하게 단추를 푼 보이프렌드 셔츠를 입고 돌아다니며 타고난 섬세함을 발산할 뿐, 특별히 평등함을 드러내지는 않는다.

동성 결혼이 합법화되면서 성소수자 커뮤니티가 얻게 된 가시성은 대부분 '핑크 워싱'되었다. 퀴어가 돈을 벌기 위한 거짓된 자비로움의 대상으로 사용된 것이다. 미국의 젠더 이론가 주디스 버틀러Judith Butler는 브랜드나 정당에 긍

'모두'를 위한 행동

'모두를 위한 행동La Manif pour tous'은 프랑스에서 동성 커플의 결혼과 입양 권리를 확대하기 위해 도입된 '모두를 위한 결혼' 법안이 제정될 당시 설립된 단체다. 이 단체의 설립 목적은 '어린이와 성인을 비롯한 사회 전체의 복지와 미래를 증진'하고 '현재와 미래 세대를 위해' 행동하는 것이다. 이 단체는 종교적 소속이 없는 비정치적 단체라고 설명하지만, 가톨릭 및 개신교 가족 협회원들과 낙태 및 안락사에 반대하는 타 동맹원들이 회원으로 가입되어 있다. 2013년 동성 결혼이 합법화된 이후 '모두를 위한 행동'은 불임 치료, 대리모, 젠더 이론에 맞서 싸우는 데 총력을 기울였다. 2019년 9월 국회에서 논쟁적 생명윤리 법안 중 하나인 '모두를 위한 불임 치료'에 대한 논의가 시작되자 이 단체는 시위를 벌였다. 2020년 7월에 통과된 이 법안은 1984년부터 프랑스에서 이성애 커플에게만 합법적으로 허용되던 불임 치료를 독신 또는 동성 관계에 있는 여성을 포함한 모든 여성으로 확대하는 내용을 담고 있다. 이 단체는 아이들의 미래에 '계보적, 정서적, 유전적, 역사적 공백'이 생길 것을 우려하고 있다고 말한다. 인종차별, 동성애 혐오, 아동 착취 등의 혐의를 받고 있는 이 단체는 세금 문제를 해결하기 위해 2015년 정당으로 등록했으며, 2017년 대선에서 직접 후보를 내세우지는 않았지만 프랑수아 피용François Fillon을 지지하는 등 국가 정치에 개입하고 있다.

몽트뢰유에 위치한 클럽 르 시누아에서의 토요일 밤

정적인 이미지를 심어주는 것을 목표로 하는 이 고전적인 마케팅 전략에 대해 저술한 바 있다. 파리 시장인 안 이달고는 텔아비브에서 영감을 얻어 마레 지구를 작은 게이 수도로 만들 계획을 세웠다. 주요 목표는 분명했다. 성소수자 관광객을 대상으로 한 마케팅을 통해 엘리트 게이 고객층을 유치하는 것이었다. 유럽 게이 관광 협회에 따르면 성소수자 관광객의 매출은 650억 달러로, 전체의 약 8%를 차지한다. 이달고는 파리 게이 프라이드 퍼레이드에서 수익을 창출하겠다는 목표를 분명히 밝혔고, 마스터카드는 파리 게이 프라이드의 후원사가 되어 사람들이 행사장에서 카드 결제를 할 수 있도록 했다.

평범한 여성

지금까지 논의한 여성의 유형에 비해 직접적인 공격을 덜 받지만, 악명 높은 파리지엔 이미지를 지탱하는 데 필수적인 가상의 여성을 하나 더 언급해야 한다. 이 여성은 파리지엔처럼 되고자 하는 목표에서 멀리 떨어져 있으며, 결코 그 목표에 도달할 수 없는 운명을 가졌다. 그녀는 '평범한' 프랑스 여성이다. 마케팅 업계에서 소위 '보통' 여성 소비자로 알려진 이 통계학적 창조물은 누구일까? 모든 여성 잡지, 소비자 사회 및 엔터테인먼트 산업을 위해 만들어진 여성, 모든 광고가 그녀의 개인적 필요에 대한 직접적 반응이기도 한 이 여성은 누구를 위해 만들어졌을까? 이 일반 여성은 정상이라는 개념 이상으로 현실에 존재하지 않는다. 그녀에 대해 우리가 아는 것은 무엇일까? 그녀의 나이는 40.3세로, 28.6세에 결혼해서 1.7명의 자녀

안 이달고

2020년 파리 지방선거 때 이례적으로 서로 다른 생각을 가진 두 여성이 시장 후보로 출마했는데, 무언의 상호 존중으로 뭉친 두 여성의 (정치계에서의) 경쟁은 매우 흥미로웠다. 두 사람 모두 부르주아 계급 출신도, 국내 최고의 대학 출신도 아니었다. 라치다 다티Rachida Dati의 아버지는 건축업자였고, 안 이달고는 전기 기술자의 딸이다. 스페인계 프랑스인인 이달고 시장은 2001년부터 부시장을 역임한 파리 시청의 노련한 관료다. 그녀는 기후 변화에 대응하기 위해 노력하는 글로벌 도시들의 모임인 C40의 의장직을 맡아 자전거와 보행자를 지원하는 정책으로 환경 운동의 스타가 되었다. 그녀는 센 강변의 제방을 보행자 전용 도로로 만들려는 움직임에 긴밀히 관여해 왔는데, 초반에 이 정책은 도시 외곽 주민들을 화나게 했고, 행정 법원에 의해 저지당하기도 했다. 그러나 이달고는 여론조사 결과 (2018년에는 파리 시민의 16%만이 이 정책에 만족한다고 응답했다)에 굴복하지 않고 새로운 근거를 제시하며 다시 법안을 제출했다. 그녀는 도심의 넓은 지역을 차 없는 거리로 만들고, 주차 공간에 가로수를 심으려고 한다. 일회용 플라스틱을 전면 금지하는 것도 목표로 하고 있다. 이달고는 코로나19 이후 도시에 대해 다시 생각해야 할 필요성이 있음을 사람들이 자각하게 하는 데 성공한 것처럼 보였다. 하지만 지나치게 급진적인 환경주의 정책을 추진 중이라는 비판 속에 빠르게 존재감을 잃어갔다. 2022년 프랑스 대통령 선거 출마를 선언하였으나, 모든 후보 중 10위라는 최악의 성적표를 받고 결선 진출에 실패했다.

'라 로통드'에서의 춤

"인스타그램에서 해시태그 #frenchgirl을 검색하면 거의 동일한 사진이
530만 개 이상 뜬다. 파리지엔 룩을 전문으로 하는 디자이너도 있으며,
심지어 소르본 대학에는 이 환상적인 이미지의 여성상을 주제로 한 수업도
개설되어 있다."

를 두었고, 85.4세까지 살 예정이다. 그녀의 키는 162.5센티미터, 몸무게는 62.4킬로그램, 가슴둘레는 93.1센티미터, 신발 사이즈는 38(245밀리미터)에 오른손잡이이자 가톨릭 신자이지만 미사에는 참석하지 않는다. 그녀는 매년 1,056개의 문자 메시지를 보내고, 온라인에서 883시간을 보내며, 130명의 페이스북 친구와 6.2명의 실제 친구를 보유하고 있다.

정치가 에두아르 에리오Édouard Herriot는 1924년 통계를 확립하기 위해 '평균적인 프랑스 여성'이라는 개념을 발명했다. 이 평균 여성의 프로필은 여성 자신보다는 동시대 사회에 대해 더 많은 것을 알려주는 요소들을 재구성한 것으로, 인종에 대한 언급(프랑스에서는 불법이다)은 모두 우회적으로 피하고 있다. 즉, 평균적인 프랑스 여성은 피부색을 비롯한 어떤 종류의 특징도 없으며 무엇보다도 프랑스인이다. 그녀의 정체성은 완전히 인위적이지만, 그럼에도 불구하고 파리지엔의 독특한 정체성을 뒷받침하는 핵심적인 역할을 하는 거울과도 같다. 이 그림자 같은 타자는 엘리트나 억압받는 소수자 어디에도 속하지 않지만, 정의되지 않은 공간을 차지하며 파리지엔을 부러워하는 동시에 억압받는 집단에 등을 돌린 채 거울을 들고 있다. 그녀는 파리지엔을 꿈꾸고, 자본주의의 메커니즘은 그녀가 몇 걸음만 더 가면 그 꿈을 이룰 수 있다는 확신을 준다.

파리지엔은 그 시대의 열망과 긴장을 보여주는 프리즘이므로, 시간이 지남에 따라 변화하는 것은 놀라운 일이 아니다. 오늘날 파리지엔은 우리 시대에 걸맞게 글로벌화된 온라인 세상에서 떠돈다. 소셜 네트워크와 인스타그램의 등장 이후, 우리는 다양한 삶을 연출하는 데 전념하고 있다. 인스타그램에서 해시태그 #frenchgirl을 검색하면 530만 개가 넘는 거의 동일한 사진이 뜬다. 파리지엔 룩을 전문으로 하는 디자이너도 있으며, 심지어 소르본 대학에는 이 환상적인 이미지의 여성상을 주제로 한 수업도 개설되어 있다. 명성은 아주 작은 것이라 해도 기본적인 권리이자 열망의 대상이 되며, 아무도 실제로는 믿지 않는 민주 자본주의 사회의 핵심적인 약속이다.

평균적인 프랑스 여성이 없다면 파리지엔도 없을 것이다. 이네스 드 라 프레상쥬를 꿈꾸며 샤넬 백을 들고 다니는 소녀가 없다면 ―운이 좋으면 하이 스트리트에서 샤넬 백을 구할 수 있을지도 모르지만― 파리지엔과 그녀의 소비에 대한 환상은 무너질 것이다. 파리지엔의 신화가 없다면 파리는 어떻게 될까? 젠더 연구에서는 보통이라는 단어를 사용할 수 없다. '보통'이라는 단어는 정치적, 문화적으로 너무 많은 의미를 내포하고 있는 불가능한 개념이기 때문이다. 그리고 파리만큼 보통이라는 단어의 무게가 큰 곳은 없다. 🖎

놓아버리는 것에 대한 두려움

사마르 야즈벡

Samar Yazbek

다마스쿠스 출신 작가 사마르 야즈벡은 어린 시절부터 예술과 문학에 묘사된 빛의 도시에 매료되어 그곳에서 사는 것을 꿈꿔왔지만, 시리아 내전으로 인해 파리로 이주해야 했을 때, 그녀는 자신이 발견한 도시의 실체 뿐만 아니라 고국과 모국어인 아랍어를 외면해야 할지도 모른다는 두려움과도 싸워야 했다.

107

망명지로 파리를 선택한 것은 내 결정이 아니라 우연이었다. 나는 조국을 떠나기로 결정한 게 아니라 강제로 추방되었다. 다른 많은 작가처럼 빛의 도시 파리에서 지식과 문화를 추구하기 위해 파리 생활을 선택한 것처럼 보이지 않도록, 그리고 작가와 예술가들이 꿈꾸는 파리에 대해 이야기하는 것으로 이 글을 시작하지 않기 위해 이 말을 하는 것이다.

사실 파리는 2011년 훨씬 이전부터 내 머릿속을 점령하고 있었는데, 그건 내가 발이 닿는 현실보다는 책과 소설 속에서 더 많이 사는 작가이기 때문이다. 파리는 내 머릿속을 가득 채우는 유쾌한 미로와도 같았다. 나는 다마스쿠스라는 현실보다 망명자, 시인, 몽상가들이 글을 쓰고 철학자들이 등장했던 상상 속 파리에서 더 많은 시간을 보냈다. 몸은 다마스쿠스에 있었지만 마음속에는 파리를 비롯한 문화와 예술의 수도가 자리 잡고 있었던 것이다. 지금은 파리에 살고 있지만 마음은 멀리 떨어진 다마스쿠스에 있다. 다마스쿠스는 새로운 종류의 미로이며, 그 골목길에는 전쟁과 죽음의 악취가 가득하다.

2011년 파리에 도착했을 때만 해도 다마스쿠스로 돌아가는 길에 잠깐 들르는 거라 생각했다. 다마스쿠스는 당시 내가 꿈꾸던 혁명과 민주적 변화에 대한 역사와 소속감을 상징하는 곳이었으며, 2018년 프랑스 시민권을 취득할 때까지 나는 다마스쿠스로의 귀환을 꿈꾸는 정치적 망명자였다. 파리 도착 후 첫 몇 년 동안 나는 어린 시절부터 내 생각을 지배했던 파리, 제임스 조이스, 어니스트 헤밍웨이, 미셸 푸코, 피에르 부르디외 등이 살았던 파리를 찾을 생각은 하지 못했다. 내 마음속에서 파리는 신비와 어둠에 가려진 중립적인 도시였지만, 실제로는 그렇게 보이지 않았다.

사마르 야즈벡Samar Yazbek은 시리아의 저널리스트이자 작가로, 바샤르 알 아사드 정권에 맞서 싸우는 가장 유명한 지식인 중 한 명이다. 위협과 협박, 심리적 고문에 시달리던 그녀는 2011년 시리아를 탈출했다가 전쟁으로 폐허가 된 시리아의 상황을 기록하기 위해 비밀리에 다시 시리아로 돌아갔다. 이 경험은 《크로싱: 시리아의 산산조각 난 심장을 향한 나의 여정The Crossing: My Journey to the Shattered Heart of Syria》(Ebury/Rider, 2016)에 잘 기록되어 있다. 그녀의 책은 여러 언어로 번역되었으며, 야즈벡은 프랑스 최우수 외국도서상, PEN-옥스팜 노비브상, PEN 투콜스키상, PEN 핀터상 등 많은 상을 받았다. 최근 저서로는 《진흙 행성Planet of Clay》(2021)이 있다.

파리에 도착한 첫날부터 파리의 밤을 밝히는 불빛에 매혹되었다. 그 불빛들은 내가 난민으로서 임시 거주지에 있다는 느낌과 그로 인한 소외감을 잠시나마 잊게 해주었다. 매일 지구 반대편 시리아에서 벌어지는 학살에 대한 고통에도 불구하고 나는 도시의 불빛을 쫓아 집을 나섰고, 밤에는 도시의 포장도로와 센 강변을 걸으며 하늘을 바라보곤 했다. 나는 시리아의 대의를 위해 글을 쓰고 활동하기 위해, 때때로 시리아와 튀르키예 국경을 몰래 넘어 은밀히 고국으로 들어가 독재자의 몰락을 바라며 고군분투해야 했다. 하지만 ISIS의 출현, 친구들의 죽음과 납치, 시리아 혁명 이후 벌어진 지옥 같은 전쟁으로 인해 다시 파리로 돌아올 수밖에 없었다. 그때부터 나는 어릴 적부터 내게 문학과 창의성, 예술의 길을 꿈꾸도록 영감을 준 이 도시에서 살아야 한다는 것을 깨달았다. 몇 년 전의 일이다. 소설을 쓰고, 사건을 기록하고, 시민 활동을 하는 데 몰두하고 있음에도, 파리가 삶에 대한 나의 열정 대부분을 차지한 것은 이 도시가 다시 한 번 내 마음을 지배했기 때문이다. 여러 단계에 걸쳐 이 도시를 재발견하면서 동시에 내 자신도 재발견하게 되었다. 파리는 무조건적인 자유를 제공하는 도시이지만 내가 책으로 읽었던 것과는 달랐다. 그럼에도 나 같은 망명 작가에게 파리는 여전히 매혹적인 도시였다.

나는 가장 먼저 외국 작가들이 파리에 대해 쓴 책의 흔적을 찾았다. 제임스 조이스는 어디에 머물렀을까? 어느 동네에 살았을까? 어디서 누구를 만났을까? 《움직이는 축제A Moveable Feast》를 통해 파리에서의 삶을 묘사한 어니스트 헤밍웨이는 어디에서 글을 썼을까? 나는 카르티에 라탱 거리와 그가 빌렸던 집, 자주 드나들던 카페에서 그의 흔적을 찾아보았다. 마치 그가 된 듯 도시 곳곳을 걸었지만, 그가 머물렀던 장소 중 몇 군데만 남아 있을 뿐이었다. 나는 헨리 밀러Henry Miller의 파리 여행기 《클리시의 고요한 나날Quiet Days in Clichy》에 나오는 작가의 발자취도 추적했다. 밀러가 방문하고 글을 썼던 장소를 따라

가며 클리시 광장을 몇 번이고 다시 찾았다. 작가의 시선으로 바라보는 것과 내 시선으로 바라보는 것의 차이를 알 수 있었다. 현실을 상상으로, 상상을 현실로 바꾸는 디테일을 찾게 되었달까. 이는 도시가 겪은 변화를 이해하는 데 인류학이나 사회학 연구를 읽는 것보다 더 중요한 일이었다. 시몬 드 보부아르, 장 폴 사르트르 등을 만나고 싶어 카페 드 플로르와 레 뒤 마고에도 들렀다. 하지만 더 이상 그들을 볼 수 없어서 발걸음을 멈췄다.

파리에 살게 되면서, 파리에 대해 글을 쓴 작가들의 관점에서 파리를 알아볼 계획이었는데 그곳에서 상상 속의 파리는 찾을 수 없었다. 레 뒤 마고는 부르주아들과 관광객, 몇몇 언론인, 기이한 문화계 인사들로 가득 차 있었다. 그 카페에서 하루를 보냈다. 처음에는 이상하게 느껴졌지만 이내 익숙해진 사실은 청소부들이 모두 이민자와 흑인이었고, 나와 긴 대화를 나누는 여성들 역시 대부분 아랍, 아프리카, 남아시아 또는 극동 출신이었다는 점이었다. 아무도 이야기하고 싶어 하지 않는 파리의 속살은 바로 이런 것이다. 우리가 좋든 싫든, 파리는 시민과 피난민을 분리하고 있다. 나는 문학과 사상, 예술을 통해 도시에 대한 인상을 형성하는 중산층에 속한 정치적 난민이었기 때문에, 많은 시간을 할애해 프리다 칼로Frida Kahlo와 프랜시스 베이컨이 방문했던 장소와 그들이 살았던 곳을 찾아다녔다. 나는 다른 많은 사람처럼 파리에 짓밟히지 않았다고, 그저 이런 게 전쟁의 방식이라고 스스로에게 말하곤 했다. 2차 대전 당시 지식인들이 유럽을 떠난 후 겪었던 일이 나에게도 일어났다. 하지만 중동에서 온 여성에게 닥친 상황은 꽤나 달랐다. 이러한 변화에도 불구하고, 나는 나의 심리적, 예술적, 문학적, 정치적 의식을 변화시키는 데 근본적인 역할을 한 도시에 매료되었고 지금도 여전히 매료되어 있음을 인정한다. 이 도시가 이민자와 소외계층을 짓밟든 말든, 나 같은 여성은 이곳에서 자유의 의미를 경험할 수 있다.

파리에서 지낸 10년 동안 나는 시내 중심부에서 북쪽으로, 그리고 남쪽으로 여섯 번이나 집을 옮겼다. 벨빌의 골목길 한가운데 깊숙한 곳의 거친 이면에 익숙해졌고, 파리의 마법 같은 밤과 몽마르트르 거리와 몽트로게일 거리처럼 가장 우아한 거리들을 알게 되었다. 그러던 중 책을 홍보하기 위해 여러 유럽 도시를 여행하면서, 무뎌졌던 나의 정체성과의 연결고리가 약해지기 시작했다. 파리는 내게 여전히 특별했지만, 런던, 베를린, 스톡홀름, 로마 등 모든 도시에서 이상한 일이 일어나고 있다는 것을 깨달았다. 도시들이 그 특유의 매력을 잃고, 국제적이고 소비주의적인 시장으로 비슷하게 변모하고 있었다. 각 도시의 고유한 특징과 역사적, 문화적 특성은 시장 중심적이고 소비주의적인 정체성을 위해 사라지는 경우가 많다. 다른 모든 도시에서와 마찬가지로 도시의 소외된 지역에서는 동일한 브랜드와 중국산 제품을 찾을 수 있는데, 일반적으로 부유한 지역에서도 그러하다. 전 세계가 하나의 큰 시장으로 변하고 있기 때문이다. 건축학적으로 야외 박물관 같은 모습의 파리는 매우 뛰어난 기하학적 도시 디자인을 갖추고 있으며 여러 개의 원이 겹쳐진 나선형 모양을 하고 있음에도 불구하고, 궁극적으로 이 모든 것이 사라지고 그 대신 야만적이고 소비주의적인 새로운 생활 방식이 이 도시를 변모시킬 것이다. 지하철에 끼어 앉아 일터로 가는 우리 모두의 모습은 마치 세상의 종말이라는 터널의 입구에 와 있는 듯한 느낌을 준다.

책을 통해 파리를 재발견하고 몹시 실망한 후, 내가 사랑한 작가들이 20세기 초중반에 묘사한 도시와는 전혀 다른 도시를 기대했지만, 그 화려함의 흔적은 실망스러울 정도로 희미해져 있었다. 파리의 재발견에서 나를 실망시킨 것은 언어였다. 프랑스어로 책을 읽기 시작한 후, 전과 다른 파리가 나타났다. 파리를 재발견하는 데 새로운 층위가 생겨난 것이다. 발터 베냐민의 책을 아랍어로 읽었음에도, 파리의 지붕이 덮인 아케이드에 대한 그의 책을 읽고 다시 그곳을 방문했

을 때 도시에 대한 감각이 되살아난 것을 잊지 못한다. 특히 오래된 골목길의 건축물에서 나는 다마스쿠스와 연결된 느낌을 받았다. 고향의 시장과 골목길에 서 있는 듯했다. 이후 현지 작가들의 시선과 언론, 인터넷을 통해 파리를 탐구하기 시작했고, 아름다운 과거의 미학과는 거리가 멀지만 활기찬 세상을 발견했다. 시인 마흐무드 다르위시 Mahmoud Darwish가 말했듯이 내 언어가 곧 나이고 내가 곧 언어이기 때문에 처음에는 프랑스어를 배우기를 거부하고 아랍어를 지키려고 했고, 프랑스어를 배우면 망명지에서의 내 정체성이 마지막 흔적을 잃게 될까 봐 두려웠지만, 프랑스어는 파리를 더 깊이 발견할 수 있는 관문이 되어 주었다. 그랑 파리 프로젝트에 대한 기사를 읽으며 건물과 박물관을 개조하는 지속적인 프로젝트를 통해 현대화를 시도하고 있는 옛 파리가 고층 빌딩으로 대체되거나 콘크리트 숲으로 둘러싸인 모습을 상상하며 느꼈던 공포를 아직도 기억한다. 파리를 세계적인 사상, 문화, 예술의 중심지로 만들었던 벨 에포크의 흔적을 지워버릴 그랑 파리 프로젝트가 과연 실현될 수 있을지 의문이 들기도 했다. 그런데 파리를 돌과 건물, 역사로만 환원할 수 있을까? 세상은 변했고, 예술과 문화가 인류의 등대 역할을 하던 영광의 시대는 지나갔으며, 지그문트 바우만Zygmunt Bauman의 말처럼 '액체 근대'*라는 놀라운 시대에 접어들었다는 것을 알고 있다. 그럼에도 불구하고 나는 여전히 우리가 여기에 있으며 의미를 발명하고 새롭게 창조할 수 있다고 말한다.

프랑스어를 통해 파리의 새로운 면을 발견한 후, 나는 과거의 향수와 파리의 매력과는 거리가 먼, 있는 그대로의 파리를 살아봐야겠다고 생각했다. 나는 파리의 다른 면을 알아가기로 결심했다. 극장과 박물관, 공공장소, 영화관을 찾고 도서관을 방문하여 새로운 책과 출판물, 지적이고 문학적인 토론, 정치 상황을 추적하기로 계획했다. 나는 적극적인 참가자였지만 도시 지식인 사회의 일원은 아니었다. 내

---

* 바우만은 현대 사회가 초기 근대의 딱딱한 고체성을 넘어 유연한 액체 상태로 변화했다고 주장한다. 이는 사회 구조와 제도가 더 유동적이고 불안정해졌음을 의미한다.

책이 프랑스어로 번역되어 출판되고 독자도 상당하지만, 나는 이너서 클 안으로 들어가는 대신, 방관자로 남기로 했다. 과거의 파리와 그곳에 살았던 지식인, 예술가들과 지금의 파리 사이에 명백한 모순이 있다는 사실에 실망한 나는 거리를 두었다. 역설적이게도 나는 파리의 발견에 깊이 빠져 있었고, 파리는 지식과 예술, 문학을 추구하는 모든 이에게 기꺼이 자신을 내어주었다. 나는 파리를 알아가고, 파리의 예술을 음미하고 싶었다. 파리는 나를 변화시켰고, 특히 미술과 연극 분야에서 많은 지식을 습득하는 데 도움을 주었다. 전쟁으로 아름다운 모든 것이 파괴된 후에도 한 권의 책이나 한 점의 그림은 며칠 동안 행복감을 느끼던 시절로 돌아갈 수 있게 해주었다. 대부분의 크고 위대한 도시들이 지닌 유쾌하지 않은 면모에 비해, 파리와 파리의 예술, 도시의 빛, 그리고 내가 의식적으로 기꺼이 선택한 파리의 다양한 모습은 나를 속이려 하지 않았고, 다시금 파리에 대한 흥분을 불러일으켰다.

최근 코로나19 팬데믹으로 인한 격리 기간 동안, 파리 시민으로서 제한된 거리에서 특정 시간 동안만 도시를 돌아다닐 수 있었기 때문에 아침 한 시간, 저녁 한 시간 동안 마스크를 쓰고 산책을 나갔다. 박물관들과 에펠탑, 동상이 있는 유명한 광장 모두 심판의 날을 기다리듯 한산한 모습이었다. 나는 지금 내가 갇힌 도시에 있다는 사실, 내가 전쟁을 피해 도망친 여성이라는 사실, 이 모든 아름다움이 공허하고 허무한 상태로 남겨졌다는 사실, 내 발이 오랫동안 꿈꿔왔던 도시의 아스팔트를 밟고 있지만 내 마음은 다른 곳에 있다는 사실을 순간적으로 깨달았고, 가슴이 떨리고 눈물이 났다. 혁명과 전쟁이 일어나기 전, 나는 언젠가 파리에서 살기를 꿈꿔왔다. 지금은 파리에 살고 있고, 파리의 역사와 문화를 느낄 수 있지만, 내 마음은 파리에 있지 않고 다마스쿠스에 있다. 단순히 내가 살던 곳이기 때문이 아니라, 내 고향이기 때문이 아니라, 인류 역사상 가장 오랫동안 사람이 지속

적으로 거주한 수도이기 때문이다. 다양한 문명과 종교가 그곳을 거쳐 갔고, 또 살아남았지만 오늘날 가장 잔인하고 야만적인 방식으로 파괴되고 사라지고 있다. 다마스쿠스가 사라진 지금, 나는 내게 많은 것을 주고 많은 것을 빼앗아간 도시, 파리마저 떠나보낼 수 없다.

지식의 습득은 끝이 없는 것이니, 이 다면적이고 복잡한 도시에서 또 어떤 새로운 발견의 단계에 들어서게 될지 지금으로서는 알 수 없다. 삶이 진행됨에 따라 자신을 재발견하는 것은 매우 일반적이지만, 여기서는 마치 교수대에 매달린 것처럼 느껴진다. 매일 센 강변을 걸으며 가뭄으로 말라가는 다마스쿠스의 바라다강을 생각한다. 파리의 극장을 방문하면서는 전쟁으로 황폐해진 극장을 떠올린다. 기억을 완전히 잃고 내가 누구인지, 아랍어로 글을 쓰는 방법을 잊어버릴지 모른다는 두려움 때문에, 과감하게 이 도시를 사랑할 수는 없을 것이다. 이 도시의 아름다움에 관해서는 나는 끔찍하게 분열된 상황을 경험한다. 이 도시에 속할 수 없는 결함이 내게 있다는 것을 알고 있다. 어쩌면 아직 이런 이야기를 하기에는 너무 이르며, 나는 그저 전쟁과 망명의 고통을 극복하지 못한 작가일 수도 있다. 격리 마지막 날 정오에 산책을 나갔다. 15구에 있는 코메르스 거리의 태양은 뜨거웠고 거리는 텅 비어 있었다. 갑자기 멀리서 신기루가 보였고, 다마스쿠스에서 맡던 정오의 향기가 났다. 그 순간 나는 파리가 진정한 나의 일부가 되기 시작했다는 것을 알았고, 두려움에 몸을 떨었다. 나는 점점 사라져가고 있었고, 나 자신을 조금씩 잃어가고 있었다. 절단된 신체의 일부를 만지고 있는 느낌이 들었는데, 바로 내 머리였다. 🐦

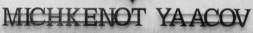

벨빌에 위치한 시나고그 입구

두 건의 유대인 노파 살해 사건이 프랑스를 뒤흔든 방법

루시 아탈Lucie Attal과 미레유 놀Mireille Knoll의 연이은 죽음과 폭력적인 살인 사건에 대한 수사를 둘러싼 논란은 종교에 대한 논쟁의 불씨를 지폈다. 이 사건은 반유대주의에 의한 살인일까, 아니면 우파 정치인과 지식인들이 이슬람 혐오를 부추기기 위해 악용하는 새로운 형태의 이슬람 반유대주의 등장을 알리는 신호탄일까?

제임스 맥올리
James McAuley

121

시신은 건물 쓰레기통에서 멀지 않은 안뜰에 떨어졌다. 2017년 4월 4일 오전 5시, 프랑스 수도 파리 동쪽, 젠트리피케이션이 급격히 진행되고 있는 11구에 위치한 사회주택 3층 발코니에서 65세 여성이 던져진 것이다. 은퇴한 의사이자 유치원 교사였던 이 여성은 한 시간 전만 해도 지난 30년 동안 살았던 자신의 집에서 곤히 자고 있었다. 잠에서 깬 그녀는 어둠 속에서 27세의 이웃 남자의 얼굴을 보았다. 같은 건물 2층에 가족과 함께 살고 있던 이 남성은 여성의 집에 침입하기 전에 다른 집에 침입했었고, 다행히 침실로 몸을 피한 세입자가 경찰에 신고한 상태였다. 비상구를 통해 남성이 피해자의 집으로 올라갔을 때 건물 안에는 세 명의 경찰관이 출동해 있었다.

이후 부검을 통해 여성의 두개골이 침대 옆 탁자에 놓인 전화기에 의해 뭉개졌다는 사실이 밝혀졌다. 가해자는 피해자가 의식을 잃기 전후로 피해자가 입고 있던 흰색 꽃무늬가 그려진 파란색 잠옷이 피에 흠뻑 젖을 때까지 피해자를 구타했다. 그런 다음 피해자의 시신을 발코니로 끌고 가서 난간 너머로 던졌는데, 이는 범행 전에 보았던 영화 『퍼니셔The Punisher』에서 존 트라볼타John Travolta가 했던 것을 따라한 것이라고 검찰에 진술했다. 이웃 사람들의 증언에 따르면 그는 발코니에서 "내가 세이탄을 죽였다!"라고 외쳤다고 한다. 세이탄sheitan은 악마를 뜻하는 아랍어다. 이웃들은 그가 "알라후 아크바르Allahu akbar(신은 위대하다)"라고 반복해서 외치는 소리도 들었다고 증언했다.

피해자는 정통 유대교 여성 루시 아탈로, '루시 아탈-할리미'라는 이름을 사용하기도 했다. 범행을 자백한 가해자는 말레이시아계 무슬림인 코빌리 트라오레였다. 그는 나중에 피해자가 유대인이라는 사실을 알고 있다고 말했다. 아탈의 가족에 따르면 그녀는 오랫동안 트라오레를 두려워했다고 한다. 그녀의 남동생 윌리엄 아탈은 트라오레가 건물 엘리베이터에서 그녀에게 폭언을 퍼부었고, 그녀가 감옥에 가야만 안전하다고 말했다고 회상했다. 실제로 코빌리 트라오레는 범행 당일 밤부터 정신병원에 구금되어 있었기 때문에 살인죄로 감옥에 가지 않을 수도 있다.

아탈이 사망한 직후에는 살인 사건에 대한 논의가 공개적으로는 거의 이루어지지 않았다. 다가오는 대통령 선거가 뉴스 헤드라인을 장식하는 가운데, 프랑스 주류 언론은 파리 11구에서 발생한 유대인 여성 살해 사건을 사소한 뉴스 기사를 뜻하는 '사건사고'로 취급하여 유대인 커뮤니티의 항의를 불러일으켰다. 그러나 마크롱이 승리한 후 이 사건은 다시 전면에 부상했고, 유럽에서 가장 폭발적인 프랑스 문화 전쟁의 새로운 전선이 되었다.

프랑스 공화국은 엄격한 보편주의에 기반을

제임스 맥올리James McAuley는 〈워싱턴 포스트The Washington Post〉지 파리 특파원이다. 하버드 대학교와 옥스퍼드 대학교를 졸업한 프랑스 역사 전문가로, 첫 저서인 《깨지기 쉬운 것들의 집The House of Fragile Things》(예일대학교 출판부, 2021)에서 1870년부터 1945년까지 프랑스에서 강제 수용소로 보내진 유대인 미술품 수집가들의 역사를 추적하며, 나치와 그들의 협력자들에 의해 약탈된 미술품의 운명을 조사했다.

두고 있으며, '시민 평등'이라는 명목으로 특수성을 초월하거나 관점에 따라 없애고자 한다. 정체성 정치를 국가 통합에 부정적인 영향을 주는 일종의 공동체주의로 간주하는 프랑스에서, 국가는 하이픈으로 이어지는 복수의 정체성에 눈살을 찌푸릴 뿐만 아니라 인종 정체성을 공식적인 범주나 생활 속에서 공식적으로 인정하지도 않는다. 1978년부터 프랑스에서는 정치적 목적으로 인종 또는 종교에 대한 인구 조사 데이터를 수집하는 것은 불법이다.

하지만 인종 구분을 없앤다고 해서 인종차별이나 인종주의적 폭력이 사라지는 것은 아니다. 루시 아탈 사건의 경우, 명백한 사실은 무슬림이 유대인을 죽였다는 것인데, 문제는 이러한 구분이 무의미하다고 여겨지는 사회에서 일어났다는 것이다. 사건이 발생한 지 한참이 지난 지금도 아탈의 죽음을 정확히 어떻게 규정할지는 여전히 해결되지 않은 논쟁거리로 남아 있다. 이 사건을 살펴보는 것은 프랑스 공화국의 분열과 한 국가의 자기모순을 살펴보는 것이기도 하다.

트라오레는 반유대주의가 자신의 범죄에 영향을 미쳤다는 사실을 강력히 부인하며 대마초로 인한 정신병적 증상으로 범행을 저질렀다고 주장하고 있다. 하지만 윌리엄 아탈은 누나의 죽음을 반유대주의적 폭력 행위에 의한 것으로 이해한다. 윌리엄은 "범인은 유대교가 누나의 삶의 원동력이었고, 누나가 유대인의 모든 외형적 특징을 하고 있었다는 것을 분명히 알고 있었다"고 말한다. 파리 근교 노장 쉬르 마른의 한 카페에서 그를 만났을 때 그는 자신을 유대인으로 식별할 수 있는 모자 대신 평범한 빨간

반유대주의의 귀환

1982년 8월 9일, 체즈 조 골든버그 식당에서 발생한 테러는 2차 세계대전 이후 파리의 유대인 공동체에 가해진 가장 심각한 공격이었으며, 프랑스를 공포에 떨게 했다. 세 명의 테러리스트가 두 개의 수류탄을 로지에 거리의 유대인 식당에 던지고 이후 총격을 가해, 6명이 사망하고 22명이 부상을 입었다. 불과 두 달 전 이스라엘은 레바논을 침공하여 전쟁과 일련의 테러 잔혹 행위를 촉발시켰다. 학살 다음날 미테랑 대통령은 기존의 행정 조직을 거치지 않고 엘리제궁에 직접 보고하는 대테러 부서를 설치하였다. 해당 부서의 첫 번째 성과는 파리로 피신해 있던 아일랜드 민족주의 무장 세력을 기습 체포한 것이었다. 한 아파트에서 무기와 폭발물이 발견되었지만 체포된 세 사람은 자신들이 그런 무기를 소유한 적이 없다고 주장했고, 몇 달 만에 '뱅센의 아일랜드인'으로 알려지게 된 이들에 대한 사건은 극적으로 마무리되었다. 언론은 미테랑 부대의 작전에 관심을 보였고, 곧 헌병이 무기를 가져다 두었다는 사실이 드러났다. 체즈 조 골든버그 테러의 범인들이 모두 체포되기까지는 거의 40년이 걸렸는데, 가장 최근 체포된 범인은 2020년 9월 노르웨이에서 검거되었다. 이 테러는 이스라엘 정보기관 모사드와 협력한 것으로 의심되는 논쟁적 인물인 아부 니달Abu Nidal이 설립한 팔레스타인 준군사조직, 파타 혁명위원회에 의해 자행되었다. 2019년 프랑스 국내 비밀정보국(DST)의 전 국장 이브 보네Yves Bonnet는 테러리스트들이 면책 특권을 받는 대가로 프랑스 영토에 대한 공격을 중단하기로 약속한 합의를 폭로했다.

야구 모자를 쓰고 있었다. "우리는 머리를 가릴 의무는 있지만 키파*를 착용할 의무는 없다"고 그는 말했다. "이해하시겠습니까?"

2018년 2월, 형사 사법 제도의 은폐를 고발하는 유대인 단체의 대중적 항의가 거세지자 프랑스 판사는 트라오레의 혐의에 반유대주의 요소를 추가했다. 하지만 사건은 아직 종결되지 않았다. 2018년 7월, 법원이 명령한 두 번째 정신감정 결과 가해자는 건전한 정신 상태가 아니며 재판을 받기에 부적합하다는 결론이 내려졌고, 2019년 12월 항소심 법원도 같은 결론을 내렸다. 자신의 행동에 대해 책임을 질 수 없다면 트라오레에게 법적 동기가 있었다고 할 수 없다. 아탈이 단순히 잘못된 시간에 잘못된 장소에 있었던 것처럼 무작위적인 폭력 행위로 공식적으로 사망했을 가능성이 있다. 2021년 4월 프랑스 최고사법재판소는 트라오레가 사건 당시 정신병적 증상을 겪고 있었다는 판결을 유지하면서 이 범죄의 반유대주의적 성격을 다시 확언했다. 판결 이후 시위가 조직되었으며, 피해자의 여동생은 이스라엘에서 별도의 법적 소송을 제기할 것이라고 밝혔다.

사건 발생 후 몇 달 동안 혼란스러움, 우유부단함, 침묵이 계속되는 동안 프랑스 정치권의 각계각층은 이 사건을 자신들의 입장을 입증하는 증거로 삼았다. 시간이 흐르면서 루시 아탈의 이야기는 수많은 정치적 담론의 소재로 사용되었지만, 사망한 여성이나 그녀의 실제 이름을 고려한 이야기는 거의 없었다.

*

사건 발생 1주일 후이자 대선 1차 투표를 3주 앞둔 2018년 4월 10일, 마린 르펜Marine Le Pen은 〈르 피가로Le Figaro〉지와의 인터뷰에 응했다. 이틀 전 르펜은 홀로코스트에 가담한 비시정부는 '프랑스가 아니었다'고 주장하면서, 1942년 파리 유대인 학살 사건에 대해 프랑스가 '책임이 없다'고 덧붙여 많은 국민에게 충격을 안겨주었다. 그녀는 프랑스인들이 "다시 프랑스인임을 자랑스러워해야 할 때"라고 말했다.

벨 디브 검거 사건은 프랑스 현대사에서 가장 암울한 날로 꼽히며, 학생들 사이에서도 국가적 치욕의 대명사로 알려져 있다. 1942년 7월 16일, 지금은 철거된 에펠탑 근처의 경륜장에서 약 1만 3,000명의 유대인이 구금되었다. 그곳에서 그들은 나치 강제 수용소로 추방되었다. 추방자 중 돌아온 사람은 거의 없다. 대중의 의식 속에 남아 있는 것은 나치 점령군이 아닌 프랑스 경찰이 동료 시민을 공격했다는 사실이다.

〈르 피가로〉의 기자는 르펜의 벨 디브 발언을 언급하면서 그 발언에 대한 유대인 단체와 이스라엘의 비난에 어떻게 대응할 것인지 물었다. 홀로코스트를 부정한 죄로 유죄 판결을 받은 이의 딸**로서 자신의 정당을 '비非악마화'하려고 애써온 그녀는 여론의 뭇매를 맞을 위험이 있는 이런 종류의 질문을 피하고자 화제를 전환했다.

르펜은 "차라리 이슬람 반유대주의에 대해 이야기하고 싶다"면서 일화 하나를 언급했다.

---

* 유대인들이 쓰고 다니는 모자. 유대교의 전통의상으로, 뒤통수에 살짝 걸치고 흘러내리지 않게 핀으로 고정시킨다.

** 마린 르 펜의 아버지는 정당 국민전선의 창립자이며 전前 총재였던 장마리 르펜이다. 대표적인 극우 정치인으로 홀로코스트를 부정하는 발언으로 물의를 일으켜 당에서 퇴출됐다.

두 명의 피해자,
미레유 놀Mireille Knoll과
루시 아탈Lucie Attal이 살던 아파트

"이 사건이 악명 높은 이유 중 하나는 일반적인 이야기에 부합해서다. 프랑스는 유럽에서 유대인이 유대인이라는 이유로 주기적으로 살해당하는 유일한 국가다."

"며칠 전 한 여성이 유대인이라는 이유로 3층에서 내동댕이쳐진 사건이 있었다. 그녀는 며칠 동안 이웃으로부터 '더러운 유대인'이라는 협박과 욕설을 들었지만, 우리는 그 사실을 절대 이야기하지 않는다."

이로써 르펜은 국가 정체성 문제를 다룬 대선 캠페인에서 아탈의 살해에 대해 언급한 최초의 공인이 되었다. 하지만 아탈의 이름은 언급하지 않았고, 그녀의 나이도 잘못 말했다(70세라고 했는데, 아탈의 나이는 65세였다). 실제 살해된 여성에 대한 세부 사항은 전혀 중요하지 않던 것이다.

르펜이 '이슬람 반유대주의'로 화제를 전환한 것은 당의 홀로코스트 부정 역사와 거리를 두고 이슬람 테러리즘의 부상에 불안해하는 유대인 유권자들의 마음을 사로잡기 위해서였다. 그런데 르펜에게 아탈의 죽음은 (세부 사항이 알려지기 전부터) 훨씬 더 광범위한 목적에 도움이 되었다. 이 사건은 선거 기간 내내 국민전선의 기본 메시지이자 최근 주류 우파에까지 영향을 미쳤던 '프랑스 공화국과 이슬람은 근본적으로 양립할 수 없다'는 메시지를 가장 감동적으로 보여준 사례였다.

2018년 7월 10일, 코빌리 트라오레는 이 사건을 수사하는 판사와 정식으로 면담했다. 3개월 전, 즉 범행 당일 밤에 그는 구금되었고, 경찰은 그가 이미 가중폭력 및 마약 거래로 복역한 전과가 상당하다는 사실을 발견했다. 그날 밤 경찰이 작성한 보고서에 따르면, 그의 혈액 검사 결과 대마초 주성분이 다량 검출되었고, 그는 이상행동으로 즉시 정신병원에 보내졌다. 그를 진찰한 저명한 정신과 의사 다니엘 자구리Daniel Zagury는 그가 건전한 정신 상태가 아니어서 검찰 조사를 받기에 적합하지 않다고 결론지었다. 그 후 몇 달 동안 트라오레는 정식으로 기소되지 않은 채 병원 치료를 받았다.

7월에 마침내 수사 판사가 트라오레를 면담했을 때, 그는 반유대주의가 동기가 아니었다고 주장했다. 트라오레는 "유대인들과 문제가 있었던 적이 한 번도 없었다"고 말했다. 그는 일시적으로 정신이 나간 상태에서 살인을 저질렀다고 주장했다. 4월 4일 밤, 그는 친구와 함께 영화 『퍼니셔』를 보고 있었다고 말했다. 프랑스 언론인 노에미 할리우아Noémie Halioua의 조사에 따르면, 두 사람은 텔레비전을 켜기 전에 모랑 거리의 오마르 모스크에 저녁 기도를 하러 갔다. (이 모스크의 전 이맘*이었던 모하메드 함마미

---

* 아랍어로 '이끄는 자', '모범이 되는 자'를 의미하는 말로, 이슬람의 지도자를 일컫는다.

Mohammed Hammami는 트라오레가 10대였던 2012년, 설교에서 증오를 선동했다는 이유로 프랑스에서 추방되었다.)

트라오레는 판사에게 평소 무슬림의 규율을 잘 따르는 편은 아니었는데, 그날 밤은 몸이 좋지 않아 친구와 함께 기도하러 갔다고 말했다. 그는 "외부의 힘, 설명할 수 없는 악마의 힘에 이끌린 것 같았다"고 털어놓았다.

이 청년은 '악마의 힘'을 자신이 통제할 수 없는 일종의 섬망으로 정의했는데, 이는 그가 피운 여러 대마초로 인해 유발된 것이다. (《르몽드》에 따르면 트라오레는 하루에 10~15개비의 마리화나를 피웠다.) 왜 아탈의 집에 들어갔느냐는 질문에는 대답하지 못했다. 트라오레는 자신이 살해한 여성의 집으로 가기 전에 침입했던 집의 가족을 언급하며 "누구에게나 닥칠 수 있는 일이었다"고 주장했다. '그 힘'이 다른 사람들이 아닌 루시 아탈에게 가해진 것뿐이었다.

트라오레는 검사와의 인터뷰에서 범죄 현장에서 무슨 말을 했는지에 대해 심문을 받았다:

수사관: 당신의 가족들, 그러니까 여동생과 어머니는 당신이 '셰이탄'이란 말을 반복했다고 말했습니다. 그게 무슨 뜻인가요?

트라오레: 아랍어로 악마라는 뜻이에요.

수사관: 아랍어를 할 줄 아세요?

트라오레: 아뇨.

수사관: 당신이 쓰지도 않는 언어로 [아탈]을 악마라고 지칭하는 게 이상하지 않나요?

《르몽드》지에 공개된 자구리의 보고서에 따르면, 이 정신과 의사는 해당 살인이 계획적인 반유대주의 증오 범죄일 가능성은 낮다고 결론지었다. 그러나 정신과 의사는 트라오레가 토라와 아탈의 집에서 본 메노라[**] 때문에 범행을 저질렀다고 고백하는 등 반유대주의적 메커니즘이 작용한 정황을 다수 발견했다.

자구리는 보고서에서 섬망 에피소드의 특정 형태는 항상 '사회 분위기와 전 지구적 사건'에 의해 형성된다고 지적했다. 그는 보고서에 "오늘날 무슬림 신도의 정신착란 증상에서 반유대주의적 이슈, 즉 유대인은 악의 편, 악한 자의 편에 서 있다는 망상을 관찰하는 것은 흔한 일이다"라고 썼다. "일반적으로 편견은 정신착란적인 증으로 변한다." 그는 트라오레가 아탈의 집에 침입했을 때 이런 일이 일어났다고 결론지었다. "그녀가 유대인이라는 사실이 즉시 그녀를 악마화하고 그의 망상을 증폭시켰으며, 그녀를 불행한 희생자로 만들었다."

*

보쿨뢰르 30번지에 위치한 루시 아탈의 아파트는 1980년대 초 대부분이 이민자 출신인 이곳 주민들에게 도심의 주거 시설을 저렴한 가격에 제공하기 위해 개발된 전형적인 공공 임대주택이다. 최근 몇 년 사이 이 지역은 트렌디한 카페, 와인 바, 수개월 전에 예약을 해야 하는 실험적인 레스토랑이 블록마다 자리한 곳이 되었다.

가로수조차 없는 거리에 세워진 각진 아파트 건물과 싸구려 회색 타일은 파리 중심부에 위치한 19세기풍 웅장한 분위기와는 거리가 멀

[**] 히브리어로 '촛대'라는 뜻으로, 유대교 제식에서 중요한 상징적 의미를 지닌다. 이스라엘 국장에도 그려져 있는 일곱 개의 촛대는 모세가 시나이산에서 십계명을 받을 때 숲에서 불이 피어오르나 타지 않는 떨기나무에 나타난 하나님을 상징한다.

한 나이 든 여인이 파리 지하철 고가도로 아래 선 시장을 지나고 있다.

다. 하지만 2015년 1월, 마뉘엘 발스Manuel Valls 총리가 '샤를리 에브도 테러' 이후 자국 내 이슬람 극단주의의 부상을 한탄하며 비난한 '사회적, 민족적 영토 분리주의'의 예는 보쿨뢰르 거리에서 찾아보기 어렵다. 이 지역은 놀라울 만큼의 다양성으로 인해 언뜻 프랑스 사회 통합 모델의 실패가 아닌 성공을 보여주는 증거처럼 보인다. 이 지역 주민들은 사건에 대한 공개 논의에서 드러나는 것보다 훨씬 더 복잡한 현실에 대해 털어놓는다.

아탈의 이웃 중 한 명인 파임 모하메드Faim Mohamed는 1997년부터 이 건물에 살았다고 한다. 그는 "평온한 생활이었다"며, 아탈의 죽음 이전이 아니라 이후에 오히려 긴장감을 느낀다고 말했다. "살인 사건 이후 모두가 서로를 의심하고 있다. 건물에 들어올 때 누군가 미행하는 것은 아닌지 걱정한다."

이름을 밝히기를 거부한 모로코 출신의 또 다른 남성은 3층에 사는 아탈의 이웃이었다. 식료품을 사오는 그에게 살해당한 여성을 아느냐고 묻자 그의 눈에 눈물이 차올랐다. 그는 "그녀는 매우 착한 사람이었다"고 말하며, 그녀가 안식일에 자잘한 집안일을 대신 해주는 안식일 도우미였다고 덧붙였다. 살해 사건이 일어났을 때 모로코에 있는 가족을 방문하기 위해 휴가 중이었던 그는 "그곳에 있었다면 어떻게든 막았을 텐데, 그러지 못했다"며 안타까워했다. 무슬림인 그는 "무슬림은 이런 짓을 하지 않는다"고 단호하게 말했다.

하지만 이 사건이 악명 높은 이유 중 하나는 일반적인 이야기에 부합해서다. 프랑스는 유럽에서 유대인이 유대인이라는 이유로 주기적으로 살해당하는 유일한 국가다. 2003년 이후 프랑스에서는 6건에 달하는 별개의 사건으로 12명 이상의 유대인이 살해되었다. 희생자 명단은 다음과 같다. 세바스티앵 셀람, 일란 할리미, 조나단 샌들러, 가브리엘 샌들러, 아리에 샌들러, 미리암 몬소네고, 요한 코헨, 필리프 브라함, 프랑수아-미셸 사다, 요아브 하타브, 루시 아탈, 미레유 놀.

이 사건들에서 가해자 중 적어도 한 명은 프랑스에서 가시적 소수자(일반적으로 북아프리카 또는 서아프리카 출신을 지칭)라고 부르는 사람들로, 가해자 대부분은 어떤 형태의 이슬람 극단주의와 연관되어 있었다. 거의 모든 사건에서 피해자는 유대인이거나 가해자의 개인적 지인이었다. 또한 가해자와 피해자는 중산층 이하 계층으로, 같은 지역, 같은 거리, 심지어 같은 건물에 거주했다.

2006년에는 서아프리카와 북아프리카에서 온 무슬림 이민자 2세대들로 구성된 이른바 '바바리안 갱스터'가 예쁜 여성과의 데이트를 빌미로 볼테르 대로에서 휴대전화를 팔던 23세의 할리미를 유인해 살해한, 악명 높은 일란 할리미 사건이 있었다. 그들은 할리미의 부모를 유대인 부자라고 생각했고, 그들에게 45만 유로(53만 5천 달러)의 몸값을 받아내려 했다. 하지만 할리미 부부는 갱 단원들과 마찬가지로 저소득층 거주 구역인 바뇨에 살고 있었다. 일란 할리미는 공공주택 지하실에 3주 동안 감금되어 고문을 당했고, 파리 남쪽에 있는 생트 쥬니비에브 데 부아의 기찻길에서 알몸으로 불에 탄 시신으로 발견되었다.

이슬람 학자이자 프랑스의 저명한 평론가인

하쉬드 벤진Rachid Benzine은 이러한 살인을 식민지 이후 반유대주의의 맥락에서 가장 잘 이해할 수 있다고 말한다. "이 사건은 알제리 식민 지배의 잔재로, 알제리 유대인을 무슬림 원주민에 비해 관대하게 처우한 것과 관련이 있다." 예를 들어, 1870년 이른바 크레미유 법령으로 알제리에 거주하는 모든 유대인은 완전한 프랑스 시민권을 보장받은 반면, 무슬림은 1962년까지 열등한 법적 지위를 규정한 악명 높은 '원주민 법전code de l'indigénat'을 따라야 했다. 알제리 독립 이후에도 이러한 법적 격차는 계속되었고, 수십만 명의 북아프리카 출신 식민지 주민들은 줄지어 프랑스 대도시로 몰려들었다. 알제리 콘스탄틴 출신인 아탈 같은 유대인은 프랑스 시민 자격으로 프랑스에 입국했지만, 무슬림은 시민권이라는 특권을 얻기 위해 별도로 신청을 해야 했다.

벤진은 "많은 무슬림 사이에서 팔레스타인 비극이 프랑스의 유대인들에게 책임이 있다는 인식을 불러일으키는 불행한 현실"에 대해서도 언급했다. 그는 이러한 비극의 또 다른 요인은 이른바 '공감대 형성'의 문제라고 주장한다. "누가 가장 큰 고통을 받고 있는지에 경쟁을 벌이고 있는 셈이다." 일례로, 국가가 홀로코스트의 기억을 보존하는 데 전적으로 투자하고 있는 반면, 노예 제도의 기억을 보존하는 데는 거의 노력을 기울이지 않았다는 것이다. 활동가이자 프랑스 흑인협회 대표위원회(CRAN)의 전 이사인 루이-조르주 틴Louis-Georges Tin은 최근 "많은 흑인이 '유대인을 위해 국가가 해주는 것들을 봐라, 우리에겐 아무것도 없다'고 불평한다"며 "불균형은 분명한 사실"이라고 확언한다. 파리

에는 세계 최고의 홀로코스트 박물관과 연구 센터가 있으며, 2차 대전 당시 유대인 어린이가 추방된 도시의 거의 모든 건물 외벽에는 검은색 명판이 장식되어 있다. 과거 노예무역 국가의 수도였던 파리에서 노예 제도를 기억하는 기념물은 별다른 설명이 없는 작은 동상 두 개뿐이다. 이에 대한 역사를 기록한 유일한 박물관은 프랑스 본토에서 약 7천 킬로미터 떨어진 해외 영토 과들루프에 있다.

카메룬 출신의 프랑스 코미디언 디외도네 음발라 음발라Dieudonné M'Bala M'Bala 같은 사람들이 '유대인 파워'를 공격하기 위해 홀로코스트를 부정하며 확실한 과거의 서사를 모욕하는 등의 '기억 경쟁'은 동시대 프랑스의 반유대주의에 대한 비유로 여겨지기도 한다. 틴은 그 좌절감은 이해할 수 있지만 그 표현은 이해할 수 없다고 말했다. "분노는 유대인이 아닌 국가를 향해야 한다."

*

오늘날 프랑스에서 반유대주의를 둘러싼 싸움은 종종 말의 전쟁으로 귀결된다. 반유대주의의 존재나 그 악성에 대해 이의를 제기하는 사람은 거의 없다. 2018년 11월 에두아르 필리프 당시 총리가 독일 통일 80주년을 맞아 발표한 통계에 따르면, 2018년 첫 9개월 동안 프랑스에서 반유대주의 사건이 69% 증가했다. 이 중에는 파리 교외의 코셔* 상점 두 곳에 불을 지른 사건과 유대인 청소년이 다용도 칼로 얼굴을 그은 사건이 있다. 필리프에게 이 문제의

---

* 유대교의 음식에 대한 율법인 카쉬롯(Kashrut 또는 Kashrus)의 영어식 단어로, '적합한, 허용된, 용인된' 음식을 가리킨다.

심각성은 더 이상 논의의 대상이 아니다. 그는 "동료 시민에게 자행된 모든 공격은 그들이 유대인이라는 이유로 새로운 유리창이 깨지는 것과 같은 울림을 준다"고 말했다. 그러나 가해자의 이름을 지칭하거나 특정 행위에 이름을 붙일 때는 이러한 확신이 무너진다. 프랑스 정부와 프랑스 언론은 할 말을 잃은 것처럼 보일 수 있다.

우파들에게 반유대주의는 본질적으로 간단한 문제이며, 좌파들은 전략적으로 이를 무시하거나 경시하거나 부정한다. 프랑스의 저명한 지식인 중 한 명인 알랭 핀켈크라우트Alain Finkielkraut는 내게 이렇게 말했다. "새로운 반유대주의는 수입품이다. 외부에서 들어온 것이다. 이민이 프랑스 사회에 준 선물이자 공헌 중 하나다." (완전히 맞는 말은 아니다. 반유대주의 범죄의 가해자가 이민자 출신인 경우, 이들은 프랑스 시민이기도 하지만, 공적 논쟁에서는 종종 그 구분이 사라진다.)

핀켈크라우트는 박해를 피해 프랑스로 이주했고 1940년대 초 검거를 피한 폴란드계 유대인 이민자의 아들이다. 프랑스 최고의 엘리트 문단인 아카데미 프랑세즈 회원이었던 그는 이제 베스트셀러와 라디오 출연을 통해 프랑스가 끝없이 쇠퇴하고 있다고 한탄하는 좌파 출신 반체제 인사가 되었다. 핀켈크라우트와 그의 보수적인 동료들은 프랑스의 반유대주의 논쟁이 문제를 가린다고 불평한다. 프랑스 유대인에 대한 주요 위협이 프랑스 무슬림으로부터 오는데도, 이를 명확하게 선언하지 않는다는 것이다.

반면 많은 좌파는 이를 프랑스에서 가장 큰 소수 집단에 대한 위험할 정도로 조악한 일반화로 본다. 이 소수 집단은 〈샤를리 에브도〉 표

샤를리 에브도

풍자 잡지 〈샤를리 에브도〉는 표현의 자유라는 기치 아래 수년 동안 예언자 모하메드에 대한 만평을 게재해 왔다. 2006년에는 덴마크 신문 〈율란츠 포스텐Jyllands-Posten〉의 만평을 게재하여 근본주의자들과 충돌을 빚었고, 수많은 항의와 위협을 받았다. 2011년 11월 2일에는 이슬람 세력의 튀니지 선거 승리를 다룬 특별판을 '샤리아 에브도Charia Hebdo'라는 제목으로 발행했는데, 편집장으로 분한 모하메드가 "웃다가 죽지 않으면 태형 100대!"라는 전설적인 문구를 말하는 것으로 표지를 장식했다. 같은 날 사무실에서 화재가 발생했지만 인명 피해는 없었다. 2015년 1월 7일에는 샤리아 법에 따라 이슬람화된 프랑스를 상상한 미셸 우엘벡의 소설 《복종Submission》 출판을 기념하며, 한 사람이 "아직 프랑스에는 테러가 없다"고 하자 무장한 수염을 기른 인물이 "기다리세요. 1월 말까지만 기다리면 돼요"라고 답하는 내용의 카툰을 실었다. 알제리 출신으로 알카에다와 연계된 쿠아치 형제가 잡지사를 습격했고, 몇 시간 후 이 예언은 현실이 되었다. 고아원에서 자랐고 수감 중에 이슬람 급진주의자가 된 이들은 탈옥 과정에서 경찰관 한 명을 포함해 12명을 살해했다. 이틀 후 아메디 쿨리발리 Amedy Coulibaly는 코셔 슈퍼마켓에 난입하여 17명을 인질로 잡았고 그 중 4명을 살해했다. 2020년 9월, 2015년 테러에 연루된 자들에 대한 재판 개시에 맞춰 〈샤를리 에브도〉는 논란이 된 만화를 다시 게재했다. 몇 주 후 18세 파키스탄인이 옛 잡지사 본사 건물 밖에서 고기 써는 칼로 두 명의 시민에게 상해를 입혔다.

지부터 현직 의원들의 정기적인 연설에 이르기까지 끊임없이 쏟아지는 혐오 발언의 표적이 된다. 무슬림 역시 증오 범죄의 피해자가 되는 경우가 많다. 2018년 6월 프랑스 당국은 프랑스 전역의 할랄 식료품점, 모스크, 커뮤니티 센터에서 베일을 쓴 여성, 이맘, 기타 무슬림을 살해하려는 우파의 음모를 저지했다. 당국은 여성 1명과 남성 9명 등 10명의 공모자를 테러 활동 혐의로 기소했는데, 주범이 전직 경찰관으로 밝혀졌다.

정치적 수사학에 대해 광범위한 저술을 남긴 학자 세실 알두이Cécile Alduy는 "모든 무슬림을 사회에 대한 위협으로 지목하지 않고 무슬림에 의해서만 지속되는 '새로운' 형태의 반유대주의를 어떻게 비난할 수 있을지" 묻는다.

'새로운 반유대주의'라는 문구조차도 논쟁의 여지가 있다. 구 반유대주의가 거의 사라지지 않은 프랑스의 가톨릭 극우주의와 관련이 있었다면, 오늘날의 '신 반유대주의'는 거의 독점적으로 무슬림의 유대인 혐오를 설명하는 데 사용된다. 그런 의미에서 많은 좌파는 '이러한 의도적인 명명'이 실제로 문제를 악화시키고, 차이를 인정하지 않는 사회에서 차이를 고착화하며, 사회 분열을 일으킬 뿐인 인종적 고정관념을 반복한다고 믿는다. 그러나 우파와 유대인 커뮤니티의 다른 사람들은 아탈과 2003년 이후 살해된 다른 프랑스의 유대인들이 과연 실패할 수밖에 없는 평등주의적 사회 프로젝트의 부수적인 피해자인지 묻는다. 그들은 종종 이슬람에 대한 좌파의 의도적이고 맹목적인 태도

로 간주되는 이른바 '타조 정치'*를 비난한다.

내가 만난 한 보수주의자이자 유대인 역사가인 조르주 벤수상Georges Bensoussan도 이 점을 지적했다. 그는 2015년 파리 테러 한 달 전 핀켈크라우트가 진행하는 라디오 쇼에서 열띤 토론을 벌이는 과정에서 "프랑스의 아랍 가정에서는 —모두가 알고 있지만 아무도 말하지 않으려는— 반유대주의가 아기들이 엄마 젖을 먹는 것마냥 자연스럽다"고 발언하여 인종차별과 이슬람 혐오에 대한 논쟁에 휩싸였다. 프랑스의 엄격한 혐오 발언 금지법에 따라 다수가 벤수상이 포괄적인 표현을 사용해 인종적 증오를 선동했다고 고소했다. 아탈이 사망하기 한 달 전인 2017년 3월, 그는 무죄 판결을 받았는데, 프랑스 당국이 이 사건을 정확히 어떻게 규정할지 고민하는 동안 벤수상의 재판은 끊임없이 논란의 대상이 되었다.

벤수상에게 이 재판은 '진실을 인정하기를 주저하는, 훨씬 더 큰 문제의 한 증상'이었다. 그는 국민전선 당원과 지지자들 사이에 반유대주의가 지속되고 있음에도 불구하고 "[최근 몇 년간 프랑스에서 발생한] 반유대주의 살인 사건 중 극우파가 저지른 것은 단 한 건도 없다. 대부분의 언론이 극우를 계속 비난하고 있지만, 모두 무슬림에 의해 저질러졌다"고 지적했다.

주류 언론이 코빌리 트라오레의 무슬림 배경을 강조하지 않은 것은 맞지만, 극우를 비난했다고 보기도 어렵다. 또한 프랑스 무슬림이 대중의 감시를 피할 수 있다는 주장도 옹호하기 어렵다. 한 가지 예를 들자면, 무슬림 여성이 집

---

* 정치인이나 정부가 중요한 문제나 위기 상황에 직면했을 때, 이를 회피하거나 무시하는 행태를 비유적으로 표현한 용어.

위: 유대교도 무덤을 장식하는
하얀 조약돌들

아래: 루시 아탈의 집 근처에 있는
벨빌의 시장 모습

밖에서 무엇을 입는지는 최근 몇 년 동안 프랑스에서 가장 빈번하게 논의된 주제 중 하나였다. 한편 이슬람을 둘러싼 정치적 언어는 점점 더 극단적으로 변하고 있다. 2017년 프랑스 대선에 출마한 거의 모든 주요 후보가 이슬람에 대한 공식 입장을 밝혔으며, 마크롱은 프랑스 내 이슬람 관습을 '개혁'하겠다는 공약을 발표할 예정이다.

반유대주의와 관련하여 프랑스 정부는 특정 시민의 안전을 보장하는 동시에 다른 시민의 집단적 악마화를 막아야 하는 불가능한 상황에 처해 있다고 강조해 왔다. 프랑스 정부는 국가 보안 위협을 매우 심각하게 받아들이고 있으며, 중무장한 예비 경찰을 파견하여 프랑스 내 거의 모든 주요 유대인 학교, 사원, 커뮤니티 센터를 지키고 있다. 하지만 이 상황을 설명할 적절한 단어를 찾는 것은 정치인들에게 매우 어려운 문제다.

인종차별 및 반유대주의에 대한 부처 간 대표 단장인 프레데릭 푸아티에Frédéric Potier는 최근 이렇게 말한 바 있다. "현상을 파악하고 그 작동 방식을 이해하는 것은 향후 공격의 잠재적 주체를 파악하는 것과는 다른 문제다. 우리는 이로 인해 낙인찍힌 무슬림들에게 진정한 관심을 기울여야 한다. 어떤 단어를 선택하고 어떻게 말할지에 세심한 주의를 기울여야 하며, 동시에 우리는 무언가를 말해야 한다."

*

2017년 7월 16일, 프랑스의 새 대통령 에마뉘엘 마크롱은 벨 디브 검거 사건 75주년 기념식에서 프랑스의 나치 범죄 공모에 대해 장시간 연설했다. 초대 손님인 베냐민 네타냐후 이스라엘 총리와 나란히 선 마크롱은 수개월 동안 유대인 단체와 대중 지식인들이 프랑스의 반유대주의에 대한 무관심을 보여주는 최근 사례로 언급해온 한 여성의 이름을 언급하며 사람들의 시선을 현재로 돌렸다. 그런데 그가 언급한 이름은 루시 아탈이 아니었다.

마크롱은 "범인이 부인하고 있지만, 사법 당국은 사라 할리미의 죽음의 진상을 철저하게 밝혀야 한다"고 말했다. 그녀를 사라 할리미라고 부르는 것은 새로운 시도가 아니었다. 이 사건이 처음 헤드라인을 장식한 이래로, 이 이름은 피해자를 식별하는 데 가장 일반적으로 사용되었다. 하지만 사라 할리미는 가족들이 부르는 이름이 아니었고, 공식 서류에 쓰이는 이름과도 달랐다. 사라는 루시 아탈의 히브리어 이름이고 할리미라는 성은 수십 년 전에 이혼한 전남편의 성에서 따온 것이다.

생전에 루시 아탈로 알려진 이 여성이 어떻게 사후에 사라 할리미로 개명되었는지에 대한 경위는 그 누구도 자세히 설명할 수 없다. 하지만 그 이름은 그녀의 사건에 대한 상징적인 울림을 더욱 강화했다. '사라'는 나치에 희생된 여성 유대인들을 식별하기 위해 일률적으로 사용했던 명칭이다. '할리미' 역시 또 다른 암울한 사건과 연관성을 지닌다. 2006년 일란 할리미Ilan Halimi의 고문과 살해 사건은 범죄의 잔인함뿐만 아니라 당시 프랑스 당국이 범인에게 반유대주의에 대한 동기가 있었다는 사실을 처음에 인정하지 않아 전국적인 스캔들이 되었다.

2017년 여름, 사라 할리미는 많은 사람에게 이슬람 반유대주의뿐만 아니라 정부의 침묵과 무관심으로 희생된 새로운 일란 할리미로 자연스럽게 인식되었다. 프랑스 수석 랍비인 하임 코르시아Haïm Korsia는 "사라 할리미라는 이름은 유대인 커뮤니티에 가장 큰 반향을 일으킨, 가장 유대적인 이름이라고 생각한다"고 말했다.

아탈의 가족 변호사이자 유명한 강경 우파 칼럼니스트인 질-윌리암 골드나델Gilles-William Goldnadel은 그의 의뢰인과 일란 할리미의 연관은 계산된 정치적 움직임이라고 반박한다. 하지만 그는 이 이름이 강력한 대중적 상징이 될 수 있다는 점은 인정했다. 올해 초 그는 자신의 사무실에서 "사라 할리미는 현실을 인식하지 못하는 이념적 과묵 증후군의 명칭으로 볼 수 있다"고 말했다.

일란 할리미와 마찬가지로 사라 할리미도 곧 실존 인물이라기보다는 프랑스의 문화 전쟁에 이용된 은유가 되었다. 대부분의 보도에서 그녀는 특정한 뉘앙스나 개성 없이 묘사되었다. 2018년 4월, 루시 아탈이 아닌 사라 할리미는 저명한 언론인과 대중 지식인의 에세이 모음집 《프랑스의 새로운 반체제주의Le nouvel antisémitisme en Franc》의 중심 캐릭터가 되었다. 엘리자베스 드 퐁트네Elisabeth de Fontenay는 서문에 "우리는 그녀의 죽음이 단순한 사고인지 아니면 시대정신의 증언인지 자문해봐야 한다"고 썼다. 더불어 "이러한 침묵의 수렴은 공개적 부정의 완벽한 모델이 될 것"이라며 이전의 할리미 사건에 대한 암시도 분명히 했다.

*

프랑스 유대인 기관 대표 협의회(CRIF)의 연례 만찬은 파리 사교 일정 중 가장 중요한 행사이다. 이 만찬은 단순히 유대인 지도자들이 모이는 자리나 노년의 나치 사냥꾼 세르주Serge나 베아테 클라스펠트Beate Klarsfeld와 사진을 찍을 수 있는 기회가 아니라, 현직 장관을 포함하여 요직에 있는 거의 모든 사람이 모이는 자리다. 이 행사의 메인이벤트는 대통령의 연설이지만, 이 자리의 핵심은 아무리 보편주의적인 공화국이라 하더라도, 국민 각자가 특별한 애착을 가지는 대상이 따로 있음을 인정한다는 것을 보여주는 데 있다.

배경과 볼거리를 중시하는 마크롱의 취향에 따라 2018년 3월 7일, 취임 후 첫 CRIF 만찬은 루브르 박물관 피라미드 아래에서 열렸다. 마크롱은 다시 한 번 아탈 사건을 언급하며 현대의 반유대주의 문제를 심각하게 받아들이고 있음을 보여주었다. 그는 "법무부에 사라 할리미 살해 사건의 반유대주의적 측면을 분명히 할 것을 촉구했다"고 말하며 자신의 공로를 숨기지 않았다.

그 무렵 파리의 검사 프랑수아 몰랑François Molins은 결국 이 살인을 반유대주의로 간주하기로 결정했다. 마크롱은 연설에서 아탈 사건을 자세히 언급하지 않고 추상적인 표현으로 마무리했다. "우리는 반유대주의에 대한 비난과 이 재앙과의 싸움에서 결코 흔들려서는 안 되며, 결코 흔들리지 않을 것이다."

그러나 2주 후인 2018년 3월 23일, 또 다른 유대인 노인이자 벨 디브 검거 사건의 생존자인 미레유 놀(85세)이 자신의 집에서 11차례 칼에 찔린 후 불에 타 죽는 사건이 발생했다.

아탈 사건과 유사한 점이 즉시 눈에 띄었다. 놀 역시 11구에 있는 공공주택에 혼자 살고 있

코셔와 할랄 식품을 파는 벨빌의 한 식료품점

부르카의 복수

이 사건은 부르카에 대한 프랑스 최초의 논쟁을 촉발시켰다. 1989년은 살만 루시디Salman Rushdie에 대한 아야톨라 호메이니Ayatollah Khomeini의 파트와[*]가 발표되던 해로, 베일 벗기를 거부했다는 이유로 정학을 당한 세 명의 프랑스 소녀의 사례에서 보듯이 이슬람의 상징은 돌연 적대적인 것이 되었다. 2004년에는 학생들이 종교적 정체성을 표시하는 것을 금지하는 법이 제정되었다. 이후 2011년에는 유럽 최초로 이 법이 프랑스 공공 생활 전반으로 확대되었고, 이슬람에 대한 언급은 없었지만 '보안상의 이유'로 얼굴을 가리는 것을 일반적으로 금지하는 법이 제정되었다. 2016년에는 지중해 연안의 많은 해변에서 독실한 무슬림 여성을 위한 전신 수영복인 부르키니가 금지된 것에 관심이 집중되었다. 3년 후 스포츠 브랜드 데카트론에서 출시한 여성 무슬림 운동선수용 운동복에 대해 또 다른 논란이 불거졌다. 다른 브랜드에서도 이미 비슷한 모델을 선보이고 있었지만, 프랑스 기업이 이를 출시했다는 사실에 '프랑스를 배신하고 이슬람 침략에 기여했다'는 또 다른 논란과 비난이 쏟아졌다. 조깅용 베일은 곧바로 판매가 중단되었다. 2023년 프랑스 공립 학교에서는 이슬람 의상 아바야를 금지했다. 프랑스는 라이시테[**] 개념을 매우 중요하게 생각한다. 금지 조치를 도입한 것은 모순, 위선, 심지어 서로 상반되는 법으로 가득 찬 접근 방식이다. 코로나19 덕분에 다른 나라에서와 마찬가지로 프랑스에서도 얼굴(적어도 코와 입)을 가리는 것이 의무화되었지만, 프랑스에서 베일은 금지된다. 당신이 고개만 돌리면 되는데도 말이다.

---

[*] 무슬림들이 궁금히 여기는 사안이 샤리아(Sharia)에 저촉되는지 여부를 판단하여 이슬람 법학자들이 내놓는 견해이다. '파트와'는 당대 사회에 새로이 제기되는 문제들을 재조명하고 새로운 지침을 내놓는 것이기 때문에 이슬람 사회의 관습, 역사, 철학, 사상, 윤리, 예술 등 제반 분야와 밀접한 관계를 가진다. 1989년에 이란의 최고 지도자였던 아야톨라 호메이니는 이슬람 종교를 모욕한 살만 루슈디를 처형하라는 파트와를 모든 무슬림에게 발령했고 현상금으로 300만 달러를 내걸었다.

[**] 프랑스식 세속주의, 정교분리 사상을 일컫는 표현이다. 프랑스어로 '평신도'를 뜻하는 라이크(laic)에 명사형 접미사를 결합한 것으로, 교권주의에 대항한다는 의미를 지닌다. 오늘날 프랑스 공화국은 헌법 제1조에서 라이시테의 가치를 국가 이념 중 하나로 추구하고 있다.

었다. 당국은 이웃에 사는 20대 후반의 젊은 남성을 가해자로 지목했는데, 그 역시 북아프리카계 무슬림이었다. 놀의 가족들은 놀이 야신 미후브Yacine Mihoub라는 이 청년과 오래 알고 지냈으며, 사건 당일에도 놀의 집에서 함께 술을 마시며 대화를 나눴다고 말했다. 미후브는 정신적 문제가 있는 알코올 중독자로 알려졌지만, 이웃 노인과는 오랫동안 좋은 관계를 유지해왔다. 놀의 며느리 조빈다는 몇 년 전 놀이 몸이 좋지 않았을 때 미후브가 '많이' 도와줬다고 말했다.

놀의 사망 소식은 사건 다음날 85세 여성이 '의문의 화재'로 사망했다는 〈르 파리지앵Le Parisien〉의 작은 기사를 통해 알려졌다. 3월 25일 일요일, 파리 동부에서 발생한 작은 화재는 두 사건을 통해 전국적인 스캔들로 번졌다. 하나는 파리 시장 안 이달고가 트위터를 통해 피해자가 홀로코스트 생존자라고 발표한 것이고, 다른 하나는 베냐민 네타냐후의 측근이자 프랑스 의회 우파 의원인 마이어 하비브Meyer Habib가 페이스북에 올린 포스팅이다. 하비브는 당국이 범인의 신원 정보를 공개하기 전에 놀을 '이슬람주의자의 야만성'의 희생자로 몰았다. 그는 놀의 살인을 최근 프랑스가 이슬람 테러리즘과 싸우는 맥락에서 설명했다. 하비브는 "툴루즈에서 유대인 어린이 여러 명을 살해하고, 생테티엔 뒤 루브레이에서 성직자의 목을 베고, 트레브에서 헌병 장교를 살해한 것과 같은 야만이다"라고 썼다. 헌병 아르노 벨트람Arnaud Beltrame을 포함한 4명이 테러리스트에 의해 살해된 트레브 테러는 놀의 피살과 같은 날에 일어났으며, 대대적으로 보도되었다.

한편 놀의 가족은 질-윌리엄 골드나델을 변호사로 고용했다. 골드나델은 가해자 둘을 연결시키려고 노력했다. 그는 당시 "두 사람은 아무 짓도 하지 않은 여성을 야만적으로 공격한 무슬림"이라고 말했다.

프랑스 정부는 다른 대응 방식을 보여주었다. 3월 26일 정오, 프랑수아 몰랑은 파리 검찰이 놀의 죽음을 반유대주의적 폭력 행위로 간주하고 수사할 것이라고 발표했다. 3월 28일, 마크롱은 한발 더 나아가 놀이 "유대인이라는 이유로 살해당했다"고 말했다.

사건 발생 후 몇 주 동안, 범인으로 지목된 자들의 범행 동기, 즉 이슬람 반유대주의 혐의를 복잡하게 만드는 일련의 사실이 드러났다. 우선, 가해자는 하나가 아닌 둘이었는데, 또 다른 가해자인 알렉스 카림바쿠스는 무슬림도 북아프리카 출신도 아니었다. 둘째, 미후브는 지하드 조직과 아무 관련이 없었다. 프랑스 언론 대부분은 미후브를 주요 용의자로 취급했는데, 이후 미후브와 카림바쿠스는 자신은 공범자에 불과하다고 주장하며 서로가 실제 살인을 저질렀다고 비난했다. 두 사람 모두 현재 감옥에 수감되어 진행 중인 수사의 결론을 기다리고 있다.

문제를 더욱 복잡하게 만든 것은 미후브와 놀의 개인사였다. 2017년 2월 미후브는 놀을 돌봐주던 입주 간병인의 열두 살짜리 딸을 성폭행한 혐의로 수감되었고, 그해 9월 집행유예로 출소했다. 카림바쿠스는 수사 판사단에게 미후브가 복수를 계획했다고 말했지만 이는 입증된 사실은 아니다. 카림바쿠스에 따르면, 미후브는 놀에게 '당신은 대가를 치르게 될 거야. 여동생의 장례식에도 참석하지 못했다'고 말했다지만, 놀이 이에 대해 위협을 느끼거나 그를 신고한 적이 없고, 미후브를 성폭행 혐의로 고소한 것은 놀이 아니라 놀의 간병인인 여자아이의 어머니였으니, 복수가 동기일 가능성은 낮다.

미후브가 술에 취한 상태에서 어떤 형태의 복수를 위해 놀을 살해했다고 하더라도, 아탈 사건의 정신과 의사인 자구리가 '사회 분위기와 전 지구적 사건'의 비극적 영향으로 해석한 반유대주의적 요소가 어느 정도 작용했을지도 모른다. 놀의 아들 중 한 명인 다니엘은 그러한 증거가 전혀 없다면 당국이 사건을 이런 방식으로 조사하지 않았을 것이라고 말했다. 카림 바쿠스는 판사와의 인터뷰에서 미후브가 반유대주의적 동기가 있었다고 주장하며, 살해 당시 "알라후 아크바르"라고 외쳤다고 말한 것으로 알려졌는데, 이는 출처가 모호함에도 불구하고 프랑스 언론에서 사실로 널리 보도되었다. 미후브의 변호사 파브리스 드 코로디는 카림바쿠스가 책임을 전가하려 했다고 주장하며, 미후브의 혐의를 강력히 부인하고 있다. 드 코로디는 "살해 동기가 반유대주의라는 사실이 바로 미후브가 이 사건에 개입되지 않았다고 확신할 수 있는 이유"라고 말했다.

루시 아탈과 달리 미레유 놀은 순식간에 국가적 순교자가 되었다. 3월 28일, CRIF는 놀을 기리기 위해 다른 유대인 단체와 함께 파리 나시옹 광장에서 필립 오귀스트 거리에 있는 그녀의 아파트까지 행진할 계획을 세웠다. 소수 민족의 운명에 무관심하다는 비난을 받는 프랑스에서 수만 명의 사람이 살해된 유대인의 얼굴이 그려진 버튼을 달고 팻말을 휘두르며 볼테르 거리를 행진하는 놀라운 광경이 펼쳐졌다. 군중 속에서 우연히 마주친 핀켈크라우트는 놀랍도록 다양한 군중에 감동을 받았다. 그는 내게 "많은 유대인이 국가 공동체 전체로부터 버림받았다고 느꼈다"고 말했다. "지금 이곳에는 모든 종교를 가진 사람들이 있을 것이라고 믿는다. 이는 매우 중요한 사실이다."

그러나 곧 다른, 그다지 조화롭지 못한 이야기가 등장했다. 미레유 놀과 사라 할리미로 알려진 여성이 살해된 다음 달, '새로운 반유대주의'에 반대하는 '선언문'이 발표된 것이다. 전직 대통령 한 명을 포함해 250명 이상의 프랑스 저명인사가 프랑스 무슬림들이 공화국에 대한 충성심을 보여줄 것을 촉구하는 공개서한에 서명했는데, 여기에는 코란의 일부를 삭제해야 한다는 주장이 포함되었고, 많은 사람이 이를 코란에 대한 완전한 거부의 의미로 받아들였다. 〈르몽드〉에 게재된 성명에서 30명의 이맘은 반유대주의뿐만 아니라 이슬람 혐오 정상화도 비난했다. 이맘들은 "일부 사람들은 이미 종교 전체를 비난할 기회를 엿보고 있다"고 썼다. "그들은 공개적으로 언론에서 살인을 요구하는 것이 코란 그 자체라고 말하는 것을 주저하지 않는다." (프랑스의 최고 랍비인 코르시아는 나중에 자신이 서명한 선언문 원본의 문구를 후회한다고 말했다. 그는 논란이 된 해당 내용을 언급하며 "어떤 구절을 완전히 삭제하기보다는 맥락에 따른 해석의 필요성을 더 명확히 했더라면 좋았을 것"이라고 말했다.)

다니엘은 이 사건을 되돌아보며 기회를 놓쳤다고 느낀다. 10월의 어느 비 오는 오후, 그는 오를리 공항에서 멀지 않은 파리 교외에 있는 작은 아파트에서 나를 맞아주었다. 가톨릭 신

유대 공동체

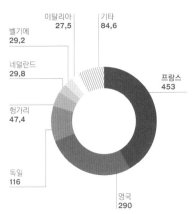

유럽 내 규모(단위 : 천 명)

이탈리아 **27,5**
벨기에 **29,2**
네덜란드 **29,8**
헝가리 **47,4**
독일 **116**
기타 **84,6**
프랑스 **453**
영국 **290**

출처: WIKIPEDIA

파리는 유대인 인구가
세계에서 8번째로 많은 도시이다.

뉴욕	1100
예루살렘	546
마이애미	535
로스앤젤레스	519
텔아비브	401
샌프란시스코	391
시카고	291
파리	**277**
보스턴	248
리숑레지온	229

자인 필리핀인 아내 조빈다와 함께 살고 있는 그에게 범인이 이슬람주의자라는 증거가 거의 없음에도 어머니가 이슬람 반유대주의의 위협에 대한 국가적 상징으로 변모한 것을 본 기분이 어떠냐고 물었다.

다니엘은 "범인은 무슬림이었지만 그가 이슬람 종교 전체를 대표하는 것은 아니다"라고 말한다. 그는 특히 행진에 참여한 군중의 다양성과 더불어, 어머니가 누군가의 할머니가 될 수 있다는 집단적 감각에 감동을 받았다. "하지만 어머니를 하나의 상징이라고 말할 수 있을까? 그건 잘 모르겠다."

2018년 다니엘은 어머니가 돌아가신 환경보다는 어머니가 살아온 가치관을 탐구하는 책 《엄마는 그랬지C'était maman》를 출간하며 내러티브의 주도권을 되찾으려 노력했다. 그는 어머니의 죽음이 점점 더 다양해지는 사회에서 더

큰 사회적 통합을 목표로 하는 '다 같이 함께' 캠페인의 실패로 제시되는 것을 거부하며, 이것이 어머니가 세상을 이해한 방식과 일치한다고 여긴다. 그는 놀 가문에는 프랑스, 필리핀, 캐나다, 이스라엘 출신의 유대인 및 비유대인 구성원이 있다며 "'다 같이 함께'는 우리 가족 앨범의 제목이 될 수 있을 것"이라고 말한다.

그는 어머니를 기리는 마음으로, 노인들의 외로움에 맞서고 젊은이들 사이의 증오에 대처하기 위한 '미레유 놀 협회' 설립도 추진 중이다. 이 협회의 부회장은 모로코 여성이자 무슬림이라고 말했다. "순진해 보일 수 있지만 우리 부모님은 계속 소중히 여겨야 하는 한 가지를 가르쳐 주셨다. '마음에는 국경이 없으며, 특히 종교에는 국경이 없다'는 것이다." 🐦

사페의 미학

사페[Sape]는 콩고공화국의 브라자빌에서 시작된 사회 현상으로, '트랜드 세터와 우아한 사람들의 모임(Société des Ambiances et des Personnes Élégantes)'의 약자다. 우아함의 숭배에 헌신하는 사페르들은 완벽한 옷차림으로 서로를 능가하려고 노력한다. 프레데릭 시리에즈는 사페르인 장 루이 삼바와 함께 이 멋쟁이들의 행동을 지배하는 규범과 가치를 배우기 위해 떠났다.

프레데릭 시리에즈 Frédéric Ciriez
& 장 루이 삼바 Jean-Louis Samba

앤디 이리스Andy Iris가 샘플론 근처에 있는
자신의 가게 쇼윈도의 마네킹에게 옷을 입히고 있다.

어느 날 파리 북부의 샤토 루주 지구에 있는 아프리카 시장 마르셰 드장 쪽으로 걸어가던 중 주황색 정장에 초록색 셔츠를 입고 초록색 악어가죽 구두를 신은 한 남자를 지나쳤다. 그는 군중이 자신을 볼 수 있도록 천천히 걸었다. 그런 다음 갑자기 발걸음을 빨리했다가 속도를 늦추고, 갑자기 몸을 구부려 넥타이와 색이 같은 양말을 과시하기 위해 바짓단을 걷어붙였다. 관객을 당황하게 하려는 의도로 무대에 오르는 연주자처럼, 그의 행동은 이상했지만 매력적이었다. 나는 즉시 현대적인 댄디를 떠올렸다. 그가 동작을 멈추자 사람들이 환호했다. 나는 그에게 다가가 "선생님, 스타일리시한 분이시군요. 혹시 패션 분야에서 일하시나요?"라고 물었다. 그는 "그렇게 생각해 주셔서 감사합니다"라고 대답했다. 그러더니 "당신은 머리부터 발끝까지 장의사처럼 옷을 입으셨네요. 어디 출신인가요? 분명 파리지앵은 아니실 테고. 사페와 사페르에 대해 들어본 적이 없군요!"라고 말했다. 나는 "사페와 사페르요?"라고 반문했다. 그는 "네, S-A-P-E. 우아함을 유지하고, 잘 차려입고, 언제 어디서나 과시하는 기술을 옹호하지요. 사페르는 세계에서 가장 품격 있는 도시에 사는 가장 품격 있는 신사들입니다. 일반적으로 콩고인들이죠"라고 설명해주었다. "더 자세히 알고 싶으신가요? 저를 따라오세요. 스타일에 대한 교훈을 알려 드리겠습니다."

사페는 '트랜드 세터와 우아한 사람들의 모임'을 일컫기도 하고, '옷'이라는 단어와 동의어로 쓰이기도 한다. 사페의 구성원은 대부분 콩고 출신으로, 의복의 우아함을 숭배하며, 사페를 종교처럼, 러브 스토리처럼 여긴다. 파리와 두 개의 콩고(브라자빌을 수도로 하는 옛 프랑스 식민지 콩고공화국과 24시간 내내 옷의 신 숭배가 행해지는 열광적인 킨샤사를 수도로 하는 옛 벨기에 식민지 콩고민주공화국)는 라이벌 관계에 놓여 있다. 그러나 무엇보다도 사페는 공간적, 미학적, 총체적 예술의 외연을 향한 개인의 탐구이며, 의심의 여지 없이 파리는 식민주의와 내전으로 황폐해진 두 개의 콩고와 빛의 도시를 이어주는 가장 아름다운 연결고리다.

사페는 어떻게 수십 년 동안 파리 전역에 퍼졌을까? '사펠로지Sapelogie'라는 단어의 각 글자를 살펴보면 이해에 도움이 될 것이다. 사페의 미학을 뜻하는 사펠로지라는 용어는 2000년대 초 콩고가 내전으로부터 회복하던 시기에 파리의 사페르인 벤 무샤카Ben Mushaka가 주도적이고 정치적인 (그리고 괴상한) 하이브리드적인 개념으로 만든 것이다. 그의 목표는 문화를 통합

프레데릭 시리에즈Frédéric Ciriez는 프랑스 작가다. 낮에는 거리 청소부, 밤에는 사페의 왕인 콩고 청년 파르페 드 파리를 주인공으로 한 3부작 소설 《멜로Mélo》(갈리마르, 2013)를 썼다.
장 루이 삼바Jean-Louis Samba는 콩고공화국 브라자빌에서 태어났고, 기업가이자 디지털 컨설턴트로 활동하고 있다. 기관과 개인을 대상으로 한 사페 프로젝트 컨설팅 사이트인 madeinsape.com의 창시자이며, 파리 사페 공화국의 리더 격인 조슬린 '르 바슐러' 아르멜Jocelyn 'Le Bachelor' Armel과 오랜 기간 협력하고 있다.

두 개의 콩고

19세기 마지막 수십 년 동안 아프리카의 '햇볕이 잘 드는 곳'에 대한 유럽 국가들의 관심은 더욱 커졌다. 수세기 동안 백인 정착민과 상인들은 주로 노예무역의 전략적 요충지인 해안가에 머물렀지만, 벨기에의 레오폴트 2세가 식민지를 건설하기로 결정한 콩고강 유역 같은 내륙지역도 탐험하기 시작했다. 비슷한 시기에 피에르 사보르낭 드 브라자Pierre Savorgnan di Brazzà라는 프랑스 해군 장교도 이곳에 도착하여 1881년 콩고강 유역 서부에 브라자빌 정착지를 세웠고, 1884~1885년 베를린 회의에서 영향권 분할이 비준되었다. (1908년까지 콩고 자유국은 식민지가 아니라 레오폴트 2세가 직접 관리하는 개인 왕국이었다는 점에 유의해야 한다.) 1960년 두 식민지 모두 독립했다. 이중 더 큰 콩고민주공화국(현재 인구가 약 1억 명에 달하며 세계에서 가장 큰 불어권 국가이다)은 수도 킨샤사를 중심으로 미국과 밀착한 독재자 모부투Mobutu 대통령의 통치를 받았고, 1996년까지 자이르라는 이름을 썼다. 브라자빌을 수도로 삼았던 프랑스 식민지 콩고는 소련의 영향권에 들어갔고, 그 결과 콩고인민공화국으로 국명이 바뀌었으며, 현재는 콩고공화국 또는 콩고-브라자빌로 불린다. 인구는 5백만 명에 불과하다. 콩고공화국에도 강력한 지도자 데니 사수 응게소Denis Sassou Nguesso 장군이 있는데, 그가 1992년부터 1997년 사이에 잠시 권력을 내려놓은 것을 제외하고 1979년부터 현재까지 권력을 장악한 덕에 수십 년 동안 내전을 겪은 이웃 콩고민주공화국에 비해 적어도 안정성은 보장된 상황이라 할 수 있다.

하고, 기관총 대신 옷과 사페의 가치관을 진정한 무기로 삼자는 것이었다.

Society. 'Sapelogie(사펠로지)'라는 단어를 여는 첫 글자 S는 신비로운 문자이다. 사페는 끊임없이 움직이며 기존 사회 규범을 깨는 열린 집단이라는 의미를 담고 있다. 요컨대, 식민지였다가 탈식민지화된 다른 사회의 폐허를 딛고 일어선 '성공한' 사회를 뜻한다. 사페는 흑인, 백인, 콩고인, 변호사, 벽돌공, 남자, 여자 상관없이 모든 이를 언제나 환영한다. 유일한 규칙은 자신을 사랑하고, '나'답게 살고, 옷으로 자신을 구별하고, 기회가 있을 때마다 자신의 물건을 뽐내야 한다는 것이다.

사페의 예술은 종종 옷과 연관되는데, 의상은 퍼레이드의 예술(디아탕스diatance)과 말싸움의 기술(은켈로nkelo)을 포함한 사페의 세 가지 주요 요소 중 하나에 불과하지만, 가장 중요한 요소이기도 하다. '르 바슐러Le Bachelor'로 알려진 조슬린 아르멜Jocelyn Armel은 파리 사페 공화국의 대표 격인 인물로, 18구 샤토 루주에 위치한 아프리카 지구의 파나마 거리 12번지의 유명 의상실 '사페 앤 코Sape & Co'의 디렉터이자 브랜드 코니벤스의 창립자이다. 그는 샤페르를 '입을 열기 전에 눈에 띄는 사람'으로 정의한다.

다시 말해, 사페르는 타인의 시선을 매우 중시하는 과시욕이 강한 사람이다. 따라서 관객이 없으면 사페도 없다. 사람들이 감탄하지 않는다면, 시선을 끌기 위해 주홍색 실크 안감이 달린 재킷을 조심스럽게 열어 위험을 감수하지 않는다. 관중이 없다면 은켈로, 즉 화려한 언변도 없다.

샤토 루즈 지구의 거리

이미지, 몸가짐, 말. 이 세 가지 측면으로 사페를 이해할 수 있다. 각 요소에는 전 세계와 지식이 담겨 있으며, 훌륭한 사페르는 이 세 가지를 모두 결합하여 파리 길거리 무대에서 공연을 펼치며 무엇보다도 끊임없는 위험을 감수한다. 이미지, 안무, 언어 등으로 대립이나 갈등을 겪지 않고 독특한 스타일을 추구할 수는 없다.

Africa. 'Sapelogie(사펠로지)'의 두 번째 글자 'A'는 아프리카라는 원천을 가리킨다. 이 원천이 없었다면 파리의 사페는 존재하지 않았을 것이다. 이 원천의 이름은 바로 사페의 상징과도 같은 브라자빌의 바콩고이다. 이는 사페의 근원지를 묻는 질문에 대한 자부심이자 '존재론적' 이점의 문제이기도 하다. 콩고강 건너편 벨기에령 콩고 출신으로 사페 역사상 가장 위대한 가수인 파파 웸바Papa Wemba는 이를 분명하게 인정했다. 순수한 사페는 브라자빌의 바콩고에서 유래한 것이지, 라이벌인 킨샤사 키텐디 유파의 고향에서 유래한 것이 아니다.

바콩고에서 사페는 매우 강력하다. 말로 싸우기로 약속한 전사들은 영광스러운 귀환(하강 descent)을 위해 도전장을 던지는 파리의 사페르를 모욕할 수 있는 무수한 수단을 가지고 있다. 노블리스 오블리주에 반하는 포브르테 오블리주, 즉 빈자의 의무로서 그들은 말로서 꿈꾸는 옷을 살 수 없는 현실을 보상하고자 한다. 브라자빌의 사페는 정장을 비롯해 다른 옷을 입는 방식에 대한 복잡한 변형을 통해 완벽한 '미세 조정'을 보여주는 고도로 성문화된 게임이다. 킨샤사의 사페와는 다르다. 더 자유분방하고 더 대중적이고, 더 세계화되었으며 브랜드 숭배에 집중한다.

파리에서 요지 야마모토 라벨이 트로피처럼 매달린 모자를 쓰고 있는 사페르는 아마 킨샤사 키텐디 유파일 것이고, 착용하고 있는 명품 브랜드를 마지막에 공개하며 자신을 과시하는 사페르는 브라자빌 유파일 것이다. 어떤 면에서 이 두 계파는 사치스러움이라는 공통점을 지니고 있으면서도, 전체적인 의상의 완성도와 명품 브랜드의 화려함의 조화 면에서 끊임없이 경쟁한다.

Paris. 한 번이라도 파리에 가본 적이 없다면 누구도 자신을 사페르라고 칭할 수 없다. 꿈의 도시에 도착하기까지 20년이 걸리더라도, 파리는 매일 사페르의 머릿속에 맴돈다. 사페르는 순례를 위해 가족과의 이별, 예산 책정, 도시 지도 참조, 꼭 봐야 할 명소 체크, 지하철을 타고 유명 패션 디자이너들의 발자취를 찾아가는 방법 확인 등 매우 디테일한 준비를 해야 한다. 아직 파리에 발을 들여놓은 적은 없지만, 사페르는 이미 자신의 길을 알고 있다! 도착하자마자 이들은 '파리지앵' 동료들의 환영을 받으며, 자신들의 새로운 지위에 걸맞은 옷을 입는다.

그런데 왜 파리일까? 식민지 시대 파리는 사치, 패션, 백인의 여유로운 삶에 대한 이미지를 심어주었다. 백인의 우아함은 모방가능하고 심지어 능가할 수 있는 것으로 여겨졌다. 독립 이후 파리는 여러 세대의 사페르들이 이주하고자 하는 도시가 되었다. 일단 이곳에 도착하면 콩고 학생 기숙사 MEC(Maison des étudiants congolais)의 품에 안겨 환영받곤 했다. 지금은 문을 닫았지만, 이곳은 리베라시옹 신문사의 옛 사무실이 있던 베랑제 거리와 사페르들이 자신의 자태를 뽐내던 전설적인 장소, 레퓌블리크 광장에서 아주 가깝다.

1980년대 파리에서 사페르의 왕으로 불렸던 조 발라드Djo Balard에게 사페는 콩고 유학생들이 파리 유학을 마치고 고국으로 돌아가면서 가난과 조국의 정치 제도에 대한 거부를 담은 항의 운동이다. 즉 사페는 정치 운동인 동시에 문화 운동이며, 다른 삶에 대한 요구이기도 하다. 이는 왜 파리인가에 대한 답의 일부이다. 포르투갈 식민지 이전 콩고 왕국에서 직물과 장신구를 중요하게 여겼던 조상들의 관습과 16세기 후반 기독교의 전래 등 콩고의 오랜 역사에는 이 외에도 많은 이유가 있다. 브라자빌의 아들이자 처음으로 프랑스 대학에서 사페를 소개한 저스틴 다니엘 간둘루Justin-Daniel Gandoulou가 쓴 《사페의 심장부: 파리의 콩고인들과 그들의 모험Au cœur de la Sape: Mœurs et aventures des Congolais à Paris》을 읽어보라.

Energy. 에너지, 이것이 바로 사페의 원동력이며, 사페르에게 표현력을 부여하고 그들의 기발함을 증폭시키는 요소이다. 마르셰 드 장에 가면 건축 현장에서 고된 하루 일과를 마친 사페르가 왕자처럼 미소를 머금은 채 도시로 내려와 쇼를 펼치는 모습에 사람들이 발걸음을 멈추는 것을 목격할 수 있다. 한 아이가 "어릿광대처럼 옷을 입었네!"라고 말한다. 아이 말이 맞다. 사페르는 터무니없고, 실제 삶보다 더 과한 것들을 추구한다. 그는 자신이 창조한 캐릭터의 이미지를 통해 현재의 행복감에 대한 기쁨

과 긍정을 전파한다. 사페르 간의 경쟁이 치열한 파리에서, 이는 최고의 즐거움이다.

쁘띠 부르주아의 삶을 알려주는 단순한 사회적 규범이 아니라 파리의 신성한 땅에서 감탄하는 군중과 하나가 되는 것, 이것은 곧 성배와도 같다. 이는 보들레르가 정의한 댄디, 즉 자신만의 독창성을 추구하는 정신적 귀족주의자의 삶 그 자체다.

Lieux(장소). 파리 전체가 사페의 상상력 속에서 빛을 발하기는 하지만, 하나의 도시는 특정 지역과 주소에 대한 숭배를 불러일으키는 여러 신화적 장소로 세분화될 수 있다. 브라자빌에서는 매일 밤 파리에 대한 전설이 전해지는데, 많은 이가 이미 사랑하는 장소의 이름이 담긴 노래를 듣거나 「샹젤리제Champs-Elysées」나 「마테부Matebu」 같은 파파 웸바의 명곡을 흥얼거린다. 심지어 모도고 지안 프랑코 페레Modogo Gian Franco Ferre가 작곡한 「방돔 광장Place Vendôme」이나 「빅팀 드 라 모드Victime de la mode」도 흘러나온다. 노래는 반짝이며 빛나던 사페르의 실제 삶이나 사랑하는 연인과의 은밀한 만남을 이야기한다. "내 사랑, 나는 샹젤리제에 있어. 당신이 그리워, 당신이 오기만을 기다리고 있어." 또 다른 노래는 입생로랑 부티크로 가는 방법을 설명하며 어떤 지하철 노선을 타야 하는지 경로를 자세히 알려준다.

사페르들은 기념사진을 찍을 수 있는 유명한 기념물 외에도 샹젤리제 거리 55번지에 있는 고급 상점, 예컨대 J. M. 웨스턴과 같이 부유층(또는 신용도가 높은 사람들)을 장관처럼 맞이하여 1년이 걸리는 맞춤 신발을 주문받는 곳에

데가마 스타일에서의 스타일링

"사페르는 터무니없고, 실제 삶보다 더 과한 것들을 추구한다. 자신이 창조한 캐릭터의 이미지를 통해 현재의 행복감에 대한 기쁨과 긍정을 전파한다."

자신의 이름을 딴 의류점을 운영 중인 앤디 이리스

위: 데가마 스타일의 주인 가스파르 키아켐보Gaspard Kiakembo
아래: 데가마 스타일의 헤어 디자이너 중 한 명인 고댕 키툼부Gaudin Kitumbu

데가마 스타일에서 스타일링을 마친 세르주 키지토Serge Kizito

대해서도 잘 알고 있다. 콩고에서 온 초보 여행객이 파리에서 길을 찾는 것은 이보다 더 쉬울 수 없다. 이들이 걱정하는 것은 바스티유, 레퓌블리크 광장, 큰 대로, 개선문, 콩코드 같은 역사적인 사페르들 간의 만남의 장소와 인근의 크리용, 리츠, 뫼리츠와 같은 특급 호텔이나 갤러리 라파예트 백화점에서 낯선 백인들의 시선과 마주치는 일뿐이다.

하지만 사페르가 되어 파리 외곽의 93지역 센생드니에 살면서 저가 체인점 타티에서 산 옷을 입고, 이비스 호텔 밖에서 사진을 찍을 수는 없는 노릇이다. 사페르의 전통적인 통념이 말해주듯, 중심부에 산다는 것은 사페르에게 명백한 경쟁 우위를 점하는 일이다. 지방에 있는 저택보다 파리에 있는 원룸 아파트가 낫다고 여기는 사페르들에게 파리에 산다는 것은 매일 사페르를 즐기고, 숨 쉬듯 옷가게에 들르는 것, 즉 챔피언스 리그에 참여하는 것과도 같다.

주목할 만한 두 개의 지하철역, 샤토 도와 샤토 루주 모두 4호선이다. 샤토 도 역 부근에는 아프리카 미용실(미용실, 화장품 가게)이, 샤토 루주 역 부근에는 식료품점과 마르셰 드장이 있다. 브라자빌이나 킨샤사의 사페르들은 이 두 곳에서 항상 강한 존재감을 드러냈는데, 샤토라는 단어의 시크한 분위기에 이끌렸다는 이야기도 있다. 샤토 루주에 있는 파나마 거리에는 조슬린 아르멜의 부티크 코니방스가 있다. 사페르 커뮤니티의 성인이라고 할 수 있는 이 인물은 콩고 브라자빌의 시크함을 파리의 노동계급 지역으로 끌고 오는 데 성공했다. 18구 구청은 지역 디자이너들을 돕기 위해 젊고 트렌디한 의류 브랜드 메종 샤토 루주를 지원하는 등

의 역할을 톡톡히 하고 있다.

Orality. 말솜씨는 사페의 가장 은밀한 측면이다. 이들의 공용어는 프랑스어이지만 모국어인 라리Lari 역시 중요하게 쓰인다. 라리는 입으로 하는 마상 시합 같은 은켈로의 언어이다. 라리는 브라자빌과 RC 남부에서 사용되며, 킨샤사에서는 사페족이 링갈라어를 사용하지만, 마상 시합을 하려면 라리를 어느 정도 알아야만 무식하다는 낙인이 찍히지 않는다. 가장 강인한 사페르만이 라리와 프랑스어가 섞인 은켈로를 시도할 수 있다. 최고는 항상 마지막에 나서는 법이다. 의상, 몸짓 그리고 마지막에 언어 공격이 이뤄진다. 옷 자체로 말해야 하지만 가장 숙련된 사페르는 회심의 일격과도 같은 말솜씨도 지니고 있다. 이들은 자신을 과시하고 상대를 무너뜨리는데, 절대 상대의 사회적 정체성을 공격하지는 않는다.

거창한 은켈로는 종종 생일, 결혼식, 장례식 등 개인 파티에서 볼 수 있다. 파티 주최자는 사페의 주요 인사들에게 참석을 권한다. 사실, 거리에서든 푸아소니에 거리의 카페에서든 사페르의 모든 모임은 말싸움이 될 가능성이 있다. 패배할 경우, 고통과 굴욕감은 엄청나며 파트너와의 별거 또는 경우에 따라 제자를 잃는 등 개인 생활에 영향을 받을 수도 있다. 이와는 대조적으로 승자에게는 —물론 승패가 선언되지는 않지만 청중의 태도로 느낄 수 있다— 큰 영광이 기다린다.

Guerrier(전사). 사페르는 '외모의 전사'로, 가장 디오니소스적인 사페르들(카발리 모

사페르의 주소록

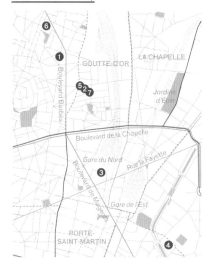

이발소

❶ Degama—Styl
  99 Rue de Clignancourt, 13th arrondissement

레스토랑

❷ Jennifred Mienandi
  14 Rue de Panama, 18th arrondissement

바

❸ Sape Bar
  12 Boulevard de Denain, 10th arrondissement

❹ Le Comptoir Général
  80 Quai de Jemmapes, 10th arrondissement

양장점

❺ Sape & Co
  12 Rue de Panama, 18th arrondissement

❻ Andy Iris
  13 Rue Joseph Dijon, 18th arrondissement

레코드샵

❼ Le Grenier d'Afrique
  3 Rue de Suez, 18th arrondissement

피 코트 아래 아무것도 걸치지 않는다)은 킨샤사에 있고, 가장 엄격한 사페르들(완벽하게 재단된 칼정장을 입는다)은 콩고 브라자에 있다. 이들은 소득은 적지만 강인하며, 파리로 가서 전투를 통해 자신의 이름을 알릴 준비가 되어 있다. 다른 사페르들의 도움을 받아 파리에 정착한 이들은 라이벌을 받아들이고, 형제들을 환영한다.

파리에서 오래 정착한 사페르들은 브라자빌에서 건너온 라리의 언어적 창의성에서 사페의 언어를 찾는다. 훌륭한 파리의 사페르는 출신 언어의 새로운 요소를 잘 파악하고 있어야 한다. 말로 하는 마상 시합을 하는 동안 자신의 이미지와 목소리를 통해 다른 사람들에게 깊은 인상을 남겨, 그 안에서 창의적인 과정을 촉진하고, 회자되고, 전설이 되는 것이 중요하다. 모든 승리는 위대한 전투처럼 진행된다.

키텐디 유파 가운데 스타 사페르는 짝퉁이 아닌 (정품) 브랜드 옷을 가장 많이 구입한 사람하고, 구매(전투)를 통해 일 년 내내 가장 권위 있는 컬렉션을 입을 수 있는 수단을 스스로 마련한 사람이다. 브라자 유파의 순수주의자들 사이에서 그랑 사페르 역시 유명 브랜드의 열렬한 소비자이지만, 그는 전체적인 조합을 중시한다.

I mmortal(불멸의 인물). 센 강변의 케 드 콩티에 위치한 아카데미 프랑세즈 회원들의 이모르텔과 같은 것이 사페르들에게도 있다. 차이점이라면 사페르들은 진정으로 자신의 예술에 족적을 남겼다는 것이다.

음악, 의상, 정치 등 모든 면에서 '가장 완벽한' 이는 파파 웸바다. 크리스티앙 앙팡 미스테르Christian Enfant Mystère가 옷을 입히고 오케스트라 비바 라 무지카의 단원이었던 자크 물렐레 Jacques Moulélé(가명 물레-물레Moulé-Moulé)가 지도한 웸바는 사페를 콩고의 가난을 극복하고 마주한 삶의 이상향으로 제시했다. '잘 차려입고, 매끈하게 면도한 뒤 좋은 향수를 뿌리는 것.' 그는 콩고와 파리를 연결한 현대 사페의 아버지이다.

가수 스트레보스 니아르코스Strevos Niarcos는 키텐디스트Kitendiste라는 종교의 창시자이자 교황 같은 인물로, 그의 기일인 매년 2월 10일 킨샤사에서는 파리 병원에서 사망한 그를 추모하는 행사가 열린다. 이날 그의 묘지 주변은 캣워크로 변한다.

1980년대부터 파리와 브라자빌을 오가며 '사페의 왕'으로 군림한 조 발라드는 뛰어난 공연가이자 도발가다. 그는 '백인에게는 취향이 없다는 것을 보여주기 위해 사페 월드컵을 개최하자'는 멋진 제안을 내놓았다.

2000년대 사펠로지의 아버지인 벤 무카샤 Ben Mukasha, 라리어로 사페에 대해 노래한 뮤지션 라파 바운제키Rapha Bounzeki, 컬러감을 더한 패션으로 사페계에 일대 혁명을 일으킨 '코니벤스'라는 브랜드를 만든 J. A. 르 바슐러(이전까지 사페 스타일은 화려하거나 현란하지 않았다), 이 3인방은 사페의 미학을 이끌고 있다. 패션 디자이너 다니엘 에스테Daniel Hechter의 파트너이기도 한 르 바슐러는 현재 아프리카인을 위한 '저렴한 사페'의 창시자로, 샤토 루주의 노동 계급 지역에서 이탈리아산 정장을 600유로(700달러)에 판매하기도 한다. 파나마 거리의 은신처에 있는 이 마스터와 예약 없이 패션에 대해 이야기를 나눌 수 있다.

젊은 사페르 중 한 명인 김스Gims는 1986년생으로 그룹 섹션 다소Sexion D'Assaut의 래퍼로 활동했으며, 2015년 히트곡 「Sapés comme jamais(절대 이렇게 입지 마)」를 작곡했는데, 그의 아버지인 뮤지션 주나 자나나Djuna Djanana는 파파 웸바의 동료였다고 한다. 노래와 함께 제공되는 뮤직비디오는 모든 가닥이 하나로 모이는 쇼비즈 버전 사페의 환상적인 세계를 탁월하게 표현하고 있다. 김스는 개인적인 주장보다는 유산과 가족 문화를 바탕으로 하는 사페르이지만, 그럼에도 불구하고 이 운동에 경의를 표하며 파파 웸바의 '사페 게토'에서 벗어나 파리, 프랑스, 국제, 초문화, 초세대를 아우르는 것으로 주목받는다.

불멸의 인물 목록에는 종종 사페르들이 입는 옷과 액세서리를 만드는 스타일리스트도 포함된다. 1980년대 파리의 컬트 레이블인 마리테 프랑수아 저버Marithé+François Girbaud, 상징적인 장 폴 고티에Jean-Paul Gaultier, 그리고 키텐디스트 사페르들이 열광하는 야마모토 요지, 키쿠치 타케오 같은 일본 디자이너도 빼놓을 수 없다. 도쿄는 그 자체로 사페의 거점이며, 프랑스 브랜드는 거의 개최하지 않는 패션쇼에 종종 사페르들을 초대하는 등 항상 사페르를 존중해 온 크리에이터들의 도시다.

École(분파). 이 글의 공동 필자인 장 루이 삼바는 파리에서 20년을 보낸 후 2015년 브라자빌로 돌아간 자신의 이야기를 통해, 파리지앵이라는 영광을 안고 고국으로 돌아온 사페르의 고국에 대한 이해를 보여주고자 한다. 콩고인 파리지앵이 자신의 뿌리로 돌아가 사페

의 수도를 향한 오디세이를 증명하는 이 특별한 순간은 본질적으로 인정의 순간이다. 파파 웸바는 콩고 룸바에 맞춰 「선언Proclamation」이라는 노래를 부르며 이를 기념한다. 킨샤사나 브라자빌로 돌아가는 것은 승리를 선언하기 전에 그 시험을 검증부터 하는 것이다.

나는 브라자빌 북부에 위치한 우엔제 출신이다. 나는 내 자신을 가끔 사페르라고 생각하지만, 모든 사페르는 파리로 떠난 이후 파트타임이든 풀타임이든 자신의 상징적인 성공을 보여줘야 한다는 압박을 받는다. 따라서 나는 동포들이 부인할 수 없을 정도로 세련되고 우아한 스타일과 완벽한 옷장을 갖춘 파리지앵이 되었다는 사실을 마음속 깊이 느낄 수 있도록 내 자신을 구별 지을 수 있는 눈에 띄는 무언가를 해야 했다. 최근 고국으로 돌아간 동포 중 매일 옷을 갈아입는 사람은 아무도 없다는 것을 알았다. 나는 내 계획을 비밀로 하고 3주간 체류할 준비를 했다. 21일 동안의 일정을 위해 신발 21켤레, 양말 21켤레, 셔츠 21벌, 정장 21벌, 치노팬츠 21벌, 그리고 가장 친하고 소중한 사람들을 위한 선물을 준비했다.

비행기는 세 시간이나 연착되어 어두워진 후에야 브라자빌에 도착했고, 공항을 떠나면서 화려하게 치장하려던 계획에 차질이 생겼다. 계획에 실패한 나는 형이 운전하는 택시를 타고 우엔제에 있는 어머니를 만나러 갔다. 형은 내가 파리지앵으로 보일 수 있도록 집에서 1킬로미터 떨어진 곳에 나를 내려주었지만, 가로등이 없다 보니 내 모습은 전혀 보이지 않았다. 또 한 번의 실패.

어머니를 다시 뵙게 되어 기뻤고, 어머니는 나를 반갑게 맞아주셨다. 나는 노동자 계급이 주로 이용하는 마을 남쪽 바콩고의 마르셰 토탈에서 아주 가까운 곳에 위치한 여관인 아카시아스에 여장을 풀었다.

다음날 아침 일찍 한 삼촌이 전화를 걸어왔다. "장 루이, 더 잘해야 해. 이건 안 먹히잖아." 나는 그의 메시지를 바로 이해했다. 새 옷을 입고 대낮에 밖으로 나갔는데, 사람들은 이미 밖에서 '파리지앵'을 기다리고 있었다. 나는 내 모습을 보여줬고 대중은 나의 귀환을 인정해주었다!

그 후로 매일, 전에는 볼 수 없었던 새 의상을 입고 거리로 나섰다. 내가 대표로 있는 앤디 아이리스 레이블의 J. A. 르 바슐러와 J. C. 은코이가 연이어 전화를 걸어왔다. "옷 가방을 보내줄까? 사페르들이 너를 힘들게 하니?" 하지만 그들은 걱정할 필요가 없었다. 성공과 인정은 내 것이었으니까. 가족들은 나를 자랑스러워했다. 나는 불명예를 피하고 그들의 찬사를 받았다. 나는 파리에서 바콩고까지 온 것이다.

Stage. 파리는 사페의 무대였고 앞으로도 그럴 것이다. 사페가 백인들을 즐겁게 하기 위한 수단이라고 말하던 시대는 이미 오래 전에 지났다. 이제 해방된 사페는 아프리카를 겨냥하고, 그 유산을 자랑스럽게 여기며, 고야Goya, 나티 콩고 크레아시옹Natty Kongo Creation과 같은 젊은 크리에이터들이 파리를 기반으로 활동하고 있다. 또한 비콩트 아Vicomte A와 같은 젊은 프랑스 브랜드와 폴 스미스, 루부탱과 같은 유명 브랜드 역시 자체 컬렉션에 사페의 감성을 더하기 위해 노력한다.

사페는 오늘날 노동 계급 젊은 흑인 남성들에게 말을 걸고, 백인들의 관심을 끄는 감성의 일부이다. 당연히 모든 스타는 파리에 있다. 빈티지 의상을 기반으로 한 빅팀 드 라 사페와 그의 스타일, 무브먼트의 거장 스타니 드 파리, 미디어에서 큰 인기를 얻고 있는 노르바트 드 파리, 그리고 '야마모토 요지 왕'이라는 별명을 가진 트레저 은간도Trésor Ngando('악어')와 로비 지안 프랑코Robby Gianfranco 같은 콩고민주공화국 출신의 키텐디스트 형제들까지. 다음 세대는 준비되었다.

사페의 생명력은 200만 명의 인구가 살고 있는 볼거리의 도시 파리(그리고 정치인들이 즐겨 찾는 1,200만 명이 넘는 대도시, 그랑 파리)의 면목을 세워준다. 이 예술의 심오한 아름다움, 아름다운 옷의 바느질 아래 감춰진 역사적 상처, 포스트 댄디즘, 많은 지출과 소비를 위한 경제적 희생정신(조르주 바타유Georges Bataille와 자크 라캉Jacques Lacan은 결코 멀리 있지 않다*)은 파리를 모두에게 열려 있는 중독성 있는 장소로 만든다. 열린사회. 양보할 수 없는 아프리카의 한 단면이다. 🐦

쿠페-데칼레

2000년대 초, 두크 사가Douk Saga라는 코트디부아르인이 흑인 파리지앵들이 즐겨 찾는 나이트클럽 아틀란티스를 방문해 누가 가장 많은 돈을 가졌는지 화려한 젊은이들과 대결하기로 결심했다. 지폐를 불태우는 그의 기행은 대중의 관심을 끌었고, 그는 곧 자신과 같은 생각을 가진 사람들을 모아 스스로를 젯셋족이라고 부르며 사치와 부의 과시뿐만 아니라 삶의 즐거움, 평온한 태도, 새로운 느낌의 댄스 음악을 바탕으로 한 자신만의 스타일을 창조했다. 그 결과 '쿠페 데칼레coupé-décalé'라는 것이 탄생했는데, 이는 코트디부아르에서 쓰이는 속어로, 돈을 들고 도망친다는 뜻이다. 경쾌한 가사와 춤추기 좋은 리듬, 여흥을 유일한 목적으로 하는 이 새로운 장르는 제1차 코트디부아르 내전을 겪고 있는 고국의 국민들에게 보내는 희망의 신호이기도 했다. 파리의 클럽에서 울려 퍼지던 쿠페 데칼레의 메아리는 어느새 코트디부아르에까지 전해진 후 불어권 아프리카 전역으로 퍼져 나가 지역적 음악 현상으로 자리 잡았다. 쿠페 데칼레 장르를 주류로 끌어올린 2세대 최고의 스타는 나중에 오토바이 사고로 사망한 코트디부아르 출신의 DJ 아라파트Arafat였다. 2019년 8월 아비장의 국립 축구 경기장에서 수천 명이 참석한 추모 콘서트가 열렸고, 우상의 죽음을 받아들이기 힘들어 한 많은 팬은 아라파트의 시신이 안치된 묘지로 향했다. 팬들 중 일부는 보안구역을 뚫고 관을 열어 시신의 문신을 확인하여 그곳에 묻힌 사람이 쿠페 데칼레의 왕이 맞다는 사실을 인정하기도 했다.

---

* 바타유와 라캉 모두 개인의 내면, 욕망, 자아 인식을 중요하게 다루었으며, 이는 자기애적 측면으로 해석될 수 있다. 하지만 병리적 의미의 자기애라기보다는 인간 주체에 대한 깊은 탐구로 볼 수 있다.

파리 신드롬

프랑스 수도 파리는 관광객이든 수도권 바깥 '지방'의 주민이든 외부인에 관대하지 않기로 악명이 높다. 이 글은 지방 출신 파리지엔의 연대기다.

블랑딘 린켈
Blandine Rinkel

파리는 그곳에서 경력을 쌓고 가능한 한 빨리 도망치는 지방 사람들로 가득 차 있다. 마르세유, 리옹, 보르도에는 여러 세대에 걸쳐 고유한 성격과 전통, 요리 특산품, 속어를 가진 진정한 토착민이 살고 있다. 반면 파리는 거대한 펌프처럼 여러 지방 사람들을 번갈아 빨아들이고 뿜어낸다.

— 미셸 투르니에Michel Tournier, 〈바람의 정령The Wind Spirit〉

1

내게 먼저 말을 건넨 것은 친구였다. 우리는 방금 지하철에서 폭력적인 사건을 목격했다. 한 할머니가 열차를 빨리 타지 못했다는 이유로 플랫폼에 짓밟힌 채 쓰러져 있었다. 사람들이 자동문을 밀치며 소리를 질렀고, 그 와중에 이 불쌍한 할머니는 꼼짝 못하고 넘어졌다.

너무도 흔한 이 광경에 충격을 받은 나는 친구에게 관광객들이 파리가 저런 곳이라는 걸 알기 힘들 거라고 속삭였다. 친구 앤은 아마도 그렇지 않을 거라고 대답하면서, 파리에 도착한 외국인이 느끼는 실망감과 관련된 정신적 증상이 있다고 덧붙였다. 이를 파리 증후군이라고 하는데, 앤은 모든 정신의학자가 이 증후군의 존재를 확신하는 것은 아니지만 문학적 차원에서는 흥미롭지 않느냐고 되물었다. 이 증후군은 프랑스를 방문하는 일부 방문객, 특히 일본 관광객이 겪는 여러 증상을 반영한다. 그들은 정신 착란 상태, 환각, 피해망상을 겪을 뿐만 아니라 두근거림, 발한을 경험할 수도 있다. 내 놀란 눈빛을 본 그녀는 언뜻 자부심이 담긴 듯한 미소를 지으며 파리를 발견하는 것은 정말 힘든 일이라고 결론 내렸다.

흥미로운 이야기였다.

그날 밤 나는 이 증후군을 파헤치기 시작했다. 인터넷 검색을 통해 알아본 바에 따르면 매년 약 50명의 사람들이 파리에 대해 가지고 있는 이상화된 이미지와 실제 도시 사이의 큰 격차 때문에 이 증후군을 겪는다고 한다. 라캉이 말했듯이 현실은 부딪치는 것이다.

문제의 일본인들은 빛의 도시에 그림자가 있을 거라고는 상상도 못했기 때문에, 그들의 환상은 산산조각이 난다. 그들은 피갈에서의 소매치기는 상상도 못했을 것이다. 모든 여성은 오드리 토투Audrey Tautou처럼, 남성은 알랭 들롱Alain Delon처럼 보일 거라 믿었을 것이다. 파리에서 그 누구도 길거리에 담배꽁초를 버리지 않을

블랑딘 린켈Blandine Rinkel은 프랑스 작가이자 음악가, 저널리스트로 잡지 〈곤자이Gonzaï〉, 〈시티즌 KCitizen K〉, 〈라 마트리퀼 데 장주La Matricule des anges〉에 글을 기고한다. 또한 라디오 방송국 '프랑스 인터'에서 일하고 있다. 그녀의 소설 데뷔작인 《권리의 포기L'abandon des prétentions》(2017)는 공쿠르상 신인상 최종 후보에 올랐다. 최근작인 《사물의 비밀스러운 이름Le nom secret des choses》(2019)는 이 글의 출발점이 되었다.

거라고, 에스컬레이터에서 어깨를 부딪치지 않을 거라고 상상했을 것이다.

무엇보다도 파리 증후군의 원인은 파리에는 거리 표지판을 이해하고 프랑스어를 해독하는 데 도움을 줄 사람이 거의 없을 것이라고는 예상하지 못했기 때문에 발생한다. 한 관광객은 〈렉스프레스L'Express〉지에 실린 이 주제에 관한 기사에서 "프랑스어를 구사하지 못하면 프랑스 사람들은 당신이 존재하지 않는 것처럼 행동한다"고 말했다. 나는 그 말을 쉽게 믿을 수 있었다.

아니, 오히려 믿기 힘들다는 생각이 들었다. 다시 생각해보니 조금 슬펐다. 그리고 다시 곰곰이 생각해보니, 이 증후군에 대해 듣자마자 내가 어떤 감정을 느꼈다면 그것은 나 역시 이 증후군을 경험했기 때문이라는 것을 깨달았다.

2

나는 막 파리에 도착했다. 열여덟 살이었고 고향에 가족과 어린 시절의 기억을 두고 막 떠나온 상태였다. 파리는 새로운 세상이었다. 32만 2,000명의 다른 대학생들처럼(파리 시민 10명 중 1명은 대학생이다) 나 역시 프랑스 서부의 작은 고향 레제에서 보낸 어린 시절은 파리에서의 성공을 위한 준비 단계라고 믿었고, 공부를 위해 '수도로 떠났던 것'이다.

내가 살던 마을이 '지방'으로 불릴 줄은 전혀 몰랐다. 파리가 아닌 프랑스의 모든 곳을 묘사하는 데 사용되는 이 단어를 어디서 처음 들었는지는 기억나지 않지만, 너무 부정확해서 웃음이 났던 기억이 난다. 리옹, 쥐라, 브르타뉴의 작은 마을 플루가스누 등을 하나의 단어에 모두 포함할 수는 없는데. 말이 안 되는 일이었지만 파리에서는 말이 됐다.

파리에서 문화는 매우 엄정한 것이었다. 그것은 프랑스 문화 전체가 아니라 특정 문화, 내가 공부하게 될 사회학자 부르디외가 합법적인 문화라고 이름 붙인 문화이자 학교 시험에서 일반 문화 또는 일반 지식이라고 부르는 문화였다.

나는 이 문화에 겁먹게 될 줄 몰랐다. 개인적인 취향을 숨겨야 하는 것인지도 몰랐다. 한때 뮤지컬, 영화 『아멜리에Amélie』, 뮤지컬 탤런트 쇼 『스타 아카데미Star Academy』를 진심으로 사랑했던 것이 부끄러워질 줄은 몰랐다. 파리의 폭력성을 예상하지 못했다. 이 도시가 나를 소외시킬 줄도 몰랐다. 궁극적으로, 내가 나를 소외시킬 줄은 몰랐다.

열여덟 살에서 스물두 살 사이에 파리를 발견하면서 나는 사기꾼의 삶을 살았다. 마르크스주의 사상을 배우고, 신문 가판대를 누비고, 작가주의 영화 상영관을 찾았다. 나는 전시회를 사랑하지는 않지만 꿰고 있는 법, 지하철이 싫다는 인상을 풍기는 법, 신음하는 법을 배웠다. 모방은 곧 나의 주요 취미가 되었다.

수업이 끝난 후 이루어진 일상적인 대화에서 큰 소리로 읽은 텍스트나 공중에 던져진 참고 문헌을 이해하는 척했다. 낮에는 그들의 흉내를 냈다가 밤에는 뒤처진 진도를 따라잡고, 어느 정도 시간이 지나면 위키백과를 찾아보곤 했다. 모리스 베자르Maurice Béjart, 시몬 베유Simone Weil, 폴 니장Paul Nizan 등 한 번도 들어본 적 없는 이름들을 인터넷에서 뒤져가며 정보를

파리 지하철 고가 구간 여행

파리 대학생들이 쉬는 시간을 즐기고 있다.

비축해 두었다.

나의 문화적 지체는 채울 수 없는 도깨비 같았고, 채울수록 더 비워지는 바닥없는 자루 같았다. 새로운 데이터를 소화하기 위해 더 많은 노력을 기울일수록 나의 일반적인 지식이 어느 정도인지, 즉 여전히 중산층에 머물러 있음을 파악할 수 있었다.

나는 나의 출신이 주는 편안함을 누리지 못했고, 앞으로도 그럴 것이다.

나는 오스만식 아파트에 책으로 가득 찬 책장, 즉 반드시 읽어야 할 책, 교양 있는 프랑스인들의 저녁 식사 자리에 등장하는 책, 저항과 전복을 꿈꾸는 자녀들이 자유주의 아나키스트나 부르주아지 마르크스주의자들의 세계로 진입할 수 있게 하는 암호 역할을 하는 책으로 가득 찬 책장에서 우러나는 자신감이 부족하다고 생각했다. 안느는 그런 책장을 가지고 있었고, 나는 그런 안느가 부러웠다. 모노폴리 게임에 나오는 거리에서 파리 체류 생활 초반을 보내고, 〈렉스프레스〉지가 선정한 상위권 대학의 중국어 수업이나 영화 강좌를 듣고, 태어나서 처음으로 조르주 당통과 앙리 4세 동상이나 (나중에서야 알게 되었지만 파리 사람들은 별로 신경 쓰지 않는) 에펠탑 아래를 방황하던 내게는 안느가 지닌 자신감이 부족했다.

에펠탑을 사랑하고 감탄하는 것이 나쁜 취향이라는 것을 알게 된 후 감탄하는 것을 멈췄다. 더 일반적으로는 너무 감정적인 태도를 피했고, 너무 크게 웃거나 울지 않았다. 나는 내 성격 특징을 숨기고 내게 일어난 모든 일에 놀라지 않는 법을 배웠다. 파리 사람들은 결코 놀라지 않는다. 내 얼굴 표정을 통제했다. 이 평온의 가면은 조금씩 나의 또 다른 특징 중 하나가 될 것이다. 나는 가면을 쓰는 법을 배웠다. 지금까지도 나는 은밀히 모방을 하며 살았던 그 오랜 세월에 배신감을 느낀다.

사람들이 무심결에 내뱉는 이름에 익숙하지 않았지만 그 이름을 알고 싶어 했고, 또 그 욕망을 항상 부정하며 숨겨야 했다. 실제로 나는 상당히 열성적인 사람이지만 아닌 척해야 했다. 또한 육체적이고 기계적인 두려움도 있었다. 읽어야 할 책을 읽지 못하는 것이 두려웠고, 약간 서투르고, 너무 즉흥적이고, 웃을 때 온몸이 이완되면서 나오는 너무 또렷한 웃음소리마저 두려웠다. 그래서 나는 내 자신을 잘못 드러냈다. 나는 나 자신을 붙잡았다. 나는 그들을 따라 입을 다물었다. 가끔 밤에 몰래 새로운 친구들이 경멸하는 베스트셀러를 읽기도 했지만, 오랜 친구의 안부를 묻는 것처럼 점점 재미가 없어지면서 결국에는 이런 일들을 하지 않게 되었다.

파리에서는 12시에 점심을 먹거나 7시에 저녁 식사를 하는 것이 아니라 모든 것이 한두 시간 늦게 시작된다는 것을 곧 알게 되었다. 심지어 시간표도 달랐다. 그래서 9시에 저녁을 먹으며 자신감을 내뿜으며 사람들의 말을 경청했다. 대화 상대들은 내가 아직 배우지 못한 것을 미리 알고 있다는 듯한 미소를 지으며 고개를 끄덕였고, 한없이 침착하고 예의 바르게 행동했다. 하지만 나에게 속물근성은 게임이 아니었고 농담도 아니었다. 그것은 폭력의 한 형태였다.

그 폭력은 물리적인 것이 아니라 상징적인 것이었다.

중산층이나 빈민층에서 속물이라고 불리는 모든 사람은 의심할 여지 없이 이러한 문화적 폭력을 경험했다. 이러한 현상은 세상 어느 곳보다 프랑스에서 더 심하기 때문에, 프랑스만의 특성인 것 같다.

물론 『마틴 에덴Martin Eden』이나 『빌리 엘리어트Billy Elliot』 같은 작품은 어디에나 존재하지만, 프랑스처럼 수도에 권력과 문화가 심하게 편중된 곳은 없다. 그리고 일반적으로 프랑스만큼 문화가 중요한 곳도 없다. 전 세계적으로 파리는 럭셔리, 패션, 오트쿠튀르의 세계적인 수도로 여겨진다. 2차 세계대전 이후, 교육, 과학, 문화 진흥을 위해 설립된 유네스코가 파리에 본부를 두고 있는 것도 우연이 아니다. 파리에 박물관, 공연장, 전례 없는 문화 행사가 집중되며, 이러한 편중은 파리 사람들의 오만함을 어느 정도 설명해준다.

파리지앵이라고 부르는 이 사람들에 대해 나를 괴롭게 하는 것이 무엇인지 말로 표현하는 데 거의 10년이 걸렸는데, 그것은 바로 자부심이다.

수도의 주민들—그리고 나는 이제 나 자신을 그들 중 하나로 간주한다—은 자부심이 강한 것처럼 보이며, 이 때문에 나는 그들이 거슬린다. 그들은 문화, 음식, 사회생활에 대한 욕구를 충족시키기 위해 어디에도 갈 필요가 없다. 파리지앵은 여행을 거의 하지 않으며, 우리가 파리지앵에 대해 가지고 있는 고정관념, 즉 이네스 드 라 프레상쥬나 카트린 드뇌브가 완벽하게 구현한 파리지엔은 꽃무늬 드레스와 하이힐을 신고 자전거를 타고 다닐 뿐 멀리 모험을 떠나지 않기 때문에 위험에 빠질 우려가 없다. 우리가 상상하는 파리지앵은 모든 것이 자신의 손끝에 있고, 앞서 말했듯이 지방이라고 통칭되는 지역에 대한 호기심은 거의 없다.

이런 상황에 직면하면 우리는 자신의 부족함을 부끄러워하는 경향이 있다.

나도 부끄러웠다.

애니 에르노Annie Ernaux(《부끄러움Shame》, 《세월The Years》), 디디에 에리봉Didier Eribon(《랭스로 되돌아가다Returning to Reims》), 에두아르 루이Édouard Louis(《에디의 끝The End of Eddy》)와 같은 작가들은 '다른 곳에서' 왔다는 부끄러움과 더불어 파리에 도착했을 때 자신의 기원에 선을 긋고 이름을 바꾸거나 가족과의 관계를 끊음으로써 자신을 완전히 재창조하기로 결심하는 과정을 탐구해왔다.

디디에 에리봉은 사회와 가족에 대한 고찰을 담은 《랭스로 되돌아가다》에서 노동 계급 출신의 모범생이 파리로 건너가 문학과 마르크스주의에 매료되고 다른 세계로 들어가기 위해 '완전한 재교육'을 강요당하는 한편, 교양을 갖추지 못한 채 프롤레타리아 이상을 구현하지 못한 부모를 원망하게 되는 모습을 그렸다.

어린 시절의 고향을 자연스럽게 지적인 파리로 바꾸는 것은 역설적인 폭력이다. 이 폭력은 자신의 권리를 위해 싸우는 방법을 알지 못하고 자신의 상황을 설명할 단어가 부족하다는 것을 발견하게 한다. 나는 〈렉스프레스〉지에 나온 한 일본 여성의 말을 떠올리며 "그들의 언어를 구사하지 못하면 그들은 당신이 존재하지 않는 것처럼 행동한다"는 문장에 새로운 의미를 부여했다.

지난 10년 동안 나는 이유를 설명할 수 없

"파리지앵이라고 부르는 이 사람들에 대해 나를 괴롭게 하는 것이 무엇인지 말로 표현하는 데 거의 10년이 걸렸는데, 그것은 바로 자부심이다."

는 부끄러움을 느끼며 사소한 추격전 속에서 살아왔던 것이다. 제대로 된 언어를 구사하지 못하고 존재감이 없어질까 봐 불안했던 게임이었다. 지방 사람인 것이 드러날까 봐 두려웠던 게임.

'설명할 수 없음.' 파리에 도착했을 때 내가 가진 문화에 대한 생각과 파리 지식인들의 생각 사이의 심연을 말로 표현하려고 할 때마다, 나는 내가 부족하고 또 부적절하다고 느꼈다. 바보가 된 기분이었다. 내 언어로는 이 당혹감을 지배하는 신비로움을 표현할 수 없을 것 같았다. 어렸을 때 문화인들, 예를 들어 작가들에 대해 느끼던 감정과 비슷했다. 즉, 그들은 나와는 다른 종, 반신반인, 도달할 수 없는 근본적으로 분리된 존재라는 느낌이었다.

오랫동안 나는 마법의 장벽에 의해 문화가 만들어지는 연구실과 내가 단절되어 있다고 생각했고, 지금도 그런 생각이 든다.

나는 마법이라는 단어를 고집해야 한다. 당시 내 생각에 그것은 사회적 장벽이나 지리적 장벽이 아니었고, 직업적, 경제적 장애물도 아닌 마법의 장벽이었다. 새로 사귄 친구들과는 이 마법 같은 느낌, 문화적 느낌을 공유하기 어려웠다. 다양한 종류의 사회적 결정론으로 해부할 수 없었고, 말로 표현할 수 없는 묘한 느낌이 들었다.

그들이 내 상황을 이해했다면 그것은 부르디외적 프리즘, 즉 이성적이고 정치적인 프리즘을 통해서였기 때문에, 그들은 고다르Godard나 팽송-샤를로Pinçon-Charlots와 같이 새로운 분위기에서 승인된 바람직한 좌파 사상가들을 인용하곤 했는데, 나는 부르디외에 대한 끊임없는 언급이 그들이 '상징적 폭력'이라고 부르는 것 그 자체로 보였다는 사실을 그들에게 이해시키지 못했다. 부모님은 존재조차 몰랐던 계급투쟁에 대해 언급하기 위해 그들이 마음대로 사용한 이 정확한 단어, 너무나 옳은 이 단어는 폭력을 재생산할 뿐이었다.

나는 심장이 두근거렸고, 그들은 참조목록을 가지고 있었다.

3

시대가 변하면서 최근에는 수치심이 증오로 바뀌고 있다.

물리적 폭력은 상징적 폭력에 대응한다.

좋든 나쁘든, 프랑스는 파리에 복수를 하고 있다.

2010년대 많은 책이 수도의 특권에 대한 분노가 커지고 있음을 증명한다. 에마뉘엘 리처드Emmanuelle Richard의 《해체Désintégration》는 '모든 것을 즐기면서 노동 계급을 경멸하는

위: 파티 중에 길을 잃다.
왼쪽 위: '일반적인 시위grève générale' 라는 문구 위에 붙은 '일반적인 꿈rêve générale'이라는 말장난 스티커
왼쪽 아래: 러시아워 시간의 파리 지하철

파리 VS. 지방

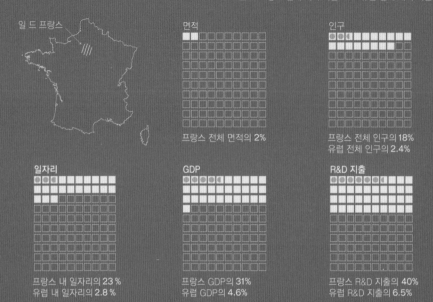

일 드 프랑스

면적

프랑스 전체 면적의 2%

인구

프랑스 전체 인구의 18%
유럽 전체 인구의 2.4%

일자리

프랑스 내 일자리의 23 %
유럽 내 일자리의 2.8 %

GDP

프랑스 GDP의 31%
유럽 GDP의 4.6%

R&D 지출

프랑스 R&D 지출의 40%
유럽 R&D 지출의 6.5%

출처 : 프랑스 통계청과 EUROSTAT

국가 GDP 기여도

기타
50.1%

일 드 프랑스
30.9%

누벨 아키텐
7.5%

오베르뉴 론 알프스
11.5%

1인당 GDP

일 드 프랑스

52.100 €

프랑스 평균

30.600 €

유럽 평균

29.500 €

출처 : EUROSTAT (2019)

일 드 프랑스 대 지방

파리 지역과 지방의 분야 별 물가 차이

통신	+0%
주류 및 담배	+0.5%
의류 및 신발	+2.9%
가구 및 가전, 유지 보수	+4.2%
교통	+5.7%
식품 및 음료(주류 제외)	+6.4%
의료	+6.5%
여가 및 문화생활	+6.6%
레스토랑 및 호텔	+8.0%
기타 상품 및 서비스	+9.9%
임대료, 유지보수 및 숙박	+24.7%

출처 : 프랑스 통계청

[파리의] 이 작은 집단'에 대한 증오로 가득 찬 소설이다. 특정 계급에 대한 상류층의 경멸이 어떻게 분노를 낳는지 분석하는 정치 소설이기도 하다. 분노를 유발하는 요인은 무엇일까? 어느 날 오후, 화자는 파리의 한 거리에서 젊은이들이 "어떡하지"라는 말을 반복하는 것을 듣는다. 장 뤽 고다르의 영화 『미치광이 피에로Pierrot le fou』에서 "어떻게 해야 할지 모르겠어"라고 외치던 안나 카리나처럼 말이다. 여러 직업을 전전했지만 여전히 생계를 유지할 수 없는 모양새를 두고 에마뉘엘 리처드는 뻔뻔한 일이라고 말한다. "특권적 게으름을 외치는 풋내기들을 마주한 그녀는 자신의 열정이 쪼그라드는 것을 평생 무력하게 지켜본 부모님이나 소박한 공무원을 생각하며" 폭력에 대한 충동을 느낀다.

사회적 특권을 누리는 자들의 갑질에 종지부를 찍고 싶다는, 더 이상 설명할 필요도 없는 충동.

2019년 노란 조끼 시위대의 분노는 같은 열망을 표현했다.

시위가 시작된 첫 주말에 약 1만 명의 사람들이 파리에서 휘발유 가격과 생활비 상승에 항의하는 집회를 열었다. 곧 샹젤리제 거리의 유명한 브라스리 푸케가 파손되고, 부르스 광장의 브롱냐르 궁이 공격받았으며, 튈르리 궁의 난간이 뿌리째 뽑혀 심각한 손상을 입었고, 신문 가판대에 불이 났다. 이에 대해 법과 질서의 세력은 복수로 맞섰다. 내무부에 따르면 1,900명의 노란 조끼 시위대가 부상을 입었고, 그중 94명은 손이 베이거나 얼굴에 상처를 입는 등 심각한 부상을 입었으며 14명은 실명했다. 그러나 사

지를 잃는 한이 있더라도 부자들의 특권을 끝내야 한다는 열망은 아름다운 도시 어디서나 끊임없이 이어졌다. '프랑스를 파리로 가져오라'는 구호가 울려 퍼졌다. 소셜 미디어에서는 '마크롱을 데려오라'는 요구가 쏟아졌다.

2020년 3월, 첫 번째 코로나19 봉쇄령이 내려졌을 때 평균 40평방미터의 공간에 다른 3명과 함께 갇히지 않기 위해 시골로 떠나는 파리지앵에 대한 분노가 극에 달했고, 〈르 푸앙 Le Point〉지에 실린 마리 다리외세크Marie Darrieussecq 같은 일부 부르주아 작가들의 "공격받지 않기 위해 파리 번호판이 붙은 차를 차고에 숨겨야 한다"는 기사는 트위터에서의 조롱과 살해 충동의 불길을 부채질했다.

그런데 정말 그럴까?

모든 파리지앵이 우리가 생각하는 것만큼 특권을 누리고 있을까?

부동산 중개업체 록세르비스LocService의 2019년 조사에 따르면, 파리의 임대료는 지방보다 평균 188% 높다. 수도 거주자의 약 3분의 2(61.7%)가 임대인인데, 전국적으로는 40%에 불과하다. 파리는 리옹, 마르세유와 함께 프랑스에서 가장 공해가 심한 3대 도시 중 하나이며, 파리 시민들은 매일 평균 1시간 32분을 대중교통 이용에 쓴다. 물론 문화적 명소와 직업 기회는 늘어나고 있지만, 예전 같지 않은 삶의 질 때문에 고향을 떠나는 파리지앵들이 점점 늘고 있다. 프랑스 국립통계경제연구소(INSEE)에 따르면 파리는 현재 매년 약 1만 2,000명이 감소하고 있다(매년 비슷한 숫자가 유입되지만). 2011년부터 2016년까지 5만 9,648명이 수도를 떠났으며, 일 드 프랑스 주민 10명

풍피두 센터의 더러운 유리창 밖으로 바라본 파리 풍경

"파리에 도착했을 때 만난 안느 같은 친구들도 대부분 세입자였지 않나?
그들도 돈 문제가 있지 않았을까? 그들이 교양 있는 것은 사실이지만
정말 사치스럽게 살았을까?"

중 7명은 여전히 수도와 그 지역을 떠나고 싶다고 말한다. 이들이 수도를 떠나지 않는 건 대부분 실업에 대한 두려움 때문이다. 파리의 노동 계급이 처한 상황은 재정적, 사회적, 전반적인 복지 측면에서 점점 더 불안정해지고 있다. 50년 동안의 젠트리피케이션으로 파리의 블루칼라 노동자 비율은 65.5%에서 28.6%로 떨어졌다. 모든 백만장자는 수도 파리의 고급 주택을 원하지만, 파리에는 1만 명이 넘는 노숙자가 있다. 2015년 파리의 빈곤율은 16.1%에 달했다. 한편 중산층은 도시에서 할 수 있는 일을 하며, 악마와 계약을 맺는다는 것을 알면서도 에어비앤비를 통해 기꺼이 아파트를 빌려주며 생계를 이어가고 있다.

그러고 보니 파리에 도착했을 때 만났던 안느와 같이 처음에는 속물이라고 생각했던 친구들도 대부분 세입자였다. 그들도 돈 문제가 있지 않았나? 그들이 교양 있는 것은 사실이지만 정말 사치스럽게 살았을까? 그들의 상황은 첫인상보다 더 모호하지 않을까?

어머니 집으로 돌아와 작은 마을에서 은퇴한 어머니가 현재 누리고 있는 삶의 질을 보면서 나는 파리 사람들과 내 친구들의 소위 속물 근성에 대해 다시 생각해 보았는데, 갑자기 그것이 어떤 종류의 질병, 일종의 방어 기제처럼 느껴졌다. 그게 그들이 가진 전부였다. 자신의 불편함을 감추기 위한 참조 목록들.

파리 신드롬. 안느를 비롯한 많은 파리지앵은 아마도 이 신드롬을 가장 먼저 경험했을 것이다. 파리가 얼마나 모순적인지, 얼마나 매력적이고 폭력적인지 알고 있었기 때문에 파리에 매료된 것일지도 모른다.

그들은 또한 깨끗한 공기나 녹지의 결핍, 그리고 그에 따른 자유의 부족을 경험했을 것이다. 그들도 상처를 받은 경험이 있었을 테다.

파리에 살면서 나는 쉽게 추측할 수 없는, 특정 문화 코드, 아이러니 또는 게임에 관련되어 있다고 스스로에게 말하곤 했다.

당신은 당신이 놓치고 있는 모든 것을 느끼고, 또 알고 있다. 🖋

※ 이 글은 블랑딘 린켈의 《사물의 비밀스러운 이름》에서 발췌했다.

레드 스타 FC와
함께한 계절

베르나르 샹바즈
Bernard Chambaz

센생드니 중심부에 위치한 악명 높은 93 구역에는 프랑스에서 가장 오래된 축구팀 중 하나이자 레지스탕스와 반인종주의, 반파시즘의 철학을 가진 레드 스타 FC가 있다.

축구에서 2014-15시즌은 가을부터 겨울, 봄까지 이어지는 시즌이라고 할 수 있다. 그해 나는 운 좋게도 파리의 축구 클럽인 레드 스타 FC와 함께 시간을 보낼 수 있었다. 비가 오나 눈이 오나 팀을 따라다니며 2부 리그에 해당하는 프랑스 리그 2로 승격하기 위해 싸우는 선수들을 응원하며 매 순간을 즐겼다. 이후 팀은 강등되었지만 다시 일어설 준비가 되어 있었고, 코로나19가 모든 것을 멈추게 한 2020년에 그 기회를 잡았다.

축구 클럽을 정의하는 것은 그 클럽의 역사이며, 레드 스타는 그 역사만큼이나 유명하다. 클럽의 홈구장이기도 한 바우어 경기장은 그야말로 기념비적인 장소다. 레드 스타의 연고지는 파리 북쪽 외곽, 프랑스에서 가장 가난하고 빈민층이 많은 센생드니에 위치한 생투앙쉬르센이라는 곳이다. 나는 이 팀을 따라다니는 시즌 동안 경기장 안팎에서 선수들을 알아갔다.

프랑스에서 가장 오래된 축구 클럽은 아니지만—그 영광은 영국인이 설립한 르아브르 AC에게 돌아갔다—, 레드 스타의 역사는 19세기로 거슬러 올라간다. 월드컵을 창설한 쥘 리메Jules Rimet가 이 클럽의 창립자다. 리메를 생각하면 사진 속 모습처럼 오버코트와 쓰리피스 정장, 모자를 쓴 노신사를 떠올리겠지만, 우리가 기억해야 할 것은 1897년 2월 21일, 운명의 날에 스물셋의 리메가 동생 모데스테(실제 그의 이름), 두 명의 친구와 함께 영어 이름이 붙은 이 클럽을 설립했다는 사실이다. 레드 스타라는 이름은 볼셰비키적인 비전과는 아무런 관련이 없는, 동명의 영국 해운 회사 이름에서 따온 것이다.

레드 스타가 프랑스컵에서 다섯 번이나 우승했다는 사실은 널리 알려지지 않았다. 1921~1923년 파리의 스타드 페르싱에서 3만 명의 관중이 지켜보는 가운데 3회 연속 우승을 거뒀고, 1928년에 네 번째 우승을 이뤘다. 독일 점령 기간 중이던 1942년 5월 17일, 파리 북서쪽 콜롬베스 경기장에서 궂은 날씨와 함께 모두의 마음이 무거웠던 가운데 레드 스타는 다섯 번째 우승컵을 거머쥐었다. 나는 당시 우승 골을 넣은 프레드 애스턴Fred Aston의 회고에 깊은 인상을 받았다. "우리는 일 년 내내 토너먼트에 출전했고 끝까지 해냈다. 당연히 기뻐해야 했지만, 다른 때였다면 더 좋았을 것이다." 같은 달 비시정부는 젊은이들을 독일로 보내는 강제징용 프로그램 STO(Service de Travail Obligatoire)를 도입했고, 리노 델라 네그라Rino della Negra는 입대를 피하기 위해 숨어 살아야 했다. 나는 그렇게 리노 델라 네그라라는 선수에 대해 알게 되었다.

베르나르 샹바즈Bernard Chambaz는 프랑스의 소설가, 수필가, 시인이며, 전기 및 스포츠 서적을 집필한 작가이다. 1993년 데뷔작인 《생명의 나무L'arbre de vies》로 공쿠르상을, 2005년 《여름Été》으로 아폴리네르상을, 《마르탱 페슈르의 마지막 날Dernières nouvelles du martin-pêcheur》로 아카데미 프랑세즈 롤랑 드 주베넬상을 비롯해 2014년 스포츠 문학상 등 수많은 상을 받았다.

> "축구 클럽을 정의하는 것은 그 클럽의 역사이며, 레드 스타는 그 역사만큼이나 유명하다."

2015년 2월 21일 토요일은 리노 델라 네그라가 나치의 손에 처형된 지 71주년이 되는 날이었다. 그는 프랑스 공산당이 결성한 레지스탕스의 무장 조직 FTP에 입대해 프랑스를 위해 목숨을 바친 MOI(Main-d'Œuvre Immigrée, 이주 노동자들) 그룹 중 한 명이었다. 나치에게 체포된 후 나치 측이 배포한 유명한 '붉은 포스터'의 주인공이 되기 전까지 그는 7번 셔츠를 입고 뛰었다. 그는 스무 살의 나이로 세상을 떠났는데, 총살대에 오르기 직전 동생에게 남긴 "레드 스타의 모든 이에게 안부와 작별 인사를 전해 달라"는 마지막 말은 내 가슴에 깊이 새겨져 있다. 스타드 바우어 경기장 밖에서 추모 행사가 열렸다. 나는 도덕적 의무감과 감사한 마음으로 추모 행사에 참석했다. 오후 2시, 명판 앞에는 사람이 많지 않았고 커다란 회색 구름만 가득했다. 가장 먼저 도착한 사람들은 맞은편 카페에 가 있었고, 그 후 더 많은 사람이 나타났다. 모인 사람은 모두 30명 정도였는데, 일부는 젊고 일부는 나이가 많았으며, 나보다 더 나이가 많은 재향군인회 회원들도 있었다. 점점 어두워지는 하늘 아래, 광장의 야자수 위에 걸린 재향군인회 깃발은 관계자가 짧은 연설을 하는 동안 깃대를 향해 말려 올라갔다. 그런 다음 다섯 개의 꽃다발을 꽂았는데, 빨간 장미나 노란 장미를 가져오지 않은 내 자신에게 화가 났다. 마지막으로 종소리나 팡파르 없이 고인에 대한 경례를 했다. 빗방울이 떨어지기 시작하자 참석자들은 소심하게 국가 「마르세예즈」를 부른 다음, 보다 경쾌한 톤으로 「파르티잔의 노래 Le chant des partisans」*를 불렀는데 166번 버스의 엔진 소리에 묻혀 끊겨버렸다.

홈구장은 클럽 정체성의 핵심이라 할 수 있는데, 레드 스타의 경우 더욱 그러하다. '바우어 스타디움에 전기가 통했다'는 언론 보도가 자주 나오는데, 이 전설적인 장소는 에너지로 가득 차 있다고 해도 과언이 아니다. 영국식으로 설계된 이 경기장은 반쪽짜리 경기장이라고 할 수 있는데, 두 개의 스탠드가 철거되었고 건설부 장관과 체육부 장관의 의견이 맞지 않아 네 번째가 건설되지 못했기 때문이다. 시청 쪽 골대 뒤에는 저소득층 주택 블록이 있다. 이 블록의 주민들은 발코니에서 경기를 관람하거나 사크레 쾨르 쪽을 바라볼 수도 있다. 이 경기장은 1909년 올드 웨스트민스터라는 놀랍도록 고풍스러운 이름을 가진 영국 팀과의 개장 경기를 한 이래로 그 자리를 지켜오고 있다. 스포츠 저널리스트 장 에스케나지Jean Eskenazi가 말한 것처럼 이 경기장은 "사회 다양성의 상징이다. 이곳은 결코 속물들을 위한 장소가 아니었다. 이곳은 파리가 아니었다. 그보다 더 좋았다. 파남이었다." 파리의 옛 별칭이었던 파남은 사

---

* 프랑스의 군가이자 민중가요이다. 1943년도 런던으로 망명한 러시아계 프랑스인 싱어송라이터 안나 말리Anna Marly가 러시아 민요에서 영감을 얻어 작곡한 노래로 작곡가 본인이 녹음해서 BBC가 프랑스 전역에 방송했고, 이를 들은 레지스탕스 부대가 자신들의 상징곡으로 사용했다.

파리 생제르맹

축구팀 파리 생제르맹(PSG)은 1970년에야 창단되었으며, 창단 동기는 정치적이었다. 파리 출신 팀이 프랑스 컵에서 마지막으로 우승한 것이 1949년이었기 때문에 재부팅이 필요했던 것이다. 새로운 팀은 처음에는 스타드 생제르맹과 합병되었지만 2년도 채 되지 않아 분열되었고, 파리 FC를 승격시키고 PSG를 아마추어 리그로 강등시키려는 계획이 세워졌다. 하지만 상황은 다르게 흘러갔다. 패션 디자이너 다니엘 에스테와 배우 장 폴 벨몽도Jean-Paul Belmondo를 비롯한 팬들이 PSG를 구해낸 것이다. 에스테는 에펠탑의 상징적인 로고와 팀 유니폼의 붉은 줄무늬를 디자인한 장본인이기도 하다. 이렇게 부유한 지역의 경기장을 기반으로 하는 화려한 클럽과 저렴한 가격 정책에 매료된 생제르맹-앵-레이 외곽 지역 출신의 노동자 계급 팬이 공존하는 기묘한 상황이 시작되었다. 극우파 팬들의 입김이 거세지면서 PSG의 팬들은 유럽에서 가장 두려운 우익 팬이 되었다. 1990년대에는 방송 기업 카날+ 소유주가 경기장 반대편에 온건하고 비정치적인 두 번째 클럽을 새롭게 창단하면서 두 진영 간의 공개적 충돌이 발생하기도 했다. 2010년 한 명의 팬이 사망한 후 5개의 극우 성향 그룹이 해체되고, 구단과 경찰의 공동 노력으로 1만 3,000명에 이르는 팬의 출입이 금지되었으나, 이 과정에서 불법 프로파일링이 이루어졌다는 사실이 드러나면서 큰 논란을 불러일으켰다. 2011년 클럽은 카타르 자본의 손에 넘어갔고, 2010년 카타르가 2022년 월드컵을 유치하는 데 프랑스가 결정적인 역할을 했다는 사실은 일각에서 여전히 논란이 되고 있다. 소유주가 바뀐 후 티켓 가격은 70%나 올랐고, 네이마르와의 계약에 1억 2,200만 유로(2억 6,000만 달러), 음바페와의 계약에 1억 8,000만 유로(2억 1,100만 달러)를 지출하면서 PSG는 유럽 축구의 거물 중 하나로 자리 잡게 되었다.

라졌지만 레드 스타의 경기장은 결코 속물들을 위한 장소가 될 수 없다.

바우어는 무엇인가? 경기장 이름이기도 하고, 거리 이름이기도 하다. 경기장은 닥터 바우어 거리에 있다. 바우어 박사는 어떤 사람이었을까? 장 클로드 바우어Jean-Claude Bauer는 생투앙 지역의 의사로 레지스탕스에 가담했다가 프랑스 경찰에 체포된 후 게슈타포에 넘겨져 총살당한 인물이다. 그를 기리기 위해 옛 라 샤펠 거리에 그의 이름을 붙였다.

파리 시내에서 경기장으로 가려면 지하철을 타고 포르트 드 클리냥쿠르 역에서 내려 데 마레쇼 대로를 건너야 한다. 주차장을 지나 북쪽으로 계속 가다가 외곽순환도로 아래를 지나면 벼룩시장이 나온다. 더 정확하게는 옷, 운동복, 진품과 가짜 가죽 제품, 운동화, 50유로짜리 악어가죽 신발, 시계 등을 판매하는 노점들이 있으니 나침반은 따로 필요 없다. 왼쪽으로 레오나르도 샤샤* 거리를 지나 《캉디드Candide》의 작가 이름을 딴 볼테르 거리를 지나고, 소농사로 부자가 된 캉탈 출신의 농부를 기리는 비론 거리를 지나면 닥터 바우어 거리에 도착한다. 경기 전에 사람들은 매표소에 줄을 서고, 길 건너편에 있는 '올림픽' 바에서 술을 마시고, 어린 선수들의 어머니들이 1유로에 황금색 감자튀김을 파는 밴 앞에서 줄을 선다. 몇 계단을 올라가면 늘 같은 경이로움이 느껴진다. 흰색 선으로 둘러싸인 녹색 직사각형.

오랫동안 꿈꿔왔던 일이다.

나는 레프 야신을 비롯한 여러 세대의 축구

---

* 평생 불의에 저항했던 이탈리아 작가. 전후 이탈리아 사회의 윤리와 사상을 이끌며 정신적 지도자로 불린다.

선수들처럼 프랑스 작가 팀의 일원으로 스타드 바우어의 잔디밭을 밟을 수 있었다. 올림픽 경기장의 신성한 울타리 안이나 라마르틴이 사랑했던 '대리석 먼지' 속에서 뛰는 것마냥 그렇게 뛰었다. 나는 이미 잔디, 진흙(계절에 따라 덩어리가 있거나 없는), 안정된 잔디 구장(일부는 다른 곳보다 배수가 더 잘된다), 학교 운동장의 콘크리트 및 파리를 비롯한 전 세계 다른 도시의 자갈밭 등 여러분이 상상할 수 있는 모든 표면에서 뛰어보았다. 하지만 합성 인조 잔디는 처음이었다. 비가 쏟아지는 날이었지만 나는 비를 좋아하니까 별 상관이 없다고 생각했다. 하지만 곧 깨달았다. 어렸을 때 우리를 즐겁게 해주던 물웅덩이, 장화끼리 쓸리며 나던 소리, 진흙탕 같은 것들이 없다는 사실을. 비가 오면 공이 더 빨리 움직이기 때문에 선수 입장에서 이 상황은 좋지만은 않았다.

축구 클럽은 크든 작든, 도시든 시골이든 그 공간에 속해 있는 법이다. 스타드 바우어는 마을, 인터페이스, 생태계, 동네의 일부이다.

레드 스타 클럽이 노동 계급에게 어필할 수 있도록 박차를 가한 것은 생투앙 지방자치단체이다. 이 지역의 노동자들은 부동산 투기로 주민들이 떠난 파리에서 밀려나 이곳으로 왔다. 프랑스 시골, 이탈리아나 폴란드 같은 외국, 해외 영토, 아프리카 국가들이 아직 독립하지 않았던 시절의 옛 식민지 등을 떠나 이곳으로 온 사람들이다. 21세기에 들어서면서 이민의 큰 흐름이 안정화되었고, 이 동네는 이러한 다양성의 혜택을 누리고 있다. 그 어느 때보다 클럽은 다양한 출신 배경을 지닌 젊은 인재를 끌어들이겠다는 소명을 이루고자 한다. 그들에게 기회를 주는 것이다.

축구는 젊은이들이 꿈을 꿀 수 있게 해주며, 이는 좋은 일이다. 축구는 자신의 열정과 재능을 마음껏 펼칠 수 있는 기회일 뿐만 아니라 축구 산업을 둘러싼 금융 거품을 바탕으로 한 사회적 성공의 통로가 될 수 있다. 프랑스 국가대표 카일리안 음바페Kylian Mbappé는 생투앙에서 15킬로미터 떨어진 봉디 출신으로, 봉디 역시 이곳과 비슷한 분위기의 도시다.

생투앙의 역사는 어제 오늘 시작된 것이 아니다. 꽤 오래전인 중기 구석기 시대까지 거슬러 올라간다. 생투앙은 스타드 바우어가 황무지였던 시절, 다고베르 왕의 팀에서 활약한 성인의 이름이다. 프랑스 혁명 당시 이 마을의 이름은 '뱅 쉬르 센'이었고, 1830년 7월 혁명이 일어나고 나서야 항구와 부두가 건설되었다. 이는 산업화의 시작을 알리는 신호탄이 되었고, 그렇게 파리 외곽의 산업 지역인 레드 벨트가 탄생했다.

확실한 것은 레드 스타가 이 마을의 보석이라는 점이다. 어떤 사람들은 벼룩시장, 골동품 및 중고 시장을 선호하지만, 나는 그렇게 생각하지 않는다. 유명한 작가 레몽 크노Raymond Queneau는 이 마을을 유명하게 만드는 데 일조했다.

> 파란색 또는 흰색 꽃
> 내 마음을 사로잡네.
> 내 마음을 사로잡네.
> 파리 근처 생투앙에서.

축구 클럽과 벼룩시장 외에도 이 마을에는 대형 생활폐기물 처리회사와 다농, 로레알 등의 본사가 있는 업무 지구가 있다. 수십 년 동안 주민 수는 약 5만 명으로 안정적으로 유지되고, 이중 약 3만 명이 임금 노동자다. 코로나19 이전의 실업률은 약 18%로 전국 평균 두 배에 달했지만, 다른 교외 지역에 비해서는 낮은 편이다. 인구의 3분의 2가 45세 미만으로, 생투앙은 파리 근교 지자체의 전형적인 모습을 보여준다. 이러한 맥락에서 레드 스타가 대중적이고 노동자 친화적인 클럽으로 자신을 정의하려는 것은 제법 일리가 있어 보인다. 하지만 노동자 친화적인 클럽을 어떻게 정의하는지는 별도의 문제다.

노동자 친화적인 클럽으로 보이고자 하는 클럽의 정당한 욕구야 확인할 수 있다 쳐도, 대중적인 클럽의 특징은 어떻게 규정해야 할까?

우선, 레드 스타의 특징은 '독특함'이다. 레드 스타가 다른 파리의 클럽들과 차별화되는 점은 —화려한 파리 생제르맹처럼 큰돈을 버는 것도 아니고, 파리 FC처럼 위상이 불안하지도 않다— 길고 유구한 역사에 있다. 두 번째 특징은 지난 50년 동안 '더 존'이라고 불리던 수도와 교외를 교차하는 센생드니 지역의 가장자리라는 이상적인 위치다. 즉, 클럽의 특징은 역사와 입지를 아우르는 그 뿌리에 있다고 할 수 있다. 하지만 대중적이라는 것은 무엇을 의미할까? 가장 시끄럽게 응원하는 관중들이 자리한 골대 뒤쪽의 저렴한 구역을 '포퓔레르'라고 하는데, 스타드 바우어의 골대 뒤쪽에는 테라스가 없다. 대중적이라는 형용사는 긍정적 의미(천재성, 지혜, 민속춤)와 부정적 의미(속임수, 편견)를 모두 지니며, '저속한'에서 '유명한'에 이르기까지 매우 다양한 동의어를 지닌다. 하지만 이 단어의 정의는 명확하다. '민중에게 속하는 것,

위: 레드 스타 팬들이 경기 시작 전 만남을 가지는 '올림픽' 바
아래: 팀 스티커와 함께 정치적인 메시지로 장식되어 있는 '올림픽' 바의 화장실 변기

경기 시작 전 대기 중인 선수들

민중을 특징짓는 것', 즉 합리적이라고 생각할 수 있는 가격을 지불하고 경기장을 찾는 사람들뿐만 아니라 경기장에서 뛰는 사람들까지 포함하는 개념이다. 따라서 선수들은 관중을 반영하는 존재이며, 경기장은 젊은이들을 키우는 곳으로 볼 수 있다.

유행어를 사용하자면 레드 스타는 하나의 '기관institution'이라고 할 수 있다. 2008년부터 클럽은 광고 제작사 프레메르 에르의 설립자인 파트리스 하다드Patrice Haddad를 구단주로 맞이했는데, 여느 구단주처럼 열정적이지만 신중하고 인본주의자이며 예술과 문학 애호가인 그는 캉골 모자를 쓰고 다녔다. 그의 곁에는 나도 여러 차례 만난 적 있는 장래가 촉망되는 매니저 폴린 가메레Pauline Gamerre, 예술에 대한 열정을 가진 보기 드문 크리에이티브 디렉터이자 축구 선수인 다비드 벨리옹David Bellion, 지난 세기 말 선수로서 이곳을 빛낸 스포츠 디렉터 스티브 말레Steve Marlet가 함께한다. 이미 다섯 살 때부터 날렵하고 능숙하게 공을 다룬 말레는 다리가 휜 노인이던 뛰어난 코치를 존경했다. 그는 학업 성적이 뛰어났으며 엄청난 노력파였고, 축구를 보는 것보다 직접 뛰는 것을 더 좋아했다. 열두 살 때 생제르맹 앙레의 명문 기숙학교에 체육 특기생으로 선발되었지만, 비싼 학비와 다섯 번째 중족골 골절로 학교를 떠나야 했다. 그 후 1993년에 센생드니로 향했다. 그는 전화번호부를 들고 모든 클럽에 전화를 걸었고, 보비니가 그를 반겨주었다. 그는 그곳에서 레드 스타로 영입되어 빠르게 1군으로 진입했다. 그렇게 생투앙으로 거처를 옮겨 부엌 창문으로 경기장이 보이는 블랑키 거리 7번지 아

콘크리트 축구

파리가 별도의 국가였다면 월드컵에서 우승할 수 있었을 것이다. 음바페와 포그바를 필두로 파리 대도시에서 태어난 재능 있는 선수들로 구성된 팀이라면 브라질이나 잉글랜드와도 충분히 맞설 수 있다. 모로코부터 세네갈까지 다른 나라에서 뛰는 선수들을 포함하여 2018년 대회에서 뛴 52명의 선수들은 모두 프랑스에서 태어났다. 이중 15명 이상이 파리 출신으로, 전체 선수단과 교체 선수를 합쳐도 충분한 숫자다. 지난 20년 동안 파리는 세계 어느 도시보다 많은 정상급 축구 선수를 배출했는데, 2002년부터 2018년까지 60명의 파리지앵이 월드컵에 출전했다. 이 숫자는 이중 국적을 가진 많은 축구 선수가 다른 나라에서 뛸 수 있는 수도의 다문화주의를 반영하는데, 이러한 현상은 점점 더 두드러지고 있으며 무엇보다도 축구가 빈곤에서 벗어나는 방법으로 여겨지는 파리 빈민가의 삶과 관련이 있다. 대부분의 프랑스 지자체는 지역 축구팀에게 자금을 지원한다. 티에리 앙리Thierry Henry, 니콜라스 아넬카Nicolas Anelka, 음바페와 같은 축구 선수들이 축구를 배운 클레르퐁텐 국립 아카데미 설립은 1988년으로 거슬러 올라간다. 2024 올림픽과 마찬가지로, 1998년 월드컵을 위해 생드니에 스타드 드 프랑스를 건설하기로 결정한 것도 이 지역을 재생하기 위한 것이었다. 동네의 발전을 한없이 기다리는 동안, 대도시 인근의 젊은이들은 거대한 (후원사의) 광고판 속 선배들과 같은 챔피언이 되기를 꿈꾼다. 음바페에게 헌정된 광고판에는 이렇게 적혀 있다. "봉디, 가능성의 도시."

레드 스타 홈구장

1909년에 지어진 레드 스타의 스타드 바우어는 프랑스에서 가장 오래된 건물 중 하나이다. 한쪽 끝이 상징적인 삼각형 아파트 블록으로 대체된 현재의 모습은 1975년의 리노베이션을 통해 탄생했다. 1999년 폭풍우로 경기장 상태가 악화되면서 개보수를 주장하는 사람들과 새 구장으로의 이전을 외치는 사람들, 같은 부지에 새 경기장을 다시 짓자는 사람들 사이에 20년간 논쟁이 벌어졌다. 2015년 레드 스타가 2부 리그로 승격되며 스타드 바우어가 1, 2부 리그 경기를 치르기에 적합하지 않게 되자, 레드 스타는 파리에서 75킬로미터 떨어진 보베로 이사를 가야만 했다. 끈끈한 유대감을 과시하는 레드 스타 팬들 중 일부는 클럽이 다시 강등되어 '고향'으로 돌아오기를 바라기도 했다.

2019-20시즌 동안 모든 것이 제자리를 잡아가는 듯 보였다. 2024년 올림픽을 대비하여 경기장 신설에 대한 계약이 체결되었지만, 단기적으로는 2부 리그로 돌아가 더 권위 있는 무대에 맞게 경기장을 개조하는 것을 목표로 했다. 하지만 코로나19로 계획은 차질을 빚었고, 챔피언십은 중단되었으며, 레드 스타는 그 자리에 머물렀다. 경기장 신설이라는 옵션만 검토되고 있는 가운데 리노베이션의 꿈은 사라져버렸다. 누가 경기장을 지을 것인가 하는 단순한 문제만 남았는데, 생투앙 지방자치단체는 입찰에 낙찰된 회사(레알리테) 측에 땅을 매각하지 않고 낙찰자 중 한곳과 협상을 진행하기로 결정했다. 약자의 편을 드는 데 익숙하기 때문일 것이다.

파트에 방을 얻었다. 이후 아름다운 이야기가 이어졌다. 화려한 경력, 빅 클럽, 세 개의 메이저 리그(프랑스, 잉글랜드, 독일), 프랑스 대표팀 주장, 우승 타이틀.

엄밀히 말하면 코치는 '기관'의 일부가 아니지만, 크리스토프 로베르Christophe Robert는 2015년 2부 리그로의 승격의 일등공신이자 전략가였고, 그 영광을 클럽 식구들과 함께 나누고 있다. 체육관 맞은편에 있는 그의 사무실에는 컴퓨터와 색인카드와 〈르 파리지앵〉 사본이 무질서하게 놓여 있는 책상, 저울 세트, 세면대 등이 있다. 벽에는 갈매기와 정어리에 대한 그의 유명한 말만큼 잘 알려진 에릭 칸토나Eric Cantona의 명언이 붙어 있다. "나는 특정 팀을 상대로 경기를 하지 않는다. 지고 있다는 생각에 맞서 경기를 할 뿐이다." 로베르의 롤모델은 아르센 벵거Arsène Wenger다. 그는 이브리와 에스페랑스 스포르티브 드 튀니스에서 사막 한가운데의 경기장, 2~3만 명의 관중 앞에서 펼쳐진 경기, '미친 분위기' 등 인상적인 경험을 한 뒤, 다시 93지역으로 돌아왔다.

선수들은 비록 그들이 클럽을 창단한 것은 아니지만, 팀을 꾸리고, 클럽의 영혼을 만들어 나간다. 유벤투스의 플라티니Platini, 나폴리의 마라도나Maradona, 리버풀의 스티븐 제라드Steven Gerrard를 떠올려보라. 2014-15시즌을 통해 내가 알게 된 레드 스타에 대해 자세히 살펴보자. 골키퍼 이야기부터 시작해보겠다.

뱅상 플랑테Vincent Planté는 등번호 16번 셔츠를 입고 주장 완장을 차고 있었다. 그는 체조, 롤러하키, 축구를 즐기며 행복한 어린 시절을 보냈다. 그런데 왜 골키퍼가 되었을까? 그는

관중들의 응원을 받으며 열심히 경기를 뛰고 있는 레드 스타 선수들

여섯 살 때 첫 훈련에 참가했다. 두 명의 골키퍼가 필요했기 때문에 코치들은 가장 키가 큰 두 명의 선수를 선택했다. 첫 유소년 팀에서 그는 좋은 코치에게 마파 글러브를 끼고 공을 잡는 법 등 필수적인 것들을 배웠다. 트레이닝 센터에서 훈련을 받은 후 커리어를 시작했고 레드 스타에 입단했다. 그는 인상적인 수명을 자랑하는 소수의 선수 중 한 명이었다. 그는 스스로 서른다섯 살을 커트라인으로 설정했고, 이를 고수하여 2016년에 은퇴했다. "몸이 알려줬다"고 그는 말했다. 그는 부모님이 자신에게 가르쳐준 것을 세 자녀에게 물려주고 싶었다. 아내와 함께 훈련과 경기, 탁아소, 학교에 아이들을 데리고 다니며 다른 사람들과 어울릴 수 있도록 했다. 정직과 바른 행동은 그에게 가장 중요한 가치다. 어떤 색의 축구 셔츠를 선호하냐고 물었을 때 돌아온 그의 대답은 다소 실망스러웠는데, 그에게는 모든 것이 똑같았다! 그가 중요하게 생각한 것은 결과였다.

1991년생인 바비 알랭Bobby Allain은 예비 골키퍼였음에도 등번호 1번을 달았다. 당시 그는 레드 스타에서 가장 나이가 많은 선수 중 한 명이었다(이전에는 파리 남쪽의 또 다른 근교 도시 이브리 쉬르센에 있는 스타드 클레르빌에서 뛰었다). 알랭이라는 성은 아버지에게, 바비라는 이름은 그가 태어난 해에 종영한 드라마 『댈러스Dallas』 시리즈의 열렬한 팬이었던 어머니에게 빚을 지고 있다. 그가 어머니에게 받은 또 다른 유산은 스코틀랜드인의 뿌리이다. 열여섯에서 열일곱이 되던 해에 그는 글래스고 외곽의 컴버놀드에 있는 클라이드에서 뛰었다. 축구와 휴일에 대한 가장 좋은 기억은 모두 스코틀랜드와 관련이 있다. 그는 경기 당일은 물론 훈련 중에도 이어지는 경기장 분위기, 선수들의 헌신, 팬들의 열정에 놀랐다. 그는 레드 스타에서 같은 불꽃을 발견할 수 있었다. 여유 시간이 나면 사촌들과 축구를 하며 대부분의 시간을 보냈기 때문에 스코틀랜드를 탐험할 기회는 많지 않았고, 가장 북쪽으로 가본 곳은 네스호다. 바비는 자신이 가장 좋아하는 색상의 셔츠는 녹색이라고 말했지만, 2014-

15시즌에는 골키퍼들이 노란색과 빨간색을 번갈아 입었다. 그는 롤모델로 골키퍼계의 거목 잔루이지 부폰Gianluigi Buffon을 꼽았는데, 부폰이 쓴 자서전 《넘버 1Numero 1》은 아직 읽어보지 않았다고 한다.

사실 레드 스타는 수년 동안 수많은 명문 골키퍼의 고향이었다. 초대 골키퍼인 피에르 샤이리게스Pierre Chayriguès는 키가 170센티미터에 불과했다. 1차 대전 이전에 커리어를 시작한 그는 지역 클럽인 클리시 출신이다. 그는 5월 1일 또는 그다음 날에 태어났는데, 어느 쪽이든 새롭게 지정된 근로자의 날에 맞춰 태어난 셈이다. 그는 자신의 라인을 벗어나 공을 쳐내고 공격수 발밑으로 미끄러져 가거나 슬라이딩을 한 최초의 골키퍼다. 훗날 책을 통해 "골키퍼는 골대에 갇혀 있는 사람 이상의 존재가 되어야 한다는 것을 곧 깨달았다"고 밝혔다. 1차 대전 이후에도 왕성하게 활동한 그는 축구화를 발목에 두 번 묶는 독특한 방식으로 자신을 드러냈고, 그를 우상시하던 어린아이들이 이 방식을 따라하기도 했다. 그는 2차 대전이 끝난 후 은퇴하여 해안가 마을에 카페를 차렸다. 레드 스타의 또 다른 골키퍼는 프랑스 축구사에서 영광을 누린 최초의 외국 선수 중 한 명인 줄리앙 다뤼Julien Darui다. 카테나초* 전술을 창안한 동료 에레니오 에레라Helenio Herrera와 함께 OFC 샤를빌에서 데뷔한 그에게 붙여진 별명은 시인 랭보를 연상시키는 '바람 구두'였다. 다뤼는 하늘을 나는 사람이었다. 그는 공을 잡기 위해 다

─────────

* 축구 전술 중 하나로, '빗장 수비' 정도로 해석할 수 있다. 1960년대 인테르나치오날레 감독 엘레니오 에레라나 AC밀란의 감독 네레오 로코Nereo Rocc로부터 정립되기 시작한, 이탈리아 축구의 상징과도 같은 전술이다.

이빙하는 능력뿐만 아니라 손과 발을 이용한 클리어링에도 능했다. 이후 그는 생계를 유지하고 돈을 모으기 위해 핀더 서커스단에서 일했다. 광대, 큰 고양이, 베이스 드럼 사이에 보너스 게임마냥 펼쳐지는 연기를 보고 환호하는 관객들의 여흥을 위해 페널티킥을 막아내듯이 생계를 꾸려나갔다. 한 시즌 동안의 서커스를 마치고 은퇴한 그는 시골 마을에서 바를 열었다.

축구팀에는 골키퍼뿐만 아니라 아웃필드 선수도 필요하다.

2014-15시즌, 사무엘 알레그로Samuel Allegro는 크루이프Cruyff와 같은 14번 선수였다. 그는 내가 경기장에 도착했을 때 가장 먼저 언급된 선수이자 부주장이며 스타였고, 모든 아이가 14번 유니폼을 원했다. 용감하고 겸손하며 모범적인 사고방식을 가진 그는 뛰어난 축구 실력과 더불어 흔치 않은 지성을 겸비한 선수로, 가장 용서하기 쉬운 실수는 심판의 오심이라고 말할 정도였다.

뤼도비크 파르댕Ludovic Fardin은 당시 레드 스타에서 15년 동안 활약했다. 당시 그의 나이가 스물아홉이었다는 점을 감안하면, 수학 천재가 아니어도 그가 인생의 절반을 그곳에서 보냈다는 사실을 알 수 있다. 그는 센생드니 출신으로, 이 지역 출신임을 자랑스럽게 생각했다. 오베르빌리에에서 태어난 그는 라 쿠르뇌브에서 자랐고, 쥘 발레 학교를 다녔으며, 7~8세에 축구에 입문하여 인간적인 분위기의 오베르빌리에 시립 클럽 CMA에 입단했다. 레드 스타 코치에게 스카우트된 뤼도비크는 경기장 근처에 있는 미슐레 중학교에서 운동과 학업을 병행했다. 그의 부모는 그가 학교에서 열심히 공부하

길 원했고, 그는 대입 시험 바칼로레아 중 가장 어렵다는 ES(경제 및 사회과학) 전공으로 대입 자격을 취득했다. 이후 도전을 위해 92지역에 있는 콜롱브의 마트라 레이싱 클럽에 지원했지만 뜻대로 되지 않았다. 콜롱브는 93지역과 가깝지만 생각보다 멀게 느껴졌고, 마치 다른 세상인 것처럼 따뜻한 분위기도 느껴지지 않았다. 생계를 위해 맥도날드에서 일하다 봉디로 가서 우체부로 일했다. 우체국은 철학 거리 끝에 있었다. 지어낸 이야기가 아니다. 뤼도비크는 우편물을 배달하면서 아마추어 팀에서 계속 뛰었고, 오베르빌리에 감독이 레드 스타로 이적하면서 다시 이곳으로 돌아왔다. 그리고 5년 만에 승격되었다. 뤼도비크는 "클럽이 나를 믿어주었기 때문에 이곳에 남게 되었다"고 말한다. 그의 집은 93지역이다. 그는 오베르빌리에와 봉디 사이 보비니에 산다.

이 유서 깊은 클럽의 장점 중 하나는 유소년 및 문화 개발 프로그램에 많은 관심을 기울인다는 것이다. 구단 경영진은 어린 선수들에게 매너를 심어주기 위해 노력하는데, 클럽 건물 복도와 경기장에서 인사를 하지 않는 어린이는 단 한 명도 없다. 축구에 대한 민감하고 지적인 접근 방식을 통해 그들은 훌륭한 선수가 될 것이다. 모든 클럽의 미래는 어린 선수들에 달린 것이 틀림없지만, 그들 중 최고는 유럽의 대형 클럽으로 스카우트될 테고 열정이 덜하거나 운이 좋지 않은 선수도 결국 어디로든 가게 된다. 어린 선수들 모두 이곳에서 뛰게 되지는 않을 것이다.

레드 스타에서 한 시즌을 보내는 동안 나는 올 세인트 데이 연휴에 회사에서 시간을 보내는 기쁨을 누렸고, 우리만의 풋볼 사전을 만들었다. 내가 가장 좋아하는 항목은 다음과 같다. 공: 어렸을 때부터의 꿈, 컨트롤: 축구의 기본이 되는 기술, 패스: 칸토나의 명언, "내가 넣은 최고의 골은 패스였다"(하지만 칸토나가 무슨 뜻인지 설명해야 했다), 발: 지능의 자리, 0:0: 반드시 아무것도 아닌 것은 아니다.

마지막으로, 클럽은 곧 서포터이기도 하다. 레드 스타 팬들은 클럽의 역사만큼이나 오랜 역사를 가지고 있는 만큼, 이들에 대해 언급하지 않는다면 큰 결례를 범하는 일일 테다. 그들은 "경찰, 군인, 심판, 돈을 위해서라면 못할 게 뭐 있겠어"라는 재미있으면서도 교훈적인 독특한 노래를 부른다. 클럽의 오랜 서포터인 티에리 샤부드Thierry Chaboud(2020년 5월 작고)를 만났는데, 그는 우체국에서 일한다며 농담조로 자신을 문인**이라 소개했다. 노동조합원이었던 그는 우체국 동료들은 물론 테라스에 있는 동료 팬들에게도 인기가 많았다. 그는 록 음악을 좋아했다. 1970년대부터 스타드 바우어를 찾았고, 한 번도 빠지지 않고 경기를 관람했다. 그는 에밀 졸라 초등학교에서 반바지를 입고 운동장 벤치를 지키거나 가브리엘 페리 거리의 아스팔트에서 뛰느라 신발 밑창이 닳아 없어진 생투앙 출신의 어린 소년이었다. 그의 예스러운 겸손함과 선량한 성품은 클럽을 상징한다. 그는 클럽에 대한 추억과 클럽을 대하는 태도를 통해 젊은이들에게 열정을 물려주었다.

이상의 이야기를 몇 마디로 요약하자면, '레드 스타의 마법'이라고 할 수 있겠다. ✒

** 프랑스어로 편지를 뜻하는 단어 lettre에는 문자라는 뜻도 있다.

15분 도시

테레사 벨레모
Teresa Bellemo

로베르 두아노Robert Doisneau의 사진 '시청 앞의 키스'는 파리의 삶을 보여주기 위해 〈라이프Life〉지에서 선정한 작품이다. 이 작품은 낭만의 도시라는 파리의 세계적인 명성에 집중적으로 초점을 맞춘 것 외에도, 키스하는 커플을 둘러싼 풍경을 통해 파리의 또 다른 특징을 꽤 충실하게 묘사하고 있다. 분주함, 보행자, 특정 목적지에 도착하기 위해 서두르는 진짜 파리지앵과 일정에 얽매이지 않고 느리게 걷는 산책자, 에펠탑을 바라보며 휴대폰으로 센강을 찍으려는 관광객이 섞여 있는 모습 같은 것들.

파리에서 '걷는다는 것'은 단순히 A지점에서 B지점으로 이동하는 문제가 아닌, 하나의 생활 방식이다. 적어도 중심부 지역에서는 보행자들에게 넓은 포장도로, 차 없는 도로, 미로처럼 얽힌 골목길과 공원을 제공하여 세심하게 가꾸어진 녹지를 즐기면서 이동 시간을 단축할 수 있도록 하는 이 도시의 계획 방식은 분명한 이점 중 하나다. 이러한 문화적 사고방식과 도시 경관은 현 시장인 안 이달고의 정책에 의해 더욱 강화되었다. 센강 제방의 차량 통행금지, 시속 30km 제한 구역의 점진적 확대, 9개

주요 광장에서의 보행자 전용화를 둘러싼 복잡한 논쟁과는 별개로, 그녀의 목표는 2024년 올림픽에 맞춰 도심의 모든 거리를 자전거 친화적으로 만들고, 노상 주차 공간의 74%를 없애는 것이며, 향후 20년 이내에 도시의 모든 서비스를 도보나 자전거로 15분 이내에 도달할 수 있도록 하는 것이다. 이 목표는 접근 방식의 근본적인 변화와 더불어 기존의 수천 킬로미터에 달하는 네트워크에 더해 새로운 자전거 도로를 건설하기 위한 일련의 자금 할당과 자전거 출퇴근을 장려하는 기업의 인센티브가 있어야만 달성할 수 있다. 인구 200만 명이 넘는 도시에서 이러한 계획은 유토피아적인 생각으로 보일 수 있지만, 파리는 항상 이러한 도전을 받아들일 준비가 되어 있음을 보여 왔다. 2007년 유럽 최초로 자전거 공유 시스템인 '벨리브'를 도입했는데, 현재 자전거 이동의 37%를 차지하는 등 즉각적인 성공을 거두었으며, 스쿠터와 같은 다른 서비스도 큰 인기를 끌고 있다.

다른 주요 도시와 달리 파리에서는 지하철 정기권이 꼭 필요하지 않다. 파리의 풍경을 즐길 수 있는데 왜 지하에 갇혀 있겠는가? 피갈에서 루브르 박물관까지 걸어가거나 몽파르나스에서 샹드 마르스를 구경하는 더 긴 루트를 선택하는 건 어떨까? 물론 시간이 조금 더 걸리긴 하겠지만, 이 점이 파리를 아름답고 나른한

다른 유럽 도시들과 다르게 만들어 주는 지점일 것이다. 이곳에서 걷거나 산책하는 것은 도시 역사의 본질적인 부분이며, 샤를 보들레르와 발터 베냐민에 의해 유명해졌고 베냐민이 이론화하려고 시도했던 현상이기도 하다. '플라뇌르flâneur'는 특별한 목적지를 염두에 두지 않고 주변을 둘러보고, 분석하고, 관찰하며 호기심과 놀라움에 대한 욕구를 산책 행위 자체에서 이끌어내는 사람으로, 창밖으로 느껴지는 무관심하고 매혹적인 시선을 뒤로한 채 걷는 사람을 말한다. 파리에서는 수천(또는 수백만) 명의 사람이 한 방향으로 걸으며 하나의 개체를 형성하기 위해 결합하는 이질적이고 열광적인 분위기는 느껴지지 않는다. 시간과 장소에 따라 다르겠지만, 많은 사람이 한꺼번에 서두르며 길을 건너는 시부야 같은 곳과는 다르다.

파리를 배경으로 한 소설은 대부분 여유롭고 구불구불한 가능성을 묘사한다. 조르주 심농Georges Simenon의 수많은 소설에 등장하는 매그레 형사도 예외는 아니다. 매그레 역시 한가롭게 떠돌아다니는 부류의 사람이다. 운전면허가 없는 그를 도시 밖으로 데려다주는 아내와 택시가 있음에도, 그는 오르페브르 거리를 산책하고, 비스트로에 들러 맥주를 마신다. 그의 느린 걸음은 소설의 템포를 정하고 리듬을 표시하며, 그의 마음 상태와 더불어 그의 수사가 도달한 단계를 전해준다. 파리를 사랑하는 사람이라면, 심지어 1년에 단 며칠만 파리를 방문하는 사람이라도 눈을 크게 뜨고 걸어 다니며 발견하게 되는 풍경에 놀라지 않을 수 없다. 그런 이유로, 소설에서 지명은 독자를 위한 여행 안내서마냥 정확하게 기록되어 있다.

시대의 징표

카우타르 하치
Kaoutar Harchi

2020년 7월, 웹진 〈스트리트프레스Streetpress〉는 유럽에서 가장 큰 법원인 파리 고등법원의 감방에서 벌어진 심각한 학대 행위를 폭로한 경찰 아마르 벤모하메드Amar Benmohamed에 대한 조사 결과를 발표했다. 여러 보고서와 메시지, 내부 문서 등에서 발견된 증거에 따르면 2년 동안 2천 명 이상의 피고인(대부분 매우 취약한 상황에 놓인 외국인)이 신체적, 성적, 정신적 폭력을 당한 것으로 나타났다.

빛의 도시에 어두운 그림자가 드리워졌다. 프랑스의 수도에서 자유, 평등, 박애의 가치가 굴욕과 고문 행위와 나란히 존재한다는 사실을 어떻게 설명할 수 있을까? 어떤 사람들은 이러한 사건들이 예외적인 사례라고 주장하며 이에 대한 해답을 찾으려 했다. 그러나 사회학적 관점에서 볼 때, 인종차별적 폭력은 타자화를 통해 이루어지는 개인의 도덕적, 신체적 건강에 대한 일련의 공격이자 추정된 혹은 실제 출신을 비하하는 행위다. 믿기지 않겠지만 인종차별적 폭력은 결코 예외적인 것이 아니며, 이를 가능하게 하는 사회 구조의 일부분이다.

다시 말해, 파리 경찰의 중심부에서 벌어지는 이러한 행위와 경찰에 대한 보다 일반적인 질문과 관련하여 우리는 식민주의의 역사적, 정치적 연속선상에서 현대의 법과 질서를 고려해야 한다. 실제로 '내부의 적'이 구성되는 방식은 식민지에서 경찰과 군대가 시행한 반란 진압 전략에 뿌리를 두고 있으며, 식민지 이후 이주 인구를 관리하려는 파리 당국의 노력에 의해 재배치되었다. 또한 불평등하고 차별적인 차원에서 경찰의 관행을 고려하는 것이 필요하다. 프랑스에서 경찰의 손에 사망한 사람 대부분은 젊은 노동자 계급의 아랍인, 흑인 또는 롬인(집시족) 남성이었다. 법과 형벌 제도에 관한 사회학연구센터 CESDIP의 2009년 보고서에 따르면, 흑인은 백인보다 불심검문을 받을 확률이 3.3배에서 11.5배, 아랍인은 일반적으로 7배 더 높으며, 전체적으로 경찰이나 세관에 의해

불심검문을 받을 확률은 백인보다 1.8배에서 14.9배 더 높다. 오래된 식민지 치안 질서와 특정 인구에 대한 현대적 프로파일링은 프랑스의 인종 문제에 영향을 미친다.

파리는 수많은 인종 범죄가 발생한 곳이기도 하지만, 2016년 파리 인근 페르상에서 세 명의 경찰관에게 체포된 후 경찰서 바닥에서 사망한 24세 흑인 남성의 이름을 딴 '아다마 트라오레 네트워크'가 생겨난 곳이기도 하다. 경찰이 질서 유지를 위해 사용하는 방법에서 알 수 있듯이, 점점 더 격렬해지는 소수자 시위는 인종 문제를 민주주의에 대한 점진적 도전으로 구조화하는 데 도움이 된다. 2020년 디디에 파생Didier Fassin은 잡지 〈롭L'Obs〉에서 이렇게 말했다. "법과 질서의 힘에 의한 죽음은 이러한 차별의 비극적이고 극단적인 표현일 뿐이다. 일상적인 괴롭힘은 피해자들에게 공화국의 원칙이 그들에게 적용되지 않으며 민주주의의 약속과는 달리 그들의 시민권은 여전히 2등에 불과하다는 것을 상기시켜준다. 이제 그들은 자신의 목소리를 내고 싶어 한다."

앞으로 몇 년 내에 우리는 모든 사람을 위한 진정한 평등을 이룰 수 있는 새로운 방법을 모색하게 될 것이라 확신한다.

플레이리스트

블랑딘 린켈
Blandine Rinkel

파리는 혼합물이다. 브뤼셀, 방데 등 모든 곳에서 생산되며, 일본, 심지어 미국과 영국까지 모든 곳으로 수출된다. 파리 출신의 아티스트 크리스틴 앤 더 퀸즈Christine and the Queens도 마찬가지여서 야심차게 세계로 진출하여 프랑스 수도를 떠나 전 세계 주요 도시를 누비고 있다. 21세기에는 랩이 지배적이었지만, 최근 몇 년 동안 랩은 매우 다양한 형태를 취하고 있어 더 이상 랩이 무엇인지 아무도 모른다. 한편으로는 에펠탑 꼭대기에서 바퀴벌레로 가득한 지하실에 대해 이야기하면서 낭만주의에 대한 아이디어를 담은 동영상으로 유튜브에서 1억 7,500만 회 이상의 조회수를 기록하고 있는 PNL이 있고, 다른 한편으로는 지하실도 바퀴벌레도 없는 상황에서 취약성을 드러내고 약간의 유머를 더하는 것을 두려워하지 않는 젊은 래퍼들이 이 장르에 활기를 불어넣고 있으며, 롬팔Lomepal은 심지어 멜로디가 포함된 코러스를 포함하는 대담함도 보인다. 다른 곳에서는 젊은 가수들이 베로니크 상송이나 에디트 피아프 스타일의 구식 샹송을 신선하면서도 엄숙한 터치로 되살리는가 하면(줄리엣 아르마네Juliette Armanet와 클라라 이세Clara Ysé), 플라비앙 베르제Flavien Berger와 필립 카테린Philippe Katerine처럼 단순한 정의를 거부하는 아티스트들은 곡을 완전히 바꾸고 808과 오토튠을 이용해 보다 정숙한 버전의 샹송을 만들어낸다. 파리는 칵테일이다. 우리 시대의 가수들은 우울한 리토르넬로(세바스티앙 텔리에르Sébastien Tellier)를 선호하고, 무거운 악기를 들고 다니기보다는 노트북을 사용하는 등 혼자서 작업하는 경향이 있다. 밴드는 드물어졌지만 솔로 아티스트는 다양한 형태와 색깔로 존재하는데, 전투적인 이설트Yseult부터 우아하고 직접적인 팝을 선보이는 아르노 플뢰랑 디디에Arnaud Fleurent Didier, 솔라 일렉트로를 선보이는 미드Myd, 분류가 어려운 머디 몽크Muddy Monk, 이숑Ichon, 보니 바나네Bonnie Banane까지 기발하고 다채로운 아티스트들이 부드럽고 잘 만들어진 사운드를 선보이며, 기괴함과 쿨함, 다양한 스타일의 교차라는 오늘날 파리의 매력을 보여준다.

1

Flavien Berger
Pamplemousse
2018

2

Myd
Together
We Stand
2020

3

Clara Ysé
Le Monde s'est
dédoublé
2019

4

Sébastien Tellier
La Ritournelle
2004

5

Juliette Armanet
Manque d'amour
2017

6

Arnaud Fleurent-
Didier
France culture
2010

7

Philippe Katerine
Aimez-moi
2019

8

Lomepal
Mômes
2018

9

Yseult
Corps
2019

10

PNL
Au DD
2019

11

Christine and the
Queens
People,
I've Been Sad
2020

12

Myth Syzer
(ft. Bonnie
Banane, Ichon &
Muddy Monk)
Le Code
2018

파리에 대해 더 깊이 알고 싶은 이들을 위한 추천 도서 리스트

『모던 빠리 - 예술의 흐름을 바꾼 열두 편의 전시』
박재연 지음
현암사(2024)

『파리 박물관 기행』
심지영, 박재연 지음
한국방송통신대학교출판문화원(2022)

『파리의 발명 - 낭만적 도시의 탄생』
에리크 아장 지음, 진영민 옮김
글항아리(2024)

『파리 골목마다 백년 가게』
쑨이밍 지음 ,박지민 옮김
빅허그(2024)

『도시여행자를 위한 파리x역사』
주경철 지음
휴머니스트(2024)

『우리들의 파리가 생각나요』
정현주 지음
예경(2015)

『파리는 그림 - 화가들의 도시, 파리 미술 산책』
제라르 드니조 지음, 김두완 옮김
에이치비프레스(2024)

『아트 하이딩 인 파리 - 당신이 모르고 지나친 파리의 예술 작품들』
로리 짐머, 마리아 크라신스키, 문준영 지음
혜윰터(2023)

『마랑 몽타구의 내가 사랑한 파리』
마랑 몽타구 지음, 신윤경 옮김
문학수첩(2023)

『시티 픽션 : 파리』
기 드 모파상, 드니 디드로 지음, 이규현 옮김
창비(2023)

『헤밍웨이 내가 사랑한 파리』
어니스트 헤밍웨이 지음, 김보경 옮김
한길사(2023)

『파리의 역사 마천루』
권현정 지음
도서출판 집(2023)

『벨 에포크, 아름다운 시대』
메리 매콜리프 지음, 최애리 옮
현암사(2020)

The Passenger Paris

초판 1쇄 발행 2024년 10월 1일

글 패신저 편집팀 | **옮긴이** 박재연

펴낸곳 Pensel | **출판등록** 제 2020-0091호

주소 서울특별시 은평구 통일로 660, 306-201

펴낸이 허선회 | **책임편집** 정재은 | **디자인** 남우주

인스타그램 seonaebooks

전자우편 jackie0925@gmail.com

Pensel은 도서출판 서내의 인문 & 예술 도서 브랜드입니다.

Graphic design and art direction: Tomo Tomo and Pietro Buffa
Photography: Cha Gonzalez
Photographic content curated by Prospekt Photographers
Illustrations: Francesca Arena
Infographics and cartography: Pietro Buffa

Thanks to: Alice Amico, Charles Buchan, Marco Cacioppo, Laëtitia Chhiv, Frédéric Ciriez, Lorenzo Flabbi, Frédéric Gai, Andy Iris, Yasmina Jraissati, Mark Kessler, Gaspard Kiakembo, Simon Kuper, Fabio Muzi Falconi, Arianna Malacrida, Tommaso Melilli, Germán Morales, Lorenza Pieri, Cinzia Poli, Lorenzo Ribaldi, Blandine Rinkel, Olivier Rubinstein, Claire Sabatié-Garat, Alexandre Sanchez, Sara Scarafoni, Paul Souviron, Olivia Snaije, Daniel Tran, Maÿlis Vauterin, Rui Wang, Samar Yazbek

The Passenger – Parigi